ネイティブ思考でしっかり伝わるビジネス英会話

長尾和夫 |監修|

チャールズ・マッケニー |著|

SANSHUSHA

はじめに＋本書の特長

　本書を手に取っていただき、ありがとうございます。

　仕事で英語が必要な人は、年々増えているように感じます。オンライン会議ツールが急速に普及し始めている昨今、ビジネスパーソンが商談やミーティングをする方法が対面だけでなくオンラインでも気軽にできるようになりました。そういった状況によって、英語での会議が頻繁に行われるようになったことも仕事で英語の必要性を感じる人が増えている要因のひとつです。

　本書は、「ある程度の英語は話せる」、「単語や文法も間違っていない」のに、なぜか言いたいことが英語圏の外国人に伝わらない…と悩んでいる人のために書きました。ある程度英語が話せるビジネスパーソンが仕事で外国人とやりとりして「自分の意図がうまく伝わらない」という壁にぶつかるとき、その原因として多いのは「思考の違いによる会話の流れや文章構造の違いを理解していない」ことです。

　では「思考の違いによる会話の流れや文章構造の違い」とは何か説明しましょう。わかりやすい例を挙げると、英語では「結論を先に言う」が、日本語は起承転結の話の展開で、「結論を最後に言う」という点があります。いくら正しい英単語と文法を使っても、日本語的な構造のまま、「結論を最後に持ってくる」スタイルで会話を進めたり文章を作ってしまっては、「それで結局何が言いたいの?」と相手に思われてしまい、話が伝わらないのです。

　では、伝わる英語にするためにはどうしたらいいのか。「日本人思考の英語」から「ネイティブ思考の英語」に変えることができる簡単な方法として、本書のために筆者が考え出したのが「ネイティブ思考の5つのルール」です。ルールについては、p.10〜11で詳しく説明しています。

　ここまで読んでみて、原因が単語でも発音でも文法でもないのに、英語圏の外国人に英語が伝わらないのはなぜ?と感じ、「日本人思考とネイティブ思考の違い」を理解していなかったかもしれない…と感じた方へ。その5つのルールがどんなものであるかを確認する前に、以下の具体例をもとにイメージを膨らませてみてください。

▶ 本書のシーン31より（p.194）

　ジョンが顧客のミカに電話をかけるシーンで、次のような会話が交わされています。

John: Hey, so, I just wanted to make sure we're still on for next week.

Mika: Yes, of course. Next week Tuesday.

John: Okay, cool. So, where do you want to hook up?

Mika: Would you prefer to meet at the office or meet over lunch?

John: I'm always down for mixing business and pleasure.

John: その、来週の約束が予定通りか確認したかったんだ。

Mika: ええ、もちろんそうよ。来週火曜日でしょ。

John: それはよかった。で、どこで会いたい?

Mika: オフィスで会うほうがいいか、ランチで会うほうがいいかどちらかしら?

John: ぼくはいつも仕事と娯楽を兼ねる派だな。

　この会話は、ルール1：Know your audience, know yourselfと、ルール5：Avoid jargon and slangに反しています。まずジョンが会話の中でstill onあるいはOkay, cool、hook up、down forなどの、くだけすぎた表現を多用している点に注目します。これはルール5：Avoid jargon and slangに反する会話例として特徴的なものです。このようにジョンがくだけた言い方をしているのは、そもそもジョンは業者でミカは顧客という関係を理解していないことが原因です。つまりジョンは同時にルール1：Know your audience, know yourselfも心がけていないと言うことができます。

　実はこの会話の後半になって、やっとジョンは重要なことを切り出すのですが、その部分も確認してみましょう。

Mika: Great. See you on Tuesday.

John: By the way, Mika.

Mika: Yes?

John: It looks like we might have to make changes to the product design.

Mika: Are you serious?

Mika: ええ。火曜日会いましょう。

John: ところで、ミカ。

Mika: はい?

> **John:** 商品デザインを変更しないといけないかもしれないようなんだ。
>
> **Mika:** それ本当？

ジョンはミカとひとしきり食事の場所やメニューなどの話をしたあとに、重要な用件を唐突に切り出しています。デザイン変更に関する重要な話は食事の内容などよりも優先してなされるべきでしたが、ジョンはそうしなかったのです。これはルール2：Convey key information first から完全に逸脱した話の仕方。最初にすべき大事な話を最後に持ってきては、ここまでの会話も台無しになってしまうというものです。

▶ 本書のシーン33より（p.206）

もうひとつの例も見てみましょう。

> **Keita:** We have a bit of a problem on our hands. Recently, a number of your shipments to us have had labeling issues.
>
> **Keita:** ちょっと対処が必要な問題があるんです。最近、御社からわが社へ発送される製品の多くに荷札の問題があるんです。

このとき、ケイタは納入業者のジュリアとすでに顔合わせの挨拶を済ませているのですが、それにもかかわらず、即座に本題である苦情に入らず「ちょっと対処が必要な問題があるんです」と、わざわざショックを和らげるための不要で遠回しな表現を使っているのです。これはルール3：Be direct and specific に反した話し方。そもそも問題は納入業者にあるわけなので、このような儀礼的な表現をここで用いる必要もありません。率直に問題点に触れるべきでした。

▶ 本書のシーン35より（p.218）

最後にもうひとつの例を紹介します。これは買い物客であるアキコが不良品のブラウスの返品、払い戻しを求める会話の一部です。

> **Clerk:** I'm sorry, but all sales are final. We do not offer refunds or exchanges on any of our products. That has always been a policy of this store.
>
> **Akiko:** That's hardly fair. I paid good money for this blouse. I shouldn't

have to pay more to have a new blouse repaired! Perhaps I should speak to your manager.

Clerk: 申し訳ありませんが、すべての販売品が売り切れです。どの製品に関しても払い戻しも交換もいたしません。それがずっと当店のポリシーなんです。

Akiko: それはあまりフェアじゃないですね。このブラウスには結構なお金を払ったんですよ。新しいブラウスを直してもらうのにさらにお金を払わなきゃならないなんてことありえないですよ！そちらのマネージャーとお話ししたほうがよさそうですね。

このシーンでアキコはネガティブなフレーズを重ねた上に、最後のダメ押しでマネージャーと話すしかないと店員に向かって告げています。この言い方は非常にネガティブに聞こえるし脅迫的でもあります。最後の最後の決裂寸前の交渉手段として用いるのなら仕方ないかもしれませんが、交渉の途中で発せられたこのネガティブ発言によって、このあと会話は冷たく打ち切られることになってしまいます。ここではルール4：Be positive に反した結果、交渉が決裂してしまいました。

5つのルールに反した場合どのような失敗を招くのか、その例をそれぞれひとつずつ紹介しました。それでは、失敗しないためには、また誤解されないためにはどのように話せばよかったのか？ その例は各シーンの2番目のダイアローグで紹介してあるのでぜひ参考にしてください。p.10〜11に「ネイティブ思考の5つのルール」のルールリストを載せています。Chapter 1 にある35の会話例を使いながら、ぜひ「5つのルール」を自分のものにして、ビジネス現場で役立ててください。

最後になりましたが、本企画のきっかけを作ってくださったツクヨミプランニングの野坂匡樹さんと編集を担当してくださった本多真佑子さん、そして本書の制作を見守ってくださった三修社の竹内正明さんにこの場を借りてお礼申し上げます。

それでは、5つのルールを使ったビジネス英会話の学習をスタートしましょう。

長尾和夫
チャールズ・マッケニー

Contents

Chapter 1 〉 ネイティブ思考の英会話 × 日本人思考の英会話35

Case
ネイティブ思考の上司と部下 × 日本人思考の上司と部下

Case
ネイティブ思考の同僚同士 × 日本人思考の同僚同士

Case
ネイティブ思考の面接・通達 × 日本人思考の面接・通達

Case
ネイティブ思考の社員と顧客 × 日本人思考の社員と顧客

Chapter 2 〉 避けたいビジネス業界用語と代替表現 60

本書の使い方

Chapter
1 ネイティブ思考の英会話 × 日本人思考の英会話 35

▶ **Case**（ケース）

最初の 2 ページで意思疎通ができていない「日本人思考の英会話」のケースを、さまざまな立場の人物の組み合わせ別に紹介していきます。

▶ **Scene**（シーン）

「上司に指示を仰ぐ」といったシーン別に、意思疎通がうまくいっていない「日本人思考の英会話」と日本語訳を紹介しています。

▶ **解説**

ページ下部の解説では、アンダーラインの会話が、5 つのルールのうちどのルールに違反しているのか細かい解説を加えてあります。

▶ **Case**（ケース）

次の 2 ページでは、意思疎通ができた「ネイティブ思考の英会話」のケースを、最初の 2 ページと同じ人物の組み合わせで紹介していきます。

▶ **Scene**（シーン）

最初の 2 ページと同じシーンを用いて、うまく意思疎通ができた「ネイティブ思考の英会話」とその日本語訳を紹介しています。

▶ **解説**

ページ下部の解説では、会話のアンダーラインを引いた部分で、5 つのルールのうちどのルールがどのように活かされているのかを説明しています。

▶ 会話をさらに広げる＋1の表現

ここでは、「ネイティブ思考の英会話」の例からさらに会話を広げたり、会話に厚みを持たせるコツ、あるいは、「複数の意見や理由を順に伝えるための表現」「相手に伝えたいことがあるときの表現」など特定の機能を持つ表現のバリエーションを紹介しています。

▶ キーフレーズ＆バリエーション表現

この部分では、「ネイティブ思考の英会話」から、有益な表現を抽出し、別の会話の中でその表現をもう一度確認しています。表現を活かす方法をさらに身に着けてください。

▶ ビジネスジャーゴンと代替表現

Chapter 2 では、5 つのルールのうち 5 番目の、専門用語や俗語を使わない（Avoid jargon and slang）に沿って、ビジネス英会話で避けたい業界用語（ビジネスジャーゴン）と、その代わりに使いたい代替表現を一緒に紹介していきます。全部で60 のビジネスジャーゴンと代替表現をセットで確認できます。☹マークの表現が避けるべきビジネスジャーゴン、☺マークの表現が本書で推薦したい代替表現となっています。

ネイティブ思考の5つのルール

　ネイティブ思考でコミュ力の高いビジネス英会話は次の5つのルールを守っている。逆にこの5つのルールに反する話し方をした場合、相手に自分の真意が伝わりにくかったり、不必要な会話の流れを作ってしまい誤解を与えたり、相手の反感を買ってしまったり、まったく理解されないことだってある。順を追って、ネイティブ思考のビジネス英会話における5つの必須テクニックがどのようなものか確認していこう。

ルール1

相手の立場を理解し、己の目的もよく整理する
Know your audience, know yourself

　相手と自分の置かれている立場を認識して、その状況にふさわしい話し方を心がけること。たとえば、相手に今話をする時間があるのかどうか確認を取らずに会話を進めたり、相手が顧客であるのにまるで同僚に話しかけるよう態度で接したりするのはルール違反だ。互いの立場をわきまえて会話を進めることで、相手に誤解されたり、相手の気分を害したりすることなく、お互いの理解をスムーズに深めていくことが可能だ。

ルール2

重要なことから話す
Convey key information first

　ビジネスの用件で相手と話をするとき、もちろん多少の前置きは必要だが、そのあとにも、最も重要な事柄を切り出さず先延ばしにすると、こちらの意図が伝わりにくくなる。また、スケジュールの遅延報告など重要なことを後回しにして、ほかの差し障りのない話題からスタートしてしまうようなことになれば、会話の後半で相手の怒りを買ってしまうことにもなりかねない。まずは、重要なことを最初に伝えることで、自らの真摯な態度や、話の内容の重大さもしっかりと相手に伝えることが可能だ。

ルール3

率直に話す、具体的に話す
Be direct and specific

　遠回しに話をせず、伝えたいことを率直に話すこと。また漠然とした話をせず具

体的なことを明確に話すことが重要だ。遠回しに話してなかなか本論にたどり着かないことは、相手の時間を無駄にするだけでなく、話の本筋、最も重要なことが何かも明確に伝わらず、ミスコミュニケーションの原因となる。また具体的に話さなければ事の重大さが相手にはっきり伝わらないため、繰り返しの説明が必要となるなど、さらに時間を取られることにもなり、相手をイライラさせてしまう可能性が高い。

ルール4

肯定的な表現を使う
Be positive

　どんな場面でも肯定的な態度で話をすることが非常に重要だ。出荷ミスなどの謝罪を受けているときや、進捗遅れの報告を受けているとき、あるいは自身に関するマイナス評価を聞かされたときにも、ネガティブな表現を使って周囲の士気を下げてしまうことは避けたい。特に悪い状況にいるときほど、ポジティブな表現を使って、相手や周囲とのスムーズで協調性に富んだコミュニケーションを進めていくことを心がけてほしい。

ルール5

専門用語や俗語を使わない
Avoid jargon and slang

　ジャーゴン（業界やビジネス独特の専門用語）は、ノンネイティブや業界以外の人には伝わりにくい。スラング（ビジネストークにふさわしくない俗語）は、ビジネスの場で使うのにまずふさわしくないし、さらに非ネイティブには理解が難しすぎる。国際化が加速し、あらゆる国の人が英語でコミュニケーションを取っている現代社会では、ジャーゴンやスラングを挟まないコミュニケーションを心がけることで、こちらの真意がスムーズに伝わり、良好なコミュニケーションが取りやすくなる。ビジネスジャーゴンに関してはChapter 2 で、その代替表現とともに紹介しておいたので学習の参考にしてほしい。

1

ネイティブ思考の英会話

1

日本人思考
の英会話35

→ 35

日本人思考の上司と部下

⟩ **Seeking Guidance from a Supervisor**

New sales team member Akio, who is unsure about how to create a project estimate, asks his supervisor Mary for instructions.

Mary: Hey Akio, what's up?

Akio: Sorry to bother you. (1) **I'm not really sure if I'm doing this properly so I wanted to check with you.**

Mary: Okay, what are we talking about?

Akio: Oh yeah, well, (2) **I'm working on preparing this estimate but it's my first time and I'm feeling pretty clueless right now.**

Mary: Did you refer to the samples saved to the intranet?

Akio: (3) **Of course I did but, honestly, they weren't very helpful.** I thought I'd be better off checking with you.

Mary: Sorry my examples weren't helpful. I will take another look at them.

Akio: Oh, sorry, I didn't mean to offend.

Mary: Don't worry about it. Feedback is always important.

Akio: (4) **Anyway, could I ask you a few questions about what I'm working on now?**

Mary: Of course.

Akio: Great. So, for an order from America, do I calculate everything in yen, add consumption taxes, and then convert to US dollars, or am I supposed to convert the unit price to US dollars, calculate the final price, convert to Japanese yen and then add consumption taxes?

Mary: Actually, Akio, this is explained in Sample No. 2 but since it is an order from America, you don't add Japanese consumption taxes at all.

Akio: (5) **Oh shoot... You're so right. Don't I look stupid...** Sorry for wasting your time. I'll make sure to check the samples more closely next time.

Mary: No worries. Let me know if you need anything else.

解説

(1) I'm not really sure if I'm doing this properly so I wanted to check with you. Rule2,3

　　まずは要件をはっきり伝えることが重要。this「これ」という表現では相手にはなんのことかわからずイライラしてしまう。

(2) I'm working on preparing this estimate but it's my first time and I'm feeling pretty clueless right now. Rule1,4

　　カジュアルな職場であっても、自分の状況をどう表現するかについては注意が必要だ。特に助けを求めるような場合にclueless「無知な；愚かな」という自虐的な言葉を使うのはネガティブな印象になりかねず、ふさわしくない。

(3) Of course I did but, honestly, they weren't very helpful. Rule1,4

シーン 1 上司に指示を仰ぐ

新しい営業チームのメンバーのアキオはプロジェクトの見積もりの出し方がわからないので、上司のメアリーに指示を仰ぐ。

Mary: アキオ、どうしたの？

Akio: お手数かけてすみません。これがきちんとできているかわからないのでチェックしていただきたいんです。

Mary: そうなの、なんの件？

Akio: ああ、あのですね、この見積もりの準備をしているんですけど、これがはじめてなもので今のところさっぱりよくわからないんです。

Mary: イントラネットに保存してあるサンプルは参照したの？

Akio: もちろんしましたけど、正直言ってあんまり役に立たなくて。あなたにチェックしていただくほうがいいかなと思ったんです。

Mary: 私の作った見積もり例が役に立たなくて悪かったわね。もう一度見てみるわ。

Akio: ああ、すみません。そういうつもりじゃなかったんです。

Mary: そんな心配しなくていいのよ。フィードバックはいつでも大切なんだから。

Akio: とにかく、今やっていることについて、いくつか質問してもいいですか？

Mary: もちろんよ。

Akio: よかったです。で、アメリカからの注文なんですが、全部円で計算して、そこに消費税を足して、それをアメリカドルに換算するんでしょうか、あるいは、単価をドルに換算して最終的な金額を計算し、それを日本円に換算してから消費税を足すんでしょうか？

Mary: それはね、アキオ、No. 2の見積もり例に説明してあるんだけど、アメリカからの注文なんだから、日本の消費税は一切足さないのよ。

Akio: ああそうか…。おっしゃる通りです。バカですよね…。お手数おかけしてすみません。今度はもっと見積もり例をよくチェックします。

Mary: いいのよ。ほかに何かあったら知らせてね。

　言い方によっては、of course I did は自己弁護、さらには相手をばかにした言い方と受け取れる。また見積もり例が役に立たないというのも相手への批判に聞こえてしまう。

(4) Anyway, could I ask you a few questions about what I'm working on now?
　Rule1,4

　Anywayと言って急に話を変えるのもそっけなく、失礼な感じがする。助けてもらう上司に対して敬意を欠くような言い方にならないよう注意するべきだ。

(5) Oh shoot... You're so right. Don't I look stupid... Rule4,5

　間違いを犯したときにOh shoot.といった類いの表現がつい口から出てしまうことがあるが、これは職場で避けなければならないスラングだ。そして、自虐的な発言にはこうした場面ではなんのメリットもないと覚えておこう。

ネイティブ思考の上司と部下

Mary: Hey Akio, what's up?

Akio: Sorry to bother you. (1) **I wanted to check with you to make sure I'm creating this estimate properly.**

Mary: Okay, what are you not sure about?

Akio: When processing an order from America, do I calculate everything in yen, add consumption taxes, and then convert to US dollars, or am I supposed to convert the unit price to US dollars, calculate the final price, convert to Japanese yen and then add consumption taxes?

Mary: Since it is an order from America, you don't add Japanese consumption taxes at all. Actually, Akio, this type of situation is explained in the samples saved to the intranet.

Akio: (2) **You know, I checked the samples but I must have overlooked that one.** (3) **Sorry for coming to you before thoroughly checking the samples.**

Mary: Don't worry about it, Akio. I'm glad you feel you can come to me with questions.

Akio: (4) **Yeah, maybe a bit too much.** I will make sure to take advantage of all the references on the intranet.

Mary: No worries. Let me know if you need anything else.

解説

(1) I wanted to check with you to make sure I'm creating this estimate properly.

Rule2

　「見積もり作成がきちんとできているかどうかメアリーにチェックしてほしい」というのがこの会話の要件だ。このように会話の最初に要件をすぐさま伝えることは、話を聞いている相手に安心感を与えることにつながり、結果的にその後の会話をスムーズに進められることにもなる。

(2) You know, I checked the samples but I must have overlooked that one.

Rule3,4

　間違いを犯したときには、はっきりと正直にそれを認める発言をするのが最善策だ。自己弁護の言葉を述べるよりも、自分の過ちであることを前向きに伝えるほうがずっと好印象につながる。

DL-01

Mary: アキオ、どうしたの？

Akio: お手数かけてすみません。見積もり作成がきちんとできているかチェックしていただきたいんです。

Mary: そうなの、何がわからないの？

Akio: アメリカからの注文の処理に際して、全部円で計算して、そこに消費税を足して、それをアメリカドルに換算するんでしょうか、あるいは、単価をドルに換算して最終的な金額を計算し、それを日本円に換算してから消費税を足すんでしょうか？

Mary: アメリカからの注文なんだから、日本の消費税は一切足さないのよ。実のところ、アキオ、この種の状況はイントラネットに保存してあるサンプルに説明してあるわよ。

Akio: その、見積もり例は参照したんですけど、見落としたのかもしれません。見積もり例を徹底的にチェックせずに質問しに来てすみませんでした。

Mary: それはいいのよ、アキオ。私のところに質問しに来ようと思ってくれてうれしいわ。

Akio: ええ、ちょっと頼りすぎかもしれません。イントラネットの資料をもっと活用するようにします。

Mary: いいのよ。ほかに何かあったら知らせてね。

(3) Sorry for coming to you before thoroughly checking the samples. Rule1

before thoroughly checking「徹底的にチェックする前に」という部分から、自分がきちんとチェックしていなかったことを反省していることが伝わる。したがって、これは相手の手間を取らせてしまったことに対して効果的な謝罪の言葉になっている。単にsorry for wasting your time「お手間を取らせてすみません」という決まり文句はこうした場面にはふさわしくない。

(4) Yeah, maybe a bit too much. Rule4

これは自虐的発言の正しい使用例と言えるだろう。このように発言することで、アキオは上司に頼りすぎている自分の欠点を認めると同時に、それを改善したいという意志があることもメアリーに伝えられた。

会話をさらに広げる +1の表現

人間関係の今後を左右する表現

ちょっとしたミスで謝罪を受けたときの、相手を安心させる返答を見てみよう。

> **Akio:** Sorry for coming to you before thoroughly checking the samples.
> **Mary:** **Don't worry about it**, Akio. I'm glad you feel you can come to me with questions.
>
> Akio: 見積もり例を徹底的にチェックせずに質問に来てすみませんでした。
> Mary: それはいいのよ、アキオ。私のところに質問しに来ようと思ってくれてうれしいわ。

▶ Forget it./Forget about it.

この表現は「忘れて＝気にしないで」というニュアンスで、カジュアルでもビジネスでも使える使用頻度の高い表現だ。

A: I'm sorry to keep you waiting!

B: **Forget it.**

> A: お待たせしてすみません！
> B: 気にしなくていいよ。

▶ That's quite alright.

That's alright.「大丈夫です」というフレーズにquite「まったく；完全に」を加えることによって、「まったく問題ないですよ」という気持ちを強調して伝えることができる。

A: I should have asked you sooner. I'm sorry.

B: **That's quite alright.**

> A: もっと早く相談すべきでしたね。ごめんなさい。
> B: まったく大丈夫ですよ。

▶ (That's) No problem at all.

上の2つと同じく、謝罪されたときに「大丈夫ですよ」という返答として使える。また、この表現は依頼を受ける場面でもよく使われる。That is/That'sは省略される場合が多い。

A: I'm sorry I missed your call.

B: **No problem at all.**

> A: 電話に出られなくてごめんなさい。
> B: 問題ありませんよ。

A: You asked to see me?

B: Yes. **I wanted to confirm** if you are playing in the company golf outing tomorrow.

> **A:** 私に会いたかったんですよね？
> **B:** ええ。明日の会社のゴルフ大会に参加するか確認したかったんです。

I wanted to...でさりげなく自分の希望を伝えられる。場合によっては、遠慮がちに尋ねるといったニュアンスも加わる。I was hoping to...も同様に使える。

A: Why weren't you at the meeting this morning?

B: I **must have forgotten** to put it in my calendar.

> **A:** 今朝どうしてミーティングにいなかったんですか？
> **B:** きっとカレンダーに書いておくのを忘れてしまったんです。

I must have...(完了形)「私は…してしまったに違いない」は、すでに起こってしまったことへの後悔の気持ちを表すフレーズ。

A: **Sorry for asking** on short notice, but can you come into the office this Saturday?

B: I guess I can, if you really need me to.

> **A:** ギリギリになってお願いしてすみませんが、今度の土曜日会社に来られますか？
> **B:** どうしても必要なら行けると思いますよ。

申し訳ないと思いつつ依頼するときの、「お願いしてすみませんが…」という表現。

A: I hear you've been studying for the TOEIC exam.

B: **Yeah, maybe a bit too much.** My normal work is suffering.

> **A:** TOEIC受験のため勉強しているんだってね。
> **B:** ええ、でもちょっとやりすぎかも。普段の仕事が犠牲になっているんです。

a bit too muchは「ちょっと多すぎて；ちょっと程度が強すぎて」という意味。実際には「かなりの」程度だがそれを控えめに伝えるために使うこともある。

日本人思考の上司と部下

〉 Reporting a Mistake to a Supervisor

Sales Dept. member Yuko has to explain to her manager Alex that she received an order from a client but forgot to enter the order in the system.

Yuko: Hi Alex, do you have a minute?

Alex: Sure, what's up?

Yuko: Well, (1) **I have discovered a problem and I was hoping I could get your advice.**

Alex: Of course, what's wrong?

Yuko: Well, do you remember the new order we received last week from ACME?

Alex: Yes, I approved the estimate. Is there a problem?

Yuko: (2) **Well, it seems that there was some confusion after the client sent their official order and, for some reason, the order was not processed appropriately.**

Alex: What do you mean, "not processed appropriately?"

Yuko: (3) **It turns out the order was not input into the system so nothing has been done.**

Alex: What do you mean, "Nothing has been done?!" Has the client been informed?

Yuko: (4) **I figured I should check with you first.**

Alex: When was the client expecting delivery?

Yuko: (5) **Well, that's the thing.** The deadline on the estimate says delivery is tomorrow.

Alex: Yuko, this is a problem. The client is expecting delivery tomorrow and I am just hearing about this now. How quickly can we process the order and complete delivery?

Yuko: (6) **I'm pretty sure we'd probably need 3 to 4 days even if we rush it.**

Alex: I need you to immediately find out how quickly we can deliver the order so I can call the client and give them a clear answer on how long their order will be delayed.

Yuko: Yes, I will do that right away. (7) **I'm sorry for screwing up, Alex.**

解 説

(1) I have discovered a problem and I was hoping I could get your advice.
　　Rule1,2,3

　状況の緊急性を考えると、よりはっきりした表現がふさわしい。「問題を発見したので」や「相談したい」では相手に事の重大さが伝わらない可能性もある。

(2) Well, it seems that there was some confusion...for some reason, the order was not processed appropriately. Rule3

　some confusion「ちょっとした勘違い」やfor some reason「なぜか」のような表現では、責任を回避しようとしていると思われてしまうかもしれない。

(3) It turns out the order was not input into the system so nothing has been done. Rule1,3

　「…だとわかった」という表現も、上と同じく無責任な言い方に聞こえてしまう。

シーン2 〉 上司にミスを報告する

営業部のユウコは、顧客から受けた注文をシステムに入力するのを忘れたことを部長のアレックスに伝えねばならない。

Yuko: アレックス、今少し大丈夫ですか?

Alex: ああ、どうしたんだ?

Yuko: 先ほど問題を発見しまして、アドバイスをもらえたらと思っていたんです。

Alex: もちろんだ。何があった?

Yuko: ええと、先週 ACME 社から頂いた新規注文は覚えていますか?

Alex: 私が見積もりを承認したから、もちろん覚えているよ。それがどうしたんだ?

Yuko: ええと、実は何かちょっとした勘違いがあったようで、お客様から正式発注を送っていただいたのですが、そのあとなぜか注文が正しく処理されなかったようです。

Alex: 「正しく処理されなかった」というのは、どういう意味なんだ?

Yuko: 注文がシステムに入力されていなくてまったく進んでいないことがわかったんです。

Alex: 「まったく進んでいない」ってどういうことだ?! お客様への連絡はしたのか?

Yuko: 先にあなたに確認したほうがいいかなと思いまして。

Alex: 納期はいつになってたんだ?

Yuko: それが問題なんです。実は見積もり記載の納品予定日が明日なんです。

Alex: ユウコ、それは問題だな。お客様が明日納品を期待しているのに私は今知らされたばかりだ。どのくらいで注文を処理して納品できるんだ?

Yuko: おそらく急いでやっても3日から4日かかると思います。

Alex: 今すぐ最短納期を確認して。そうしたら、私からお客様に状況を説明し、注文がどのくらい遅れるのか明確な答えを伝えることができるから。

Yuko: はい、今すぐやります。ミスをやらかしてしまってすみません、アレックス。

---

(4) I figured I should check with you first. Rule1,4

　この表現自体が悪いわけではないが、この場面では積極性に欠けると思われかねない。

(5) Well, that's the thing. Rule1

　That's the thing. は「それが問題だ」という表現だが、職場では避けるべき。ことの重大さを十分に把握していないような、軽率な感じに受け取られる可能性がある。

(6) I'm pretty sure we'd probably need 3 to 4 days even if we rush it. Rule1,3

　問題を報告する際は確実な情報を整理しておくべきなのに、probably「おそらく」と表現すると準備不足の印象に。確認済みの情報を伝えるならはっきりした表現を使おう。

(7) I'm sorry for screwing up, Alex. Rule1,4

　謝るのはいいことだが、screw up「大失敗する」という表現はすねているようで子供っぽい。

ネイティブ思考の上司と部下

Yuko: Hi Alex, (1) **I need to report a problem.** Do you have time right now?

Alex: What's wrong?

Yuko: Regrettably, (2) **I failed to process the new order we received last week from ACME Manufacturing. After the client sent their official order, I did not enter the order into the system so it hasn't been processed at all.**

Alex: You mean, nothing has been done?

Yuko: (3) **Yes, that is the current situation.** I just discovered this a few moments ago and I am consulting with you on how to respond before contacting the client because delivery is scheduled for tomorrow.

Alex: I see. That is a serious problem. How quickly can we process the order and complete delivery?

Yuko: (4) **I will expedite the order to make delivery in 3 to 4 days.**

Alex: Okay. I will call the client and explain the situation, apologize, and get their approval for the revised delivery schedule.

Yuko: Thank you, Alex. (5) **Please accept my apologies for this mistake and know that I will work to make sure it does not happen again.**

解説

　業務上のミスが起きたとき、大切なのは上司への報告の際に伝える情報とその情報を伝える姿勢だ。遠回しで回りくどい表現では、情報の伝達が遅れたり、十分に伝わらなかったりする可能性があるし、緊急性が伝わらず、相手をいらだたせかねない。また、ミスの原因が自分にあるとしても、自分を責める等ネガティブな気持ちを表すことが状況をよくするわけではない。自分の落ち度を認めつつ問題解決に前向きな姿勢を伝えるのが効果的だ。

(1) I need to report a problem. `Rule1,2,3`

　問題が起きたときには、状況の緊急性を伝えられる表現が必要だ。相手の注意を瞬時に引き、時間を無駄にさせないコミュニケーションを取らなくてはならない。特に自分が問題を起こした場合、p. 20のI have discovered a problem. では責任感が感じられないが、I need to report a problem.と言えば自ら責任を取ろうという態度が伝わる。

(2) I failed to... After the client sent their official order, I did not enter... `Rule3`

　これも責任回避をしようとしない、率直で無駄のない表現だ。問題を起こしたのは自分だと認めたうえで、問題解決しようとする姿勢があることもわかる。主語（I・私）のあとにすぐ動詞（failed to/did notなど）を置くという能動的な文の構成が明確で意図が伝わりやすい。能動態を意識して積極的な表現を心がけよう。

(3) Yes, that is the current situation. `Rule3`

　状況を伝えるうえでは、このようなはっきりした表現がふさわしい。current situationのような表現なら実態がすぐに伝わり、相手にとっても状況が把握しやすい。

Yuko: アレックス、問題を報告しなくてはいけないんです。今お時間ありますか？

Alex: どうしたんだ？

Yuko: 先週ACME製作所から頂いた新規注文の件ですが、残念ながら処理していませんでした。お客様から正式発注が送られたあと、私が受注システムに入力しなかったせいで注文がまったく処理されていないんです。

Alex: まったく手がつけられていないということなのか？

Yuko: はい、現在の状況はそうです。先ほど自分のミスに気づいたばかりで、納品予定日が明日なので、お客様へ連絡する前に対応の仕方についてあなたにご相談している次第です。

Alex: そうか、これは大問題だ。どのくらいで注文を処理して納品できるんだ？

Yuko: 3、4日で納品できるよう早めます。

Alex: わかった。私からお客様に電話して状況を説明し謝罪をしたうえで、新しい納期を伝えてOKをもらうようにするから。

Yuko: ありがとうございます、アレックス。本当に申し訳ありません、今後このようなミスがないように努力します。

off

(4) I will expedite the order to make delivery in 3 to 4 days. Rule4

　expediteは「早める」。これは積極的に対応しようという姿勢が感じられるいい表現だ。自分は行動力と決断力のある人物だということが伝わる。このように、能動的な語彙の正しい意味と使い方を覚えておけば、よりスムーズで効果的なコミュニケーションが可能になる。

(5) Please accept my apologies for this mistake and know that I will work to make sure it does not happen again. Rule1,3,4

　謝罪するときは、反省だけではなく再発防止に努める姿勢も伝えるようにすることが大切だ。このような発言によって、相手に緊急性を伝えるだけではなく、原因や責任の追及に費やす時間を短縮し、場合によってはゼロにすることも期待できる。また、Who（誰）・What（何）・When（いつ）・Where（どこ）・Why（なぜ）という5Wの単なる状況確認から、Plan（計画）・Do（実行）・Check（評価）・Act（改善）といった具体的行動へと素早く移ることが可能になる。

会話をさらに広げる +1の表現

逆境に立ち向かう姿勢を示す表現

　前ページでは問題を起こしてしまうという逆境を好転させるためのコミュニケーションスタイルを紹介した。ここでは、ポジティブな印象を与えられる表現を使ってさらに積極的に発言している例を見てみよう。

Alex: Okay. I will call the client and explain the situation, apologize, and get their approval for the revised delivery schedule.

Yuko: Thank you, Alex, but I have **assessed** this situation and **recognize** my mistake. If you don't mind, I would like the opportunity to **rectify** my own mistake.

Alex: All right, Yuko. I am impressed by your proactive attitude. You call the client and let me know ASAP how it goes.

Yuko: Will do!

> **Alex:** わかった。私からお客様に電話して状況を説明し謝罪をしたうえで、新しい納期を伝えてOKをもらうようにするから。
>
> **Yuko:** ありがとうございます、アレックス、でも、私はこの状況を分析して、自分のミスを把握しています。できれば、ひとまず自分で自分のミスを解決する機会をいただきたいんです。
>
> **Alex:** わかったよ、ユウコ。そういう前向きな姿勢に感心するよ。自分でお客様に電話して、結果をすぐに報告してくれ。
>
> **Yuko:** わかりました！

▶ assess/recognize/rectify

　上記のダイアログでは assess「分析する」、recognize「把握する」、rectify「解決する」という語が登場している。この3つの単語を使った表現は、問題が起きたときに役に立つ。「自分から問題を解決したい」という自信と積極性を伝えられる最強の表現と言えるだろう。前述したように能動態を意識するのに加えてこうした能動的な語彙を使い、相手にインパクトを与えることが重要だ。3つの語を組み合わせて使うこともできるが、欲張りすぎるとただ言葉を並べているだけに聞こえてしまうので注意しよう。

We apologize for ongoing service issues. We are working to **assess** the problem and restore service as soon as possible.

> 現在起こっているサービスの障害についてお詫びいたします。できる限り早急に問題を分析しサービスを復旧できるよう努めております。

1

A: What happened with the negotiations in New York?

B: **We failed to** get the contract.

> A: ニューヨークでの交渉で何が起こったんですか？
> B: 契約にこぎつけるのに失敗してしまったんです。

failed to... の代わりに didn't を使っても似たような意味にはなるが、fail を使うと挫折感や落胆が伝わる。

A: Are you telling me you haven't made a sale all week?!

B: Yes. **That is the current situation.**

> A: 1週間ずっと売り上げがなかったというんですか？！
> B: ええ。それが現状です。

situation を state of affairs「状況」という決まり文句に置き換えてもいい。

A: Sales are booming. We are way behind in production.

B: Yeah, we need to **expedite** our hiring process in order to keep up with current demand.

> A: 売り上げが急上昇しています。生産が随分遅れています。
> B: ええ、現在の需要に追いつくため採用プロセスを速める必要がありますね。

accelerate や speed up も expedite と同様に「（スピードを）速める」という意味になる。

A: We lost face in front of our biggest customer because you were late to the meeting!

B: **Please accept my apologies for being late. It won't happen again.**

> A: きみがミーティングに遅れてきたから最大の顧客の前で面目丸つぶれだったよ！
> B: 遅れてしまって申し訳ありませんでした。二度とないようにします。

p. 22のダイアローグでは Please accept my apologies for this mistake. という形になっているが、上の例のように for +-ing... を使って謝罪の内容をより明確に伝えることもできる。

日本人思考の上司と部下

〉 **Turning Down a Boss's Request for Overtime**

Marketing Department manager Sam approaches Julia about working overtime.

Sam: Hi Julia, how are things going?

Julia: Hey Sam, I'm doing well. (1) **TGIF, right.**

Sam: Yeah. So, things aren't too busy right now?

Julia: Not at the moment. I'm looking forward to getting out of here on time for a change.

Sam: Yeah, about that. Jessica needs help with a project that's behind schedule.

Julia: Sure, there's still a couple of hours until the end of the day.

Sam: Unfortunately, this could take longer than that. I need you to stick around for a few hours after work.

Julia: (2) **Well, I'd like to help but I sort of have plans already and I don't think I can change them.**

Sam: I understand this is a big ask but this is an important project and Jessica is a little overwhelmed.

Julia: (3) **I really do want to help but I don't want to cancel my plans since I'm meeting people and we've already made a reservation.**

Sam: I see. How about you call and see if you can't push the reservation back by a few hours? I'm sure your friends would understand.

Julia: I suppose I can ask. (4) **It's just that I was really looking forward to this dinner party.**

Sam: I totally get it but you'd really be helping Jessica and the team will owe you one.

Julia: Well, I guess I can push back my plans a bit.

解説

(1) TGIF, right. Rule1,5

　TGIF（＝ Thank God It's Friday）やっと金曜日だ」は仲のいい同僚との間ではよく使われるが、スラングに近いカジュアルな表現なので上司に対して使うべきではない。

(2) Well, I'd like to help but I sort of have plans already and I don't think I can change them. Rule2,3

　I sort of... や I don't think... といった言い方は、「いやかもしれないが、少し無理すればなんとかなるんだな」という印象を与えてしまう。

シーン
3
上司からの残業依頼を断る

マーケティング部長のサムが部下のジュリアに残業について伝えに来た。

Sam: お疲れ、ジュリア。仕事は順調?

Julia: サム、お疲れさまです。はい、順調です。やっと金曜日でよかったです。

Sam: そうだね、ところで、そんなに立て込んではいないよね?

Julia: はい、今は落ち着いています。久しぶりに定時に帰れそうです。

Sam: それなんだけど、ジェシカはプロジェクトが遅れていて手伝いが必要なんだ。

Julia: いいですよ。定時までまだ数時間ありますので。

Sam: 残念ながら、それ以上かかるかもしれないんだ。今日は少し残業をしてもらいたいんだ。

Julia: ええと、手伝いたい気持ちは山々ですが、もうちょっと予定が入っていて変更は難しいと思います。

Sam: 無理を言っているのは承知のうえだが、これは重要なプロジェクトでジェシカは少し圧倒されてるんだ。

Julia: もちろん助けてあげたいのですが、予定をキャンセルしたくないんです。合流予定の人達もいますし、すでに予約もしてあるので。

Sam: そうか。それじゃ、電話して2、3時間予約を遅らせることができないか聞いてみてくれないか。友だちもわかってくれるだろう。

Julia: は、はい。聞いてみます。この夕食会をすごく楽しみにしていたんですけどね。

Sam: ああ、わかるけど、ジェシカは本当に助かるし、チームも恩に着るよ。

Julia: まあ、たぶん少し予定を遅らせることはできると思います。

---

(3) I really do want to help but I don't want to cancel my plans since I'm meeting people and we've already made a reservation. Rule2,3

「…したくない」と「…しない;できない」では相手に伝わる重みが違う。「…したくない」といった表現では、相手がこちらの事情を考慮して引き下がるとは限らない。

(4) It's just that I was really looking forward to this dinner party. Rule1,3

この表現は、残業を頼んでくるSamに対して「こちらの事情を理解してください」と逆にお願いする流れを作ってしまっている。会話の主導権を相手に渡してしまっている。

ネイティブ思考の上司と部下

Sam: Hi Julia, how are things going?

Julia: Hey Sam, I'm doing well. (1) <u>**Ready for the weekend.**</u>

Sam: Yeah. So, things aren't too busy right now?

Julia: Not at the moment. I'm looking forward to getting out of here on time for a change.

Sam: (2) <u>**Yeah, about that.**</u> Jessica needs help with a project that's behind schedule.

Julia: Sure, (3) <u>**I have time until the end of the day.**</u>

Sam: Unfortunately, this could take longer than that. I need you to stick around for a few hours after work.

Julia: Sam, (4) <u>**I am very sorry but that will not be possible today. Of course, I will help out in any way I can but I have plans that cannot be changed.**</u>

Sam: (5) <u>**I understand this is a big ask but this is an important project and Jessica is a little overwhelmed.**</u>

Julia: (6) <u>**I completely understand. I will go over and see what I can do to help her until the end of the day but working overtime just is not an option for me today.**</u>

Sam: I see. How about you call and see if you can't change your plans? I'm sure whatever you have going on, the other party will understand.

Julia: (7) <u>**Unfortunately, that won't work for me.**</u> Like I said, I am happy to help in any way I can now.

Sam: I get it. I'm sure Jessica will appreciate any help she can get.

Julia: Sure, of course!

解説

相手の依頼を断りたいときは、自分の意図をストレートに早い時点で伝えることが大切だ。

(1) Ready for the weekend. Rule1,3,4

　p. 26のダイアローグで出てきたTGIFのような軽い表現よりは、ready for the weekend「週末の準備ができている」といった、抽象的ながらも予定が立っていることが伝わる表現を使うといい。自分が「仕事から逃げたい」と考えているようなマイナスの印象を上司に与えずに済む。

(2) Yeah, about that. Rule1

　これは少し上級向け。About that, ... は相手の発言に対して、否定的なこと、相手にとってよくないことを言う際に「そのことなんだけど…」と前置きする表現だ。

(3) I have time until the end of the day. Rule3

　ここでジュリアは、until the end of the day「定時（今日の終わり）まで」なら自分に時間があると伝えている。自分の時間は定時までだと先に条件を提示することによって、会話の流れをコントロールする土台作りに成功している。

(4) I am very sorry but that will not be possible today... I have plans that cannot be changed. Rule2,3

Sam: お疲れ、ジュリア。仕事は順調？

Julia: サム、お疲れさまです。はい、順調です。もうすぐ週末ですし。

Sam: そうだね、ところで、そんなに立て込んではいないよね？

Julia: はい、今は落ち着いています。久しぶりに定時に帰れそうです。

Sam: それなんだけど、ジェシカはプロジェクトが遅れていて手伝いが必要なんだ。

Julia: そうなんですか。定時までなら時間がありますよ。

Sam: 残念ながら、これは恐らくそれ以上かかるかもしれないんだ。今日は少し残業をしてもらいたいんだ。

Julia: サム、申し訳ないのですが、今日はできません。もちろん、できるだけのことをやりますが、変更できない予定が入っています。

Sam: 無理を言っているのは承知のうえだが、これは重要なプロジェクトでジェシカは少し圧倒されてるんだ。

Julia: よくわかります。今から終業時間までで何か手伝うことがないか見てみます。ただ、今日に限っては残業のリクエストに応じることはできません。

Sam: そうか。それじゃ、電話して2、3時間予約を遅らせるか聞いてみてくれないか。予定がなんであるにしても友だちもわかってくれるだろう。

Julia: 残念ながら、それでは私が困ります。申し上げたように今できるだけのことはやります。

Sam: わかった。ジェシカも手伝ってもらえるならなんでも助かるだろう。

Julia: はい、もちろんです！

　ジュリアは最初から「できない」ということと、それには理由があることをはっきり伝えている、このように初期段階で明確な意思表明をしておけば、相手に会話の主導権を取られにくくなる。

(5) I understand this is a big ask but this is an important project and Jessica is a little overwhelmed. Rule1

「無理を言っているのは承知だが」と言うことで、相手が断りにくい状況を作っている。

(6) I completely understand...working overtime just is not an option for me today. Rule3,4

残業の依頼に対してはっきりと拒否してはいるが、その前置きとして「状況はよく理解しているしできるだけのことはしたい」と伝えることで、ネガティブな印象が避けられる。

(7) Unfortunately, that won't work for me. Rule3

that won't work for me「それでは自分に都合が悪い＝自分には受け入れられない」は、相手の依頼や要望をはっきり拒否していることが伝わる強い表現。ダイレクトに揺るぎのない姿勢を相手に伝えて断念させることが必要だ。

会話をさらに広げる
＋1の表現

いつもと違った状況を伝える表現

いつもと違った状況を、普段の状況への不満をにじませつつ伝えるフレーズを見てみよう。

> **Sam:** Yeah. So, things aren't too busy right now?
>
> **Julia:** Not at the moment. I'm looking forward to getting out of here on time **for a change**.
>
> Sam: そうだね、ところで、そんなに立て込んではいないよね？
>
> Julia: はい、今は落ち着いています。久しぶりに定時に帰れそうです。

▶ ..., for a change.

for a change は「気分転換に」のほかに、「いつもとは違って；久しぶりに；珍しく」という意味で使われる。上の会話では後者にあたり、「今はいいけど普段はそうではない」と普段の状況への軽い不満が込められている。

A: Are you coming to my birthday party this Saturday?

B: Yes. My boss gave me a weekend off **for a change**.

> A: 今度の土曜日私のバースデイパーティに来る？
>
> B: ええ。上司が珍しく週末休みをくれたのよ。

また、for a change は過去の出来事に対しても使える。

The negotiations went good **for a change.**

> 交渉は珍しくうまく行った。

▶ ..., for once.

「たまには；今回だけは」という意味で、for a change と同様に使える。

A: I hear you got a promotion?!

B: I did. Management listened to one of my ideas **for once** and it paid off!

> A: 昇進したんだって？！
>
> B: うん。上層部が今回だけはぼくの考えを聞いてくれてそれが実ったんだ！

アメリカ人は大げさな表現を好むので、次のような使い方もよくする。

I wish I could have two days off in a row **for once**!

> 一度でいいから2日連続で休みを取れたらなあ！

A: Do you have time to help me with these spreadsheets?

B: **I have time until** my 3 o'clock appointment gets here.

> **A:** このスプレッドシートを手伝ってくれる時間はある？
>
> **B:** 3時に約束があるけどそれまでなら時間はあるよ。

I have timeをI am freeまたはI am availableに置き換えることもできる。

A: Do you offer free delivery?

B: **I'm very sorry but** shipping charges are extra.

> **A:** 無料で配送していますか？
>
> **B:** すみませんが送料は加算されます。

相手に申し訳ないが伝えなければならないことがある場合は、I'm sorry but...と同様に、Unfortunately, ...やI'm very sorry to say... もよく使われる。

A: My boss just offered me a promotion if we move to Osaka.

B: Moving **is not an option for** us. We need to be close to my parents.

> **A:** 上司が大阪に異動したら昇進させてくれるって言うんだ。
>
> **B:** 大阪に引っ越しなんてできないわ。私の両親の近くにいないといけないんだから。

...is not an option for ～は「…は～にとって選択肢にならない」→「～は…することはできない」という完全否定の表現だ。

A: Given our new business overseas, I need you to work later in the evenings because of the time difference.

B: **That won't work for me.** I am a single parent and have to be home to take care of my kids after school.

> **A:** わが社の新しい海外事業を考えると、時差があるのできみには夜遅い時間に働いてもらう必要があるんだ。
>
> **B:** それは困ります。私はひとり親で放課後子どもの世話をするため家にいなければなりませんので。

依頼を断る表現。現在形でThat doesn't work for me.と言う場合も多い。

日本人思考の上司と部下

〉 **Expressing Concerns**

Taka is asked by his department manager Melissa for feedback on an upcoming product launch.

Taka: You asked to see me?

Melissa: Yes. You didn't say anything at the presentation, but I couldn't help noticing you seemed to have some reservations about our upcoming product launch.

Taka: (1) **I'm not sure it's my place to say...**

Melissa: Never mind protocol. I realize you haven't been directly involved in this project, but I value your opinions.

Taka: First and foremost, I think the production timeline is way too aggressive.

Melissa: All of our manufacturing leads have approved the current schedule and say they can meet the deadlines we have in place now.

Taka: (2) **I think they are wrong.** I managed a new product rollout at my former company that was almost identical in scope, and we were hit with many delays.

(3) **The release date needs to be pushed back a few months.**

Melissa: Are there any other aspects that bother you?

Taka: (4) **The MSRP is set too low.** The current MSRP reflects a profit margin of only 20%. That doesn't leave much room for error in the event of any cost overruns.

Melissa: I'm not sure changes of that scale would be feasible this late in the game.

Taka: (5) **You asked me for my opinion.**

解説

(1) I'm not sure it's my place to say... Rule1,3

　It's not my place to say[do]... は「…を言う／する立場にない；権利がない」という意味で、何かを言ったりしたりするのを断る際の丁寧な表現。しかし相手から意見を求められている状況では、これは弱さの現れとみなされるだけの無駄なひとことになってしまう。上司との会話であっても、意見を伝えようとするときには遠慮せずに自信ある態度を示さなくてはならない。

(2) I think they are wrong. Rule1,4

　ストレートに言うことは大切なルールのひとつだが、wrong「間違っている」を使ったこの言い方は少々きつすぎる。ほかの人に対する敬意が伝わるようなソフトな表現も必要だ。

(3) The release date needs to be pushed back a few months. Rule1,4

　(2)と同様に、これもストレートではあるが少々唐突な言い方だ。提案・提言をするときには、相手に不快な感情を抱かせないような気配りのきいた表現を使いたい。

シーン4 懸念を伝える

タカは部長のメリッサに近々行われる製品発売についての意見を尋ねられる。

Taka: 私にお会いになりたかったんですよね？

Melissa: ええ。プレゼンのときは何も言っていなかったけど、近々行われる製品発売のことで何か懸念があるようだと気づかずにはいられなかったの。

Taka: 私の立場で言っていいのかどうか…。

Melissa: 儀礼的なことは気にしないで。あなたはこのプロジェクトに直接関わっていないとわかっているけど、あなたの意見を尊重したいの。

Taka: 何よりも、生産のタイムラインが強引すぎると思います。

Melissa: 生産に関する責任者すべてが今のスケジュールを承認していて、今決まっている締め切りに間に合うと言っているのよ。

Taka: 彼らは間違っていると思います。私は以前の会社でほぼ同じ規模での新製品の発売を取り仕切りましたが、多くの遅れにより打撃を受けました。発売日は数か月延ばす必要があります。

Melissa: ほかに気になることはある？

Taka: メーカー希望小売価格の設定が安すぎです。現在のメーカー希望小売価格はたったの20%の利益率しか反映されていません。コストの超過があった場合の誤差に対処する余裕があまりありません。

Melissa: こんな終盤にその規模の変更が可能かどうかわからないわ。

Taka: 意見を求められたのでお伝えしたまでです。

(4) The MSRP is set too low. Rule1,4,5

この発言も上の2つと並んでストレートながらもぶっきらぼうに聞こえかねない。また、MSRPはManufacturer Suggested Retail Price「メーカー希望小売価格（小売りの際の割引やインセンティブを含まない製品価格）」の略語だが、会話の相手が必ずしもこの語を理解しているとは限らない。極力略語は使わずシンプルな表現を使うべきだ。

(5) You asked me for my opinion. Rule1,4

これは「意見を求められたから言っただけ」といったニュアンスで、真摯さに欠ける。自分の提言が「実現可能かわからない」と言われたからといってこのように返答するのは非生産的だ。ほかに、Hey, I'm just saying...「…と言っているだけです」やI'm just answering the question.「質問に答えているだけです」なども「どうだっていい」という不真面目な態度が表れる言い方なので要注意。

ネイティブ思考の上司と部下

Taka: You asked to see me?

Melissa: Yes. You didn't say anything at the presentation, but I couldn't help noticing you seemed to have some reservations about our upcoming product launch.

Taka: (1) **Well, my concerns are two-fold.** First and foremost, I think the production timeline is way too aggressive.

Melissa: All our manufacturing leads have approved the current schedule and say they can meet the deadlines we have in place now.

Taka: (2) **I respectfully have to disagree.** I managed a new product rollout at my former company that was almost identical in scope, and we were hit with many unforeseen delays. (3) **I would suggest pushing the release date back a few months.**

Melissa: You mentioned another area of concern. What would that be?

Taka: (4) **In my opinion, I think the price point is set too low.** The current price reflects a profit margin of only 20%. That doesn't leave much room for error in the event of any cost overruns.

Melissa: I'm not sure changes of that scale would be feasible this late in the game. But thanks to your input, I am going to have a second assessment done.

Taka: (5) **We are all on the same team here, so I only want what's best for the company.**

解説

(1) Well, my concerns are two-fold. Rule2,3

　これは批判的な内容を伝えるのに非常に有効な切り出し方だ。対処すべき問題点がいくつあるのかがすぐに相手にわかる。問題点が多いときにはthree-foldやfour-foldと言うこともできるが、それよりも数が多いときには、I have concerns with a number of issues.「多くの問題に懸念があります」やThere are so many problems I don't know where to begin.「どこから始めればいいかわからないくらいたくさん問題があります」といった別の伝え方が必要になるだろう。

(2) I respectfully have to disagree. Rule1,3

　respectfullyは「敬意を持って」という意味の副詞。相手に対する敬意を示しつつ否定的なことや反対意見を伝えなければならないときに使える便利な表現だ。このひとことをつけ加えるだけで発言の印象を和らげることができる。I beg to differ.も「すみませんが同意しかねます」といった意味で、この場面で同様に使える。

(3) I would suggest pushing the release date back a few months. Rule1,4

　提案をポジティブに礼儀正しく伝えるには、I would suggest you do...やI would suggest doing...といった表現が一般的かつ効果的だ。ほかに、I think you should.../Why don't you...?などでも相手の気分を損ねずに提案できるだろう。

Taka: 私にお会いになりたかったんですよね？

Melissa: ええ。プレゼンのときは何も言っていなかったけど、近々行われる製品発売のことで何か懸念があるようだと気づかずにはいられなかったの。

Taka: そうですね、私が気がかりなのは2つです。まず何より、生産のタイムラインが強引すぎると思います。

Melissa: 生産に関する責任者すべてが今のスケジュールを承認していて、今決まっている締め切りに間に合うと言っているのよ。

Taka: 申し訳ないのですが、それには反対せざるを得ません。私は以前の会社でほぼ同じ規模での新製品の発売を取り仕切りましたが、多くの予測できなかった遅れにより打撃を受けました。発売日は数か月延ばすことを提案します。

Melissa: ほかの点でも懸念があると言っていたわね。それはどんなことかしら？

Taka: 私の考えでは、小売価格の設定が安すぎると思います。現在のメーカー希望小売価格はたったの20%の利益率しか反映されていません。コストの超過があった場合の誤差に対処する余裕があまりありません。

Melissa: こんな終盤になってその規模の変更が可能かどうかわからないわ。でも、あなたの意見をもらったから、もう一度判断し直してもらうことにするわ。

Taka: 私たちはみな同じチームですから、私は会社にとって最善のことを望んでいるだけです。

(4) In my opinion, I think the price point is set too low. Rule1,5

In my opinion, ...「私の考えでは…」という表現をプラスすることで、そのあと述べることがソフトに伝わる。ほかに、From where I stand, .../The way I see it, ...なども同様の役割を果たす表現として使える。また、ここではMSRP「メーカー希望小売価格」という略語は使わずに、price point「小売価格」とわかりやすい語を使っている。

(5) We are all on the same team here, so I only want what's best for the company. Rule1,4

ここでタカは、プロジェクトに直接関わっていなくても同じ社員として協力したいという気持ちを示している。ポジティブで謙虚な言葉で会話を締めくくったことにより、タカの提案はひとりよがりなものではないということがわかる。また、この案件がどんな結果になったとしても受け入れるというタカの態度も伝わった。

会話をさらに広げる +1の表現

複数の意見や理由を順に伝えるための表現

複数の意見や理由などを順に伝えるときの代表的な表現のいくつかを紹介しよう。

Melissa: You didn't say anything at the presentation, but I couldn't help noticing you seemed to have some reservations about our upcoming product launch.

Taka: Well, my concerns are two-fold. **First and foremost,** I think the production timeline is way too aggressive.

> Melissa: プレゼンのときは何も言っていなかったけど、行われる製品発売のことで何か懸念があるようだと気づかずにはいられなかったの。
>
> Taka: そうですね、私が気がかりなのは2つです。まず何より、生産のタイムラインが強引すぎると思います。

▶ First of all, ...

「まずは；第一に」というときの定番の表現。続きは、Secondly, ...「第二に…」Thirdly, ...「第三に…」などを使って説明していこう。

A: How did you like the new office layout?

B: First of all, the office cubicles are way too small!

> A: 新しいオフィスのレイアウトはどうですか？
> B: まず、パーテーションで区切った各自のスペースが小さすぎです！

▶ In the first place, ...

これも「第一に」という表現。ちなみに競技などでの「第一位」も 1st place と言う。

A: Why don't you like the new department manager?

B: In the first place, he's too young to be in that position.

> A: 新しい部長が気に入らないのはなぜ？
> B: 第一に、その地位に就くには若すぎるよ。

▶ For one thing, ...

重要な順というより思い浮かんだ順に話す際に使う。このあとは For another thing, ... となる。

A: How can we improve our sales?

B: For one thing, you don't spend enough on advertising.

> A: どうすれば営業を改善できるでしょうか？
> B: まず、広告費が十分じゃないですね。

A: Are you going to accept my offer?

B: I respectfully have to decline. Our shareholders voted against it.

> **A:** 私のオファーをお受けになりますか？
> **B:** 申し訳ないのですがお断りせざるを得ません。株主が反対しているんです。

respectfully「敬意は払いますが；申し訳ありませんが」とhave to...「…せざるを得ない」によって、自分の本意ではないがしかたないといったニュアンスが伝わる。

A: What do you think we should do to return to profitability?

B: I would suggest downsizing in order to cut costs.

> **A:** 黒字に転換するには何をすべきだと思いますか？
> **B:** 経費削減のため規模の縮小を提案します。

I suggest -ing...は率直な言い方だが、ここにwouldを加えることでトーンが和らぎ会話がスムーズに進みやすくなる。

A: In my opinion, I think the company is heading in the wrong direction.

B: Really, how so?

> **A:** 私の考えでは、この会社は間違った方向に進んでいると思います。
> **B:** あら、どのようにですか？

In my opinion, ...と前置きすることで、間違っている可能性もあるということを前提にしてソフトに意見を伝えることができる。ただ、フランクな会話では必要ない。

A: Why would you propose spinning off our most profitable division?!

B: I only want what is best for our shareholders.

> **A:** どうしてわが社でいちばん利益を上げている部署のスピンオフを提案するんですか？
> **B:** 私は株主にとってベストなことを望んでいるだけです。

難しいことを提案するときなどに、自分が相手（for you）もしくは第三者（for them）のことを考えて言っているのだと強調する表現。

日本人思考の上司と部下

⟩ Apologizing for Poor Performance

Akio's sales are down and he seeks out his boss Mary to apologize and reassure Mary that he is working to improve his performance.

Akio: Mary, do you have a minute?

Mary: Morning, Akio, what can I do for you?

Akio: (1) **Oh, it's no big deal.** (2) **I just wanted to take a minute to say that I recognize that my performance has sucked these past few months and that I know I need to get my butt in gear.**

Mary: Well, I appreciate you coming to me Akio. Quite frankly, your numbers these past months have been a bit concerning.

Akio: (3) **Yeah, it's been rough out there.** It's not like I'm doing anything differently.

Mary: Perhaps that's the problem.

Akio: What do you mean? (4) **I was killing it during the second quarter.**

Mary: Honestly, Akio, everyone "kills it" during the second quarter because that's our busiest time of the year.

Akio: (5) **Yeah, I suppose you're right.**

Mary: One of the keys to success is being able to generate clients' interest in the off-peak seasons.

Akio: (6) **It's not like I've been sitting on my butt waiting for clients to come to me.**

Mary: I don't know. You tell me.

Akio: Look, I just wanted to put it out there that I'm conscious of the fact that I need to step on the gas.

Mary: Well, I appreciate you being proactive in that way. Let me know if you need help generating ideas for new proposals.

Akio: I appreciate it, Mary. Thanks for your time.

解説

(1) Oh, it's no big deal. Rule1,2,3

　no big deal「たいしたことではない」という表現は、問題から相手の注目をそらすためによく使われる。しかし、用件を伝える前に問題を軽視する発言をするのは控えるべき。

(2) I just wanted to take a minute to say that I recognize that my performance has sucked these past few months and that I know I need to get my butt in gear. Rule5

　あらゆる世代でカジュアルな言葉遣いが広がっているが、...suck「…が最悪だ」やget one's butt in gear「本腰を入れて頑張る」といったスラングは職場にはふさわしくない。

(3) Yeah, it's been rough out there. Rule3,4

　rough「大変な；つらい」というのは漠然としていて具体性に欠ける。業績が振るわないこ

<ruby>シーン<rt></rt></ruby> 5 〉業績不振を謝罪する

アキオは営業成績が下がっている。謝罪し、業績を改善すべく努力すると約束するため、上司のメアリーに会いに行く。

Akio: メアリー、お時間ありますか?

Mary: おはよう、アキオ、どうしたの?

Akio: ああ、たいしたことじゃないんです。私の営業成績がここ数か月ダメだってことと、もっと本腰を入れて頑張んなきゃってわかってるってことをちょっと伝えたかっただけなんです。

Mary: そうなの、私のところに来てくれてありがとう、アキオ。正直言って、ここ数か月のあなたの成績はちょっと気になっていたのよね。

Akio: ええ、大変だったんですよね。特に違ったやり方をしてるってわけじゃないんですけど。

Mary: それが問題なのかもしれないわね。

Akio: どういうことですか? 第二四半期は超うまく行ってたんですけど。

Mary: はっきり言うけどね、アキオ、第二四半期は一年でいちばん忙しい時期だから誰だって「超うまく行く」のよ。

Akio: ええ、おっしゃる通りだと思います。

Mary: 成功のための秘訣のひとつは、オフピークシーズンにクライアントの興味を引き出せることなのよ。

Akio: クライアントが来るのをただ待っていたってわけじゃないんですけど。

Mary: よくわからないわ。言ってちょうだい。

Akio: あの、私もアクセル全開で頑張らなくちゃってわかってるってことを言いたかっただけなんです。

Mary: そう、あなたがそんなふうに積極的になってくれてうれしいわ。新しい企画のアイディアを出すのに手伝いが必要だったら言ってね。

Akio: 感謝します、メアリー。お時間ありがとうございました。

との言い訳にしか聞こえない。

(4) I was killing it during the second quarter. `Rule5`

kill itは「うまくやる」というスラングだが、これもビジネスの場では不適切。もっと説得力のある言葉を選んで好印象を与えたい。

(5) Yeah, I suppose you're right. `Rule1,4`

この文脈でI suppose...を使うのは、「あなたの言うことは正しいとは思いますけど」といったニュアンスで、上司に対して反抗的な態度だと受け取られかねない。

(6) It's not like I've been sitting on my butt waiting for clients to come to me.
`Rule4`

これも自分の落ち度を受け入れず言い訳していると受け取られる発言だ。

Case —

ネイティブ思考の上司と部下

Akio: Mary, do you have a minute?

Mary: Morning, Akio, what can I do for you?

Akio: (1) I just wanted to take a minute to say that I recognize that my performance has been down these past few months and that I know I need to turn things around.

Mary: Well, I appreciate you coming to me Akio. Quite frankly, your numbers these past months have been a bit concerning.

Akio: (2) I'm realizing now that I need to do more to adjust to the current market.

Mary: Perhaps that's a good idea.

Akio: (3) I understand now that my performance during the second quarter won't carry over into this time of the year.

Mary: Exactly, Akio. Most people tend to do well during the second quarter because that's our busiest time of the year.

Akio: (4) I'm definitely going to reevaluate my approach.

Mary: One of the keys to success is being able to generate client interest in the off-peak seasons.

Akio: (5) I will make sure I'm not passively waiting for clients to come to me.

Mary: That is a very good attitude to have.

Akio: Look, I just wanted to put it out there that I'm conscious of the fact that I need to step on the gas.

Mary: Well, I appreciate you being proactive in that way. Let me know if you need help generating ideas for new proposals.

Akio: I appreciate it, Mary. Thanks for your time.

解説

(1) I just wanted to take a minute to say that I recognize that my performance has been down these past few months and that I know I need to turn things around. Rule2,3,4

自分の状況をストレートに伝え、またturn things around「事態を好転させる」といった表現を使うことで会話をポジティブな方向に向けている。

(2) I'm realizing now that I need to do more to adjust to a rough market. Rule3,4

I'm realizing now...「…ということに今は気づいている」と言うことで、アキオは自分の落ち度を認め改善したいという意志があることを伝え、相手の信頼を得ることができた。

(3) I understand now that my performance during the second quarter won't carry over into this time of the year. Rule4

I understand now...「…だとわかっている」も上記と同様、アキオの成長したいという意志や可能性を示唆できる表現だ。

Akio: メアリー、お時間ありますか？

Mary: おはよう、アキオ、どうしたの？

Akio: 私の営業成績がここ数か月下がっていて、事態を改善する必要があると認識している、ということを伝えたかっただけなんです。

Mary: そうなの、私のところに来てくれてありがとう、アキオ。正直言って、ここ数か月のあなたの成績はちょっと気になっていたのよね。

Akio: 今は現在の市場に対応するためにもっと努力する必要があるとわかっています。

Mary: それはいい考えかもね。

Akio: 第二四半期の私の業績はこの時期まで持ち越せないとわかりました。

Mary: その通りね、アキオ、第二四半期は一年でいちばん忙しい時期だから、ほとんどの人がいい成績を上げる傾向があるのよ。

Akio: 自分のやり方を必ず見直すつもりです。

Mary: 成功のための秘訣のひとつは、オフピークシーズンにクライアントの興味を引き出せることなのよ。

Akio: クライアントが来るのをただ受け身で待つだけにならないようにします。

Mary: そういう態度でいることがとても大切ね。

Akio: あの、私もアクセル全開で頑張らなくてはとわかってる、ということを言いたかっただけなんです。

Mary: そう、あなたがそんなふうに積極的になってくれてうれしいわ。新しい企画のアイディアを出すのに手伝いが必要だったら言ってね。

Akio: 感謝します、メアリー。お時間ありがとうございました。

(4) I'm definitely going to reevaluate my approach. `Rule4`

この文脈では、definitely「必ず」やreevaluate「再評価する；見直す」という言葉は相手にネガティブな印象は抱かせない。こうしたひとことが次のチャンスにつながる。

(5) I will make sure I'm not passively waiting for clients to come to me. `Rule3,4`

アキオが自ら問題の解決策を見つけ前進しようとしていることがうかがえる発言。I'm not passively waiting...「受け身で待つのではなく…」というのは過去の自分に対する自虐的表現だが、それに対し今の自分は違うと言おうとしているので、これは許容される。

会話をさらに広げる +1の表現

相手に伝えたいことがあるときの表現

すぐ済む話だが相手に伝えたいことがあるときの、前置き表現を見てみよう。

Mary: Morning, Akio, what can I do for you?

Akio: I just **wanted to take a minute to** say that I recognize that my performance has been down these past few months and that I know I need to turn things around.

> Mary: おはよう、アキオ、どうしたの？
>
> Akio: 私の営業成績がここ数か月下がっていて、事態を改善する必要があると認識している、ということを伝えたかっただけなんです。

▶ I just wanted to take a minute to...

「…したかっただけです」という表現。相手に聞いてもらいたいことがあるときや、依頼したいことがあるときなど、さまざまな場面で使える。伝えたいことがあるなら上記の会話のように I just wanted to take a minute to say...となり、尋ねたいことや依頼したいことがある場合はI just wanted to take a minute to ask... となる。take a minute のない I wanted to say...も使えるが、take a minute を入れることで「話はすぐ済みます」というニュアンスが加わり、より丁寧なトーンになる。

A: Sales department. This is Jim Johnson.

B: Hey Jim, this is Keiko from marketing. **I just wanted to take a minute to** thank you for supporting my proposals at the meeting this morning. It meant a lot to me.

A: Of course! I thought your ideas were great.

> A: 営業部のジム・ジョンソンです。
>
> B: ジム、マーケティングのケイコです。今朝のミーティングで私の企画を支持してくれてありがとうと伝えたかっただけなの。とてもありがたかったわ。
>
> A: もちろんだよ！きみのアイディアはすばらしいと思ったよ。

A: I just got your text. What's up?

B: **I just wanted to take a minute to** let you know I am transferring to the Osaka office next month.

> A: 携帯のメッセージ受け取ったよ。どうしたの？
>
> B: 来月大阪支社に異動することを知らせたかっただけなの。

A: What were your takeaways from the management seminar?

B: **I am realizing now that** being a good manager is more about communication than experience in the particular field.

> **A:** マネージメントセミナーで重要な点はなんだったの？
> **B:** いいマネージャーというのは、特定の分野での経験よりもコミュニケーションが必要だとわかったよ。

現在進行形以外に、現在形のI realize now (that)...や完了形のI have come to realize that...も「…と気づいている；…とわかった」といった同様の意味でよく使われる。

A: What have you learned over the course of your first year working here at Sunny?

B: **I understand now that** I am a tiny cog in a very large machine.

> **A:** ここサニーで働いて最初の1年で、何を学びましたか？
> **B:** 非常に大きな機械のちっぽけな歯車でしかないのだとわかりました。

ここでのunderstandは上記のrealizeとほぼ同じ意味合いで使われている。

A: Do our unused paid holidays **carry over** into the next year?

B: No. You have to use them or lose them.

> **A:** 私たちの使用されなかった有給休暇は来年に持ち越されますか？
> **B:** いいえ。使い切らなければ失われます。

carry overは「持ち越す；繰り越す」という意味。

A: I hear the boss gave you a strict talking-to for being late?

B: **I will make sure** I never come to work late again!

> **A:** 遅刻したことでボスに厳しい小言を言われたんだってね！
> **B:** もう二度と遅刻しないようにするわ！

make sure...は「必ず…する」だが、willをつけることで強い意志が加わる。単純に未来のことを言うならbe going to... を使えばいい。

日本人思考の上司と部下

Requesting a Raise

Tom feels underpaid relative to his contributions and wants to negotiate for a raise during his performance review.

Alice: Tom, that wraps up your annual performance review. Do you have any questions about the content of your review or the feedback I've provided?

Tom: (1) **No, I feel like I understand everything you shared with me today and I'm pretty happy with the feedback I received.**

Alice: Good. Well then, I'll let you get back to work. You're doing a great job so keep up the good work and let me know if you need anything.

Tom: (2) **Well, there's one thing I wanted to run by you.**

Alice: Oh really, what's that?

Tom: (3) **It's about my salary.**

Alice: As I laid out for you during the review, from next year your salary will be this amount.

Tom: Yes, I understand. (4) **It's just that I'm not sure this really reflects the work I've done so I'm hoping we can discuss raising it a bit more.**

Alice: I see. Well, this is the standard raise for someone with your amount of time at the company but what did you have in mind?

Tom: (5) **I don't know, just something that kind of reflects my results.** You know, I think I've brought in a lot of new customers and projects.

Alice: Well certainly you have made some nice contributions considering your level of experience. I'll tell you what, why don't I discuss this with HR a bit more and someone will get back to you soon. Let's see if we can come up with something that you'll be happy with.

Tom: (6) **Really? I would really appreciate that. I hope to hear something soon.**

解説

(1) No, I feel like I understand everything you shared with me today and I'm pretty happy with the feedback I received. Rule2

　トムは人事考課について肯定的な反応をしていてこれはこれで大切なのだが、かといって重要な情報を最初に伝えないでいいわけではない。pretty happy「かなり満足」と言うと、このあとトムが切り出す昇給の依頼はアリスからすれば唐突に感じられてしまう。

(2) Well, there's one thing I wanted to run by you. Rule3

　この時点でトムは不必要に曖昧な表現をしている。また給与という自分にとって重要な話題を one thing と表現しているのもそぐわない。相応の表現でストレートに伝えるべきだ。

(3) It's about my salary. Rule2,3

　いったん「満足だ」と言ったトムにあとから昇給について言及されるのはアリスにとっては寝耳に水。また、このような曖昧で遠回しな言い方では、トムのコミュニケーション能力も危ぶまれてしまう。

シーン6 昇給を要請する

トムは自分の仕事での貢献に対して給料が安すぎると感じていて、人事考課の際に昇給の交渉をしたいと思っている。

Alice: トム、これであなたの人事考課は終わりよ。考課の内容や私からの評価について質問はない？

Tom: いいえ、今日お話していただいたことはすべてよくわかったと思いますし、あなたの評価にもとても満足しています。

Alice: よかったわ。では、仕事に戻ってね。とてもよくやってくれているから、その調子で頑張って、何かあったら知らせてね。

Tom: あの、ひとつご相談したいことがあるんですけど。

Alice: あらほんと、何？

Tom: 私の給与についてなんです。

Alice: 考課で説明した通り、来年からはあなたの給与はこの金額よ。

Tom: はい、わかっています。ただ私のしてきた仕事を本当に反映した金額なのかなと思って、もうちょっと昇給していただくことをご相談できたらなと。

Alice: なるほど。そうね、この会社ではあなたくらいの勤務年数ではこれが標準的な昇給額だけど、どのくらいを考えてたの？

Tom: わかりません、ただ私の仕事の成果を反映した額です。その、私は新たな顧客やプロジェクトをたくさんもたらしましたし。

Alice: そうね、確かにあなたの経験レベルを考えればなかなかの貢献をしてくれたことは確かだわ。じゃあ、こうしましょうか。人事とこの件についてもう少し話し合ってみるわ、そうすればすぐに返事が来るでしょう。あなたが満足できるところに落ち着けるかどうかやってみましょう。

Tom: 本当ですか？ ありがとうございます。お返事お待ちしています。

---

(4) It's just that I'm not sure this really reflects the work I've done so I'm hoping we can discuss raising it a bit more. Rule3

I'm not sure... は 自分の能力がわかっていない印象だし、I'm hoping... からは自分が昇給に値することを証明できるという自信が感じられない。

(5) I don't know, just something that kind of reflects my results. Rule3

この発言は自分の価値を理解していないことを表している。こうしたぼんやりした依頼の仕方では会社も真剣に取り合ってくれなくなるだろう。

(6) Really? I would really appreciate that. I hope to hear something soon. Rule3

トムが率直に話していないせいで、この会話は曖昧に終わっている。トムは具体的にいつ誰から返事がもらえるかまで確認すべきだった。不明確なコミュニケーションは、誤解や不満、さらには雇用関係の破たんにもつながりかねない。

ネイティブ思考の上司と部下

Alice: So, Tom, that wraps up your annual performance review. Do you have any questions about the content of your review or the feedback I've provided?

Tom: Thank you. I understood everything you shared with me. (1) **Can we discuss my current compensation?**

Alice: As I laid out for you, from next year your salary will be increased by this amount.

Tom: (2) **I appreciate the figures you presented.** (3) **However, I believe the proposed raise does not sufficiently reflect my performance or my contributions to the company.**

Alice: I see. Well, this is the standard raise for someone with your amount of time at the company but what did you have in mind?

Tom: While I understand that is standard compensation, I believe my performance and contributions have exceeded that level significantly.

Alice: Did you have something specific in mind?

Tom: (4) **I'd like to propose that the indicated raise scheduled for next year be applied immediately and that I be made eligible for an additional performance review in six months.**

Alice: Well certainly you have made some nice contributions considering your level of experience. However, what you are asking for is quite irregular.

Tom: I understand that my request may be irregular, but (5) **I will continue to prove my worth to the company.**

Alice: Why don't I discuss this with HR a bit more and we'll get back to you soon?

Tom: Thank you. (6) **Will I be hearing directly back from you? Also, when would I likely get a response?**

Alice: I don't know for sure right now but I will contact you tomorrow to let you know by when you can expect a response.

Tom: That would be great. Thank you so much.

解説

(1) Can we discuss my current compensation?　　Rule2

　トムは重要な情報を先に伝えて会話のムードを保っている。要点をすぐ言えば、ネガティブになりかねない話題が違う方向に流れてしまわないようにすることができる。

(2) I appreciate the figures you presented.　　Rule4

　たとえ提示内容が自分の希望に合わなくても、このような言葉を口にすれば、緊張を和らげ、かつ自分には別の提案があるのだと相手に知らせることができる。

(3) However, I believe the proposed raise does not sufficiently reflect my performance or my contributions to the company　　Rule2,3

　この文は提示された昇給額が不十分で、自分の業績・貢献を反映していないということを伝えている。ストレートな表現でわかりやすく昇給を要請する理由を説明している。

(4) I'd like to propose that the indicated raise scheduled for next year be

Alice: トム、これであなたの人事考課は終わりよ。考課の内容や私からの評価について質問はない？

Tom: ありがとうございます。今日お話していただいたことはすべてよくわかりました。私の給与についてお話ししたいのですが。

Alice: 説明した通り、来年からはあなたの給与はこの金額分増えるのよ。

Tom: 提示していただいた数字はありがたく思っています。ただ提示いただいた昇給は私の業績と会社への貢献を十分に反映してはいないと思うんです。

Alice: なるほど。そうね、この会社ではあなたくらいの勤務年数ではこれが標準的な昇給額だけど、どのくらいを考えてたの？

Tom: それが標準的な給与であることはわかっていますが、私の業績と貢献はそのレベルをはるかに超えていると思います。

Alice: 何か具体的に考えていたことはあるの？

Tom: 来年に予定されているこの昇給をすぐに適用していただくということと、6か月後にさらに人事考課の資格を与えていただきたいと思います。

Alice: そうね、確かにあなたの経験レベルを考えればなかなかの貢献をしてくれたことは確かだわ。でも、あなたの要求はかなりイレギュラーなものだわ。

Tom: 私の要求がイレギュラーだとはわかっていますが、自分がこの会社にとって価値があるということを証明し続けるつもりです。

Alice: 人事とこの件についてもう少し話し合ってみるわ、そのうえですぐに返事をするのではどうかしら？

Tom: ありがとうございます。お返事はあなたからいただけるのでしょうか？ また、いつお返事をいただけそうですか？

Alice: 今はよくわからないけど、明日にはいつまでに回答が得られるか伝えるわ。

Tom: それはよかったです。ありがとうございます。

---

applied immediately and that I be made eligible for an additional performance review in six months. Rule3

　トムは昇給時期の希望に加えて、追加の人事考課の要求に関しても誤解の余地なくはっきり伝えている。交渉では、具体的内容や理由、時期を明確にすることが重要だ。

(5) I will continue to prove my worth to the company. Rule4

　このような能動態の文は自信や決意を感じさせる。I will...とproveはトムがイレギュラーな要請に値することを伝えるためのキーワードだ。

(6) Will I be hearing directly back from you? Also, when would I likely get a response? Rule3

　いつ誰から回答が来るのかまでしっかりと確認を取ることで、自分が徹底した人物であることを相手に伝えることができる。

会話をさらに広げる
＋1の表現

やる気をアピールする表現

緊迫感のある交渉のあとには、やる気をアピールする表現でポジティブな印象を残そう。

Alice: Why don't I discuss this with HR a bit more and we'll get back to you soon?

Tom: Thank you. Will I be hearing directly back from you? Also, when would I likely get a response?

Alice: I don't know for sure right now but I will contact you tomorrow to let you know by when you can expect a response.

Tom: That would be great. Thank you so much. And I just want you to know, **I love working here** and **I'm looking forward to new opportunities and challenges in the future**.

Alice: 人事とこの件についてもう少し話し合ってみるわ、そのうえですぐに返事をするのではどうかしら？

Tom: ありがとうございます。お返事はあなたからいただけるのでしょうか？ また、いつお返事いただけそうですか？

Alice: 今はよくわからないけど、明日にはいつまでに回答が得られるか伝えるわ。

Tom: それはよかったです。ありがとうございます。知っておいていただきたいのですが、私はここでの仕事が大好きですし、今後の新たな機会や挑戦を楽しみにしています。

▶ **I love working here and I'm looking forward to....**

　交渉では普段以上にストレートに強い主張が必要で、会話も緊張感のあるものとなりがちだ。したがって、職場での待遇の交渉を終える際には、ポジティブなムードで会話を締めくくるため会社への献身ややる気を伝えるといいだろう。特に I'm looking forward to... や I'm excited about... などと opportunity や challenge といったキーワードの組み合わせは好印象だ。やる気を見せたい以下のような状況にもぴったりだ。

A: John, I want you to take over the ACME account.

B: Thank you Mary. **I'm looking forward to** this new opportunity to prove myself worthy of such a huge responsibility.

A: ジョン、ACMEの担当を引き継いでほしいんだけど。

B: ありがとうございます、メアリー。このような責任の大きい仕事に自分が値すると証明できる機会をいただき楽しみです。

A: Can we discuss my performance review when you have time?

B: Sure. Why don't you come to my office around 3 pm?

　A: お時間のあるときに私の人事考課についてご相談できますか？
　B: もちろん。午後3時ごろ私のオフィスに来てくれる？

discussのあとにaboutは入らないことに注意しよう。discuss...「…について話し合う」の代わりにgo over...やtalk about...も使える。

A: I appreciate the time and effort you have put into this project.

B: Thank you. It was a demanding task, but seeing it implemented will be reward enough.

　A: このプロジェクトにお時間とご尽力をいただき感謝します。
　B: ありがとうございます。大変な仕事でしたが、プロジェクトが実行されるのを見届ければ十分報われるでしょう。

I appreciate...「…に感謝します」は、感謝の気持ちを伝える定番表現だ。

A: What should we do about these rising overtime costs?

B: I'd like to propose that we hire some temp staff during the peak season.

　A: 残業の経費が増えていることについてどうすべきでしょう？
　B: 繁忙期に派遣社員を雇うことを提案したいと思います。

自ら提案をするときによく使う表現。I propose that...という単純な言い方もできるが、I'd like to propose that...のほうが、少し丁寧でソフトに感じられる。

A: What is the company doing to prevent the abuse of power by people in management positions?

B: We will continue to investigate any allegations of abuse, and deal with offenders swiftly.

　A: 管理職の社員による権力の乱用を防ぐために会社はどんなことをしていますか？
　B: わが社は権力乱用の申し立てをすべて調査して、違反者に迅速に対処し続けます。

「…し続けるつもりだ」と継続的にある行動を取ると約束したいときに最も使われる表現。「これまでも継続的にやっていることだが」というニュアンスも含まれる。

日本人思考の上司と部下

〉 **Reprimanding a Subordinate**

Adam is an employee at a Japanese company. Yuko from Human Resources speaks with Adam about company rules on being late.

Yuko: So, Adam, how are you finding working here? I assume you've read the Employment Rules by now. Do you have any questions about our rules and procedures?

Adam: Thank you, Yuko. No, I feel like I have a good understanding of everything.

Yuko: The reason I'm asking is because it appears you were late to work several times this month.

Adam: Yeah, those instances were all due to the train. I always leave my house at the same time but there are so many accidents.

Yuko: Unfortunately, that's a part of life here too. (1) **However, it's important to follow proper procedures if you're late due to an accident.**

Adam: Oh, you mean those "tardiness slips" they give out at the station? Do people actually use those?

Yuko: (2) **You're a foreigner so it may seem odd but following the rules is important to us Japanese.**

Adam: Oh, okay. I will make sure to do so. Is there anything else?

Yuko: (3) **Since you asked, it might also be a good idea if you show up to meetings a bit earlier.**

Adam: What do you mean? I'm always on time for meetings!

Yuko: (4) **Well, I heard it through the grapevine that while you're technically, "on time," you're always the last one in. Basically, everyone is always waiting on you.**

Adam: Okay. I guess I can try to show up more "on time"…

Yuko: (5) **I know it can be difficult for people like you to understand. Just remember that this is a Japanese company so you need to be a little more "Japanese."**

Adam: I will make sure to reread the employee handbook.

解説

(1) However, it's important to follow proper procedures if you're... Rule3
　職場で指示を与えるときに、it's important to...「…することが大切だ」といった言い方ではそれが必須なのかどうかが伝わらないかもしれない。曖昧な表現は避けるべき。

(2) You're a foreigner so it may seem odd but following the rules is... Rule1,4
　国籍や文化の違いに基づく決めつけはトラブルにつながる可能性があるので要注意。

(3) Since you asked, it might also be a good idea if you show up... Rule2,3
　これは、Since you asked「聞かれたから言うけど」とあとから思いついたように言うべきことではない。建設的な意見というよりアダムへの批判を重ねているだけのような印象だ。

シーン 7 〉部下を注意する

アダムは日本企業の従業員。人事部のユウコが遅刻に関する社則についてアダムと話している。

Yuko: さて、アダム、ここでの仕事はどう？ これまでに就業規則は読んでると思うけど、規則や手続きに関して質問はある？

Adam: ありがとう、ユウコ。質問はないですよ、すべてきちんと理解できたと思います。

Yuko: こんなことを聞いているのは、今月あなたが何度か遅刻しているみたいだからなの。

Adam: ええ、その件は全部電車のせいなんです。いつも同じ時間に家を出ているんですけど、事故が多くて。

Yuko: 残念ながらそれもここでは生活の一部なの。でも、事故で遅れたならきちんとした手続きに従うのが大切よ。

Adam: ああ、駅でもらえるあの「遅延証明書」のことですか？ みんなは本当にあの証明書を使っているんですか？

Yuko: あなたは外国人だから変に思うかもしれないけど、私たち日本人にとってルールを守ることは重要なのよ。

Adam: ああ、わかりました。必ずそうするようにします。ほかにありますか？

Yuko: 聞かれたから言うけど、ミーティングにはもう少し早く来るほうがいいかもしれないわね。

Adam: どういう意味ですか、ぼくはいつも時間通りにミーティングに行ってますけど！

Yuko: つまり、あなたは厳密に言えば「時間通り」に来ているけど、いつもいちばん最後に来るって噂で聞いたわ。要するにみんないつもあなたを待ってるのよ。

Adam: わかりました。もっと「時間通りに」行くようにします…。

Yuko: あなたのような人には理解しがたいことだとわかっているわ。ここは日本の企業だから、あなたはもう少し「日本的」である必要があるの。

Adam: 必ず就業ルールブックを読み直すようにします。

---

(4) Well, I heard it through the grapevine that while you're technically, "on time," ... Rule5

　人事部員として、ユウコはthrough the grapevine「噂で」といった慣用句は避けるべきだし、またフィードバックが噂に基づいていると受け取れるのも問題だ。

(5) I know it can be difficult for people like you to understand. Just remember that this is a Japanese company so you need to be a little more "Japanese." Rule1,4

　people like you「あなたのような人」やa little more Japanese「もう少し日本的に」といった表現は人種差別と受け取られかねず、職場にネガティブな雰囲気を作り出してしまう。

ネイティブ思考の上司と部下

Yuko: Hi Adam, how are you?

Adam: I'm fine, thank you. How are you?

Yuko: I need to speak with you for a moment as it appears you have been late to work several times this month.

Adam: Yeah, those instances were all due to the train. I always leave my house at the same time but there are so many accidents.

Yuko: Unfortunately, that's a part of life here too. (1) **However, you are required to follow proper procedures if you're late due to an accident.**

Adam: Oh, you mean those "tardiness slips" they give out at the station? Do people actually use those?

Yuko: (2) **I understand you may be unfamiliar with certain customs and procedures. That said, I will take this opportunity to remind you that you need to follow company rules.**

Adam: Oh, okay. I will make sure to do so. Is there anything else?

Yuko: (3) **Yes. This is more of a suggestion than a requirement, but you might benefit from showing up to meetings a bit earlier.**

Adam: What do you mean? I'm always on time for meetings!

Yuko: (4) **For sure, you are always on time. At the same time, as the newest member of the team, you can make a better impression by making sure everyone is not waiting on you.**

Adam: Okay. I see your point. I will make sure to show up a bit early.

Yuko: I know it can be difficult to grasp everything at once. (5) **Just know that you can always come to me with any questions.**

Adam: Thank you. I will make sure to reread the employee handbook.

解説

(1) However, you are required to follow proper procedures if you're late due to an accident. `Rule3`

　you are required to...「…する必要がある；…することを求められている」は、必須要件を伝えるのにぴったりな明確かつ簡潔な表現だ。p. 50 のダイアローグでの it's important to...「…するのが大切だ」との違いは一目瞭然だろう。

(2) I understand you may be unfamiliar with certain customs and procedures. That said, I will take this opportunity to remind you that... `Rule3,4`

　ここでユウコは「同調」してから「修正」を求めている。まず I understand...「…ということはわかる」と相手に理解を示してポジティブなムードにし、そのあと That said, ...「そうは言っても…；しかし…」を使って文を改めてから相手に修正を求めている。

(3) Yes. This is more of a suggestion than a requirement, but you might benefit from showing up to meetings a bit earlier. `Rule1,4`

Yuko: さて、アダム、調子はどう？

Adam: いいですよ、ありがとう、ユウコ。お元気ですか？

Yuko: 今月何度か遅刻しているみたいだから、ちょっと話がしたいんだけど。

Adam: ええ、その件は全部電車のせいなんです。いつも同じ時間に家を出ているんですけど、事故が多くて。

Yuko: 残念ながらそれもここでは生活の一部なの。でも、事故で遅れたならきちんとした手続きに従う必要があるのよ。

Adam: ああ、駅でもらえるあの「遅延証明書」のことですか？ みんなは本当にあれを使っているんですか？

Yuko: あなたにはなじみのない習慣や手続きがあるかもしれないとは思うけど、これを機会に、社則に従わなくてはならないということを覚えていてほしいの。

Adam: ああ、わかりました。必ずそうするようにします。ほかにありますか？

Yuko: ええ。これは必須の要件というより提案だけど、ミーティングにはもう少し早く来るほうがプラスになるかもしれないわね。

Adam: どういう意味ですか、ぼくはいつも時間通りにミーティングに行ってますけど！

Yuko: 確かに、あなたは時間通りに来ているわ。でもそれだけでなく、チームのいちばん新しいメンバーとしては、みんながあなたを待つということがないようにすれば好印象を与えられると思うわ。

Adam: なるほど。おっしゃることは理解しました。もう少し早く行くようにします。

Yuko: すべてをすぐに理解するのは難しいとわかっているわ。質問があったらいつでも私のところに来ていいのよ。

Adam: ありがとうございます。必ず就業ルールブックを読み直すようにします。

---

more of a suggestion than a requirement「必須の要件というより提案」や you might benefit from...「…があなたにプラスになる」なら、相手を傷つけずに注意できる。

(4) For sure, you are on time. At the same time, as the newest member of the team, you can make a better impression by making sure everyone is not waiting on you. Rule4

これも「同調」してから「修正」を求めるパターン。相手が時間通りに来ているということを認めてから、at the same time「同時に」に続けてアドバイスを与えている。

(5) Just know that you can always come to me with any questions. Rule1,4

「いつでも質問があったら来てね」という内容もさることながら、Just know...「…ということをわかってね」という言い方は相手に安心感を与える。

会話をさらに広げる ＋1の表現

相手の発言を確認する表現

相手の発言を自分が正しく理解しているかを確認する表現のバリエーションを見ていこう。

> **Yuko:** Unfortunately, that's a part of life here too. However, you are required to follow proper procedures if you're late due to an accident.
>
> **Adam:** Oh, **you mean** those "tardiness slips" they give out at the station? Do people actually use those?
>
> > **Yuko:** 残念ながらそれもここでは生活の一部なの。でも、事故で遅れたならきちんとした手続きに従う必要があるのよ。
> >
> > **Adam:** ああ、駅でもらえるあの「遅延証明書」のことですか？ みんなは本当にあれを使っているんですか？

　上の会話の You mean...? は Do you mean...? 「…ということですか？」の略された形。下に紹介する表現も含め、相手の言葉の意味を確認する質問として使われる。

▶ Are you referring to...?

refer to... は「…に言及する；参照する」という意味。ビジネスでよく使われるフォーマルな表現だ。

A: We need to see some identification before you can enter this building.

B: Are you referring to my passport? Here it is.

> **A:** この建物に入る前になんらかの身分証明書を見せていただく必要があります。
>
> **B:** パスポートのことを言っているんですか？ はいどうぞ。

▶ Are you talking about...?

上の表現と同様の意味だが、フォーマル度が若干低く日常会話でよく使われる。

A: You need to make some improvements to your professional appearance.

B: Are you talking about my beard?! I've had this beard for twenty years! I'm not shaving it!

> **A:** きみはプロらしく見えるように見た目を改善する必要があるね。
>
> **B:** ぼくのあごひげのことを言っているんですか？！ このあごひげは20年生やしているんですよ！ 剃るつもりはありません！

キーフレーズ＆バリエーション表現

DL-14

A: <u>You are required to</u> wear appropriate safety equipment when on the construction site.

B: I'm sorry. I did not bring any with me. Can I borrow a hard hat?

A: 建設現場では適切な安全装備を着けなければならないんですよ。
B: すみません。何も持ってこなかったんです。安全帽を貸してもらえますか？

> You are required to do... は「あなたは…しなくてはならない」と規則などを厳格に伝える表現。It is a requirement that you do... という形も同様の意味で使える。

A: <u>I understand that</u> you are behind schedule. What's the problem?

B: The weather is slowing us down.

A: スケジュールから遅れていますよね。どうしたんですか？
B: 天候のせいで遅れているんです。

> 「…と理解しています」という表現。It is my understanding that... も同様に使える。

A: What do you think of our new manager?

B: I think he is a really nice guy. **That said**, I don't think he has enough experience for the position.

A: 新しいマネージャーどう思う？
B: すごくいい人だと思う。だけど、その地位に就くには十分な経験がないと思うな。

> That said, ...「一方で…；そうは言っても…」という接続表現。That being said,... とも言える。書き言葉だが That notwithstanding, ... という表現もある。

A: What is your opinion about their products?

B: I think they are well made. **At the same time,** I think they are way too expensive.

A: あそこの製品についてどう思いますか？
B: よくできていると思いますよ。そうは言ってもあまりに値段が高すぎると思います。

> At the same time, ... は、上記の That said, ... と同じように「一方で…；そうは言っても…」という意味でもよく使われる。

1

ネイティブ思考の英会話×日本人思考の英会話7

日本人思考の上司と部下

⟩ Reaching Out to a Distressed Employee

Hitomi, a manager at a manufacturing company, has noticed that lately Jake seems distracted and unhappy at work.

Hitomi: Hi Jake, do you have a minute?

Jake: Hi Hitomi. I am just about to deliver this sample and then I'll be free.

Hitomi: Okay, please come by my office after you've delivered that sample.

Jake: (later in Hitomi's office) Hi, Hitomi. You wanted me to come by?

Hitomi: Yes. Thanks for stopping by. (1) **Please close the door.**

Jake: So, what did you want to see me about?

Hitomi: (2) **Tell me, how do you like working here?**

Jake: I like it just fine. The work is interesting, it's related to what I studied in college, and I can really see myself in the industry several years from now.

Hitomi: That's good to hear. (3) **Honestly, you seem a bit off lately.**

Jake: I'm sorry, did I do something wrong? I haven't been late or missed any days, and I'm pretty sure there haven't been any problems with my projects.

Hitomi: Oh no, don't get me wrong. I didn't call you in here to admonish you. (4) **You haven't been your normal self lately, so I wanted to see how things are going.**

Jake: Oh, okay. I must say, you really had me worried. I thought I was about to get fired or something. I'm fine. It's just that my cat has been sick and it's terminal.

Hitomi: (5) **Oh, is that all?** (6) **And don't worry, you're not on the chopping block.** You're doing really well here and I just want to make sure you're okay.

Jake: Well, thanks for caring. I'll try to not allow my personal feelings to show at work.

Hitomi: I'm glad we had this conversation. I'll let you get back to work.

解説

　言葉のチョイスによっていかに職場の雰囲気が変わるのか、という点に注意してこの会話を見ていこう。

(1) Please close the door. `Rule1`

　オフィスの環境によっては、ドアを閉めるように言われると、何かよからぬことを言われるのだと不安な気持ちになりかねない。

(2) Tell me, how do you like working here? `Rule1,2,3`

　来てもらった理由を言わずにこのような曖昧な質問をするのは、相手に不必要な心配を与えるので避ける必要がある。

(3) Honestly, you seem a bit off lately. `Rule3`

　a bit off「ちょっと調子が悪い」というのでは具体的な内容がまったく伝わらないので、相手がネガティブな方向へと推測することにつながる可能性がある。

シーン 8 悩んでいる部下に声をかける

製造会社のマネージャーであるヒトミは、最近ジェイクが仕事に集中しておらず不満そうだと気づいた。

Hitomi: ちょっとジェイク、時間ある?

Jake: こんにちは、ヒトミ。このサンプルを届けたらあとは時間が空いています。

Hitomi: わかったわ、そのサンプルを届けたら私のオフィスに来てちょうだい。

Jake: (その後ヒトミのオフィスで)どうも、ヒトミ。私に来てほしかったんですよね?

Hitomi: ええ。来てくれてありがとう。ドアを閉めてちょうだい。

Jake: それで、なんの件でぼくと会いたかったんですか?

Hitomi: ここでの仕事はどうか、話してくれない?

Jake: 気に入っていますよ。仕事は面白いし、大学で勉強したことと関連しているし、ぼくはこの業界に今後何年かはいると思います。

Hitomi: それはよかったわ。正直言って、最近あなたちょっと調子が悪そうだから。

Jake: すみません、何か悪いことをしましたか? 遅刻したり休んだりしていませんし、自分のプロジェクトに関しては何も問題ないと思うんですけど。

Hitomi: そうじゃないの、誤解しないで。あなたを叱るためにここに呼んだわけじゃないわ。最近あなたが普段と違っていたから、何があったか知りたかったの。

Jake: ああ、そうですか。あなたに呼ばれて本当に心配になりましたよ。解雇されるか何かだと思って。ぼくは大丈夫です。ただ、ネコが病気で末期なんです。

Hitomi: それだけ? 心配しないで、あなたは窮地に立たされてるわけじゃないの。あなたはここでとてもよくやってるし、ただ大丈夫か確認したかっただけよ。

Jake: お気遣いありがとうございます。個人的感情は仕事では出さないようにします。

Hitomi: 話ができてよかったわ。仕事に戻ってね。

---

(4) You haven't been your normal self lately so I wanted to see how things are going. Rule4

この発言の問題点は、normal「普通の」という言葉を使っていることだ。人に対してnormalまたはnot normalと言うことは差別的表現と受け取られかねないため、この言葉の使用については注意したい。

(5) Oh, is that all? Rule1,4

状況の重大さは人によってそれぞれだ。部下の心配事を軽く見るような発言はマネージャーとしては避けなければならない。

(6) And don't worry, you're not on the chopping block. Rule1,5

on the chopping block「まな板に載せられて=窮地に立たされて」は愉快な表現に聞こえるかもしれないが、上司が辛い思いをしている部下に対して使う表現としては不適切。

ネイティブ思考の上司と部下

Hitomi: Hi Jake, do you have a minute?

Jake: Hi Hitomi. I am just about to deliver this sample and then I'll be free.

Hitomi: Okay, please come by my office after you've delivered that sample.

Jake: Sure. Is something wrong?

Hitomi: (1) **Not at all.** See you in a bit.

Jake: (later in Hitomi's office) Hi, Hitomi. You wanted me to come by?

Hitomi: Yes. Thanks for stopping by. (2) **You can leave the door open, if you like.**

Jake: So, what did you want to see me about?

Hitomi: (3) **Honestly, you seem a bit down lately, so I wanted to make sure everything is okay.**

Jake: Oh, I see. I appreciate your concern.

Hitomi: Is there anything I can help you with?

Jake: Honestly, I'm fine. It's just that my cat has been sick and it's terminal.

Hitomi: Oh, I see. Sorry to hear that. (4) **I imagine that can be tough.** I was concerned you were having problems at work.

Jake: Actually, I'm really enjoying working here. The work is interesting, it's related to what I studied in college, and I can really see myself in the industry several years from now.

Hitomi: That's good to hear.

Jake: I appreciate your concern and sorry if my personal issues have been showing up in my work.

Hitomi: (5) **It's completely understandable and you have nothing to apologize for.** You're doing really well here and I just want to make sure you're okay.

Jake: I really appreciate you worrying about me. It's nice to know you care.

Hitomi: I'm glad we had this conversation. I'll let you get back to work.

解説

(1) Not at all. `Rule4`

　Is something wrong? に対する Not at all.「とんでもない、全然そうじゃない」という答えは、単に Oh no. などと言うよりも相手の心配を打ち消してより安心させることができる。

(2) You can leave the door open, if you like. `Rule1`

　部下などを自分のオフィスに呼んだ場合、ドアを開けておくか閉めておくかは事の重大さの指標となる。このように言えば、相手に決定の自由を与えることになる。

(3) Honestly, you seem a bit down lately, so I wanted to make sure everything is okay. `Rule3`

　ここでは、ジェイクが「落ち込んで（＝down）」いるように思われる、とはっきり伝えて相手の誤解を防いでいる。

Hitomi: ジェイク、ちょっと時間ある？

Jake: こんにちは、ヒトミ。このサンプルを送ったらあとは時間が空いています。

Hitomi: わかったわ、そのサンプルを送ったら私のオフィスに来てちょうだい。

Jake: わかりました？ 何か問題でも？

Hitomi: そうじゃないわ。ではまたあとでね。

Jake: （その後ヒトミのオフィスで）どうも、ヒトミ。ぼくに来てほしかったんですよね？

Hitomi: ええ。来てくれてありがとう。よかったらドアは空けておいていいわよ。

Jake: それで、なんの件でぼくと会いたかったんですか？

Hitomi: 正直言って、最近あなた少し落ち込んでいるみたいだから、万事うまくいっているか確認したかったの。

Jake: ああ、そうですか。気にかけていただきありがとうございます。

Hitomi: 何か手助けできることはある？

Jake: 本当に大丈夫ですよ。ただ、ネコが病気で末期なんです。

Hitomi: そうだったの。お気の毒にね。それは辛いわよね。仕事で問題を抱えているのかと心配だったの。

Jake: 実際、ぼくはここでの仕事を楽しんでますよ。仕事は面白いし、大学で勉強したことと関連しているし、ぼくはこの業界に今後何年かはいると思います。

Hitomi: それはよかったわ。

Jake: お気遣いありがとうございます、そして仕事に個人的な問題が表れていたとしたらすみません。

Hitomi: 事情はよくわかるし、あなたが謝ることはないのよ。あなたはここではとてもよくやっているし、ただ大丈夫か確認したかっただけよ。

Jake: ご心配、感謝しています。気にかけていただいているとわかってよかったです。

Hitomi: 話ができてよかったわ。仕事に戻ってね。

(4) I imagine that can be tough. Rule1

　たとえ相手の気持ちが100%理解できなくてもI imagine that can be tough.「それが辛いと私にも想像できる」と言って相手に共感していることを伝えよう。

(5) It's completely understandable and you have nothing to apologize for.
Rule1,4

completely understandable「よくわかる」、have nothing to apologize for「謝ることは何もない」という表現がジェイクの心配を解消させている。

会話をさらに広げる
＋1の表現

相手の都合を確認する表現

話を進める前には必ず相手の都合を尋ねたい。表現のバリエーションを見てみよう。

Hitomi: Hi Jake, **do you have a minute?**

Jake: Hi Hitomi. I am just about to deliver this sample and then I'll be free.

Hitomi: ちょっとジェイク、時間ある？

Jake: こんにちは、ヒトミ。このサンプルを届けたらあとは時間が空いています。

▶ Can I have a minute of your time?

これは相手の時間の都合を尋ねる定番表現のひとつ。単にCan I have a minute?と言うこともできる。相手が上司などならCanをMayにしてさらに丁寧度をアップしてもいい。

A: **Can I have a minute of your time?**

B: Sure. What's on your mind?

A: 少々お時間ありますか？

B: ええ。なんですか？

▶ Do you have a few minutes to talk?

複数のa few minutesも使える。本来単数のa minuteとあまり大きな違いはないが、a few minutesを使うことにより、すぐに済む話ではないことを示唆する場合もある。

A: **Do you have a few minutes to talk?**

B: Sure. Let me just finish sending this e-mail.

A: 少々お時間ありますか？

B: ええ。このメールを送るのを終えさせてください。

▶ When you get a chance, I really need to talk with you.

この表現では、When you get a chanceで相手への気遣いが、またreally need to...で相談の重要性が伝わる。

A: **When you get a chance, I really need to talk with you.**

B: Come back in about 30 minutes, OK?

A: お手すきのときにご相談しなければならないことがあるんです。

B: 30分くらいあとにまた来てください。いいかな？

A: I am here to see Mr. Smith in HR.

B: You can have a seat over there, **if you like**. He should be available shortly.

　A: 人事部のスミスさんとお会いしたいのですが。
　B: よろしければ、そちらにお掛けになってください。まもなく参ります。

「よろしかったら…」という表現。..., if you wish. や..., if you want. も同様に使える。

A: Do you have any questions about the presentation?

B: **Honestly,** there was a lot I didn't understand.

　A: プレゼンについて何か質問はありますか？
　B: 正直言って、理解できないところがたくさんありました。

To tell you the truth, ... に置き換えることもできる。

A: It's really stressful at work because no one speaks my language.

B: **I imagine that can be tough.**

　A: 誰も私の言語をしゃべらないので仕事中はとてもストレスがたまります。
　B: それは大変でしょうね。

相手に共感や同情を示して「大変だとお察しします」と伝えたいときの表現。tough の代わりに rough もよく使われる。

A: I really regret that the customer was unhappy with our product.

B: **You have nothing to apologize for.** That customer always complains about something.

　A: お客様にわが社の製品にご満足いただけなくてとても残念です。
　B: あなたが謝ることはありませんよ。あの客はいつも何かにつけて不満を言うんです。

You have nothing to be sorry about. や It's not your fault. も謝る相手をフォローする表現。

日本人思考の上司と部下

〉 Offering Advice to a Subordinate

Akio seeks advice from his manager Mary on how to deal with quality issues caused by one of their main outsourcers.

Akio: Mary, do you have a minute?

Mary: (1) **Sure, Akio, you know I always have time for my favorite employee.** What's up?

Akio: I'm noticing quality problems with one of our outsourcers, Dan Lee. As you know, he's one of our main providers so I wanted to get your advice on how to address this issue.

Mary: With Dan, really? (2) **He and I go way back, you know.** What kind of quality problems?

Akio: Well, lately he's been late for several deadlines, his files have contained numerous errors, and there was even a case of him completely forgetting about a project.

Mary: Wow, that seems so unlike Dan. (3) **So, I'm assuming you didn't let this go unchecked until now, did you?** Haven't you been providing feedback on a case-by-case basis?

Akio: Of course. I have sent him feedback on three separate occasions.

Mary: Well, maybe you're not conveying feedback properly. I can't believe Dan would purposely miss deadlines or forget about an assignment.

Akio: Believe me, I was just as surprised.

Mary: Well, as you know, (4) **Dan is an important outsourcer so we need to nip this problem in the bud before it affects our relationship with him.**

Akio: I completely agree. Do you have any recommendations on how to approach him?

Mary: (5) **You're the project manager so manage him! If you can't handle it, let me know and I'll talk to him personally.**

解説

(1) Sure, Akio, you know I always have time for my favorite employee. Rule1,5

　メアリーはアキオに対して my favorite employee「私のお気に入りの従業員」と言っている。相手に愛情を示した言い方だが、こうした表現は職場では今や完全に不適切とされている。あまりに親しみを込めすぎた表現は避けるべきだ。

(2) He and I go way back, you know. Rule1,5

　go way back「昔からの友人だ」という表現はここでは2つの意味で不適切だ。まず、プロフェッショナルな関係を表すにはカジュアルすぎる。また、このように言うとメアリーとその下請け業者には特別な関係があると示唆することになり、アキオはメアリーの気分を害さないようにという恐れから仕事を適切に進めることができなくなってしまう。

(3) So, I'm assuming you didn't let this go unchecked until now, did you?
　　Rule1,4

シーン 9 部下に助言する

アキオが部長のメアリーに、主要な下請けが起こした品質の問題にどう対処すべきか助言を仰いでいる。

Akio: メアリー、ちょっといいですか？

Mary: ええ、アキオ。大好きな従業員のためならいつでも大丈夫とわかってるでしょう。どうしたの？

Akio: うちの外注のダン・リーに、品質の問題があることに気づいたんです。ご存じの通り彼はうちの主要な下請け業者なので、問題にどう対処すべきかあなたのアドバイスがいただきたいんです。

Mary: 本当にダンが？ 知っているだろうけど私と彼とは長い付き合いよ。品質問題ってどんなものなの？

Akio: その、最近彼は何度か締め切りを守っていませんし、彼のファイルには間違いが多く、またあるプロジェクトを完全に忘れていたこともあったんです。

Mary: あら、それはダンらしくないわね。それで、あなたはこの件を今までチェックしないでおいたわけね？ 個別にフィードバックは出していなかったの？

Akio: もちろん出しています。3つの件でそれぞれフィードバックを送っています。

Mary: そう、あなたがフィードバックをきちんと伝えていないのかもしれないわね。ダンが故意に締め切りを忘れたり仕事を忘れたりするなんて信じられないわ。

Akio: 私を信じてください、私も驚きました。

Mary: あのね、知っての通りダンはわが社の大切な外注先なんだから、この件は彼との関係に影響が出る前にさっさと落着させなきゃならないわ。

Akio: おっしゃる通りだと思います。彼にどのように働きかけたらいいでしょう？

Mary: あなたがプロジェクトマネージャーなんだからどうにかしてよ！ あなたがどうにもできないなら教えて、私が個人的に話をしてみるから。

I'm assuming...「…だと推測する；みなす」は相手を非難していると解釈される可能性があり、注意が必要な表現だ。ここでは相手の無能さを示唆しているように感じられる。

(4) Dan is an important outsourcer so we need to nip this problem in the bud before it affects our relationship with him. `Rule1,4,5`

nip...in the budは「…を早いうちに取り除く」という意味のよく使われるフレーズだが、上司であっても職場で使うのは不適切。悪意のある批判的発言と受け取られかねない。

(5) You're the project manager so manage him! If you can't handle it, let me know and I'll talk to him personally. `Rule1,3,4`

これは「自分の仕事をしなさい！」というような、具体性のない曖昧な命令だ。アキオにとって役立つフィードバックにはならない。また、if you can't handle it「どうにもできなかったら」というのは上から目線な言い方で、相手のやる気をそいでしまう。

Case

ネイティブ思考の上司と部下

Akio: Mary, do you have a minute?

Mary: Sure, Akio, (1) **I always have time for my team members. What's up?**

Akio: I'm noticing quality problems with one of our outsourcers, Dan Lee. As you know, he's one of our main providers so I wanted to get your advice on how to address this issue.

Mary: (2) **Yes, I've worked with him over the years.** What kind of quality problems?

Akio: Well, lately he's been late for several deadlines, his files have contained numerous errors, and there was even a case of him completely forgetting about a project.

Mary: That's unfortunate. (3) **What steps have you taken thus far?** Have you provided feedback on a case-by-case basis?

Akio: Yes, I have sent him feedback on three separate occasions.

Mary: Well, maybe you're not conveying feedback properly. I can't believe Dan would purposely miss deadlines or forget about an assignment.

Akio: Believe me, I was just as surprised.

Mary: (4) **Well, as you know, Dan is an important outsourcer so we need to be proactive in addressing this situation before it affects our relationship with him.**

Akio: I completely agree. Do you have any recommendations on how to approach him?

Mary: (5) **As the project manager, it's important to be firm but understanding. Ask him directly why these problems are occurring and try to work with him to find a solution. Of course, I will leave this up to you but let me know if you'd like me to reach out to him.**

解説

(1) I always have time for my team members. Rule1

for my team members「チームのメンバーのためなら」という言い方は中立的で特定の人物に向けられていないため、この場面では適切だ。また、過度に親しみのこもったトーンでないのもいい。

(2) Yes, I've worked with him over the years. Rule1

これは多少控えめな表現かもしれないが、この程度の言い方なら下請けとメアリーとの関係でアキオがプレッシャーに感じるようなこともないだろう。

(3) What steps have you taken thus far? Rule3,4

ここでメアリーはアキオに対し、「問題に対して今まで何もしていなかったのか?」という尋ね方ではなく、「どのような方策を取ったのか?」という質問をしている。これはアキオを責めたり疑ったりしているという印象を与えない言い方だ。

Akio: メアリー、ちょっといいですか？

Mary: ええ、アキオ。チームのメンバーのためならいつでも大丈夫よ。どうしたの？

Akio: うちの外注のダン・リーに、品質の問題があることに気づいたんです。ご存じの通り彼はうちの主要な下請け業者なので、この問題にどう対処すべきかあなたのアドバイスがいただきたいんです。

Mary: ええ、彼とは何年も一緒に仕事しているわ。品質の問題ってどんなものなの？

Akio: その、最近彼は何度か締め切りを守っていませんし、彼のファイルには間違いが多く、またあるプロジェクトを完全に忘れていたこともあったんです。

Mary: それは残念ね。これまでどんな方策を取っているの？ 個別にフィードバックは示した？

Akio: はい、3つの件でそれぞれフィードバックを送っています。

Mary: そう、あなたがフィードバックをきちんと伝えていないのかもしれないわね。ダンが故意に締め切りを忘れたり仕事を忘れたりするなんて信じられないわ。

Akio: 私を信じてください、私も驚きました。

Mary: あのね、知っての通りダンはわが社の大切な外注先だから、彼との関係に影響が出る前にこの状況に前向きに対処する必要があるわ。

Akio: おっしゃる通りだと思います。彼にどのように働きかけたらいいでしょう？

Mary: プロジェクトマネージャーとして、断固とした態度でかつ理解も示すことが重要よ。こういう問題が起きている理由を彼に直接尋ねて、彼と一緒に解決策を探してみて。もちろん、これはあなたに任せるけど、私から彼に連絡してほしければ言ってね。

(4) Well, as you know, Dan is an important outsourcer so we need to be proactive in addressing this situation before it affects our relationship with him. Rule3,4

proactive「前向きな、先を読んで行動する」という言葉を使い、この緊急事態に対して後手後手にならないようポジティブな行動を起こすべきだという考えをうまく示している。

(5) As the project manager, it's important to be firm but understanding... Rule3,4

メアリーは、曖昧な指示ではなく、ポジティブかつ建設的に、どのように対処すべきか、自分がどのような手助けができるかを具体的に伝えている。

1

ネイティブ思考の英会話×日本人思考の英会話 9

会話をさらに広げる ＋1の表現

相手が知っている情報を伝えるときの表現

As you know, ...「ご存じの通り…；ご存じだとは思いますが…」のような表現のバリエーションを紹介しよう。

> **Mary:** Well, **as you know,** Dan is an important outsourcer, so we need to be proactive in addressing this situation before it affects our relationship with him.
> **Akio:** I completely agree.
>
> Mary: あのね、知っての通りダンはわが社の大切な外注先だから、彼との関係に影響が出る前にこの状況に前向きに対処する必要があるわ。
> Akio: おっしゃる通りだと思います。

▶ As you probably know, ...

probablyをつけ加えると、自分がこれから伝えようとしている情報を相手が知っているかどうかやや疑問があるといったニュアンスになる。probablyの代わりにlikelyを使ってもいい。

A: Why has our profit margin decreased so much?
B: **As you probably know,** most of our products are made in Taiwan. The exchange rate hasn't been favorable lately.

> A: わが社の利益はなぜこんなに減ってしまったんでしょうか？
> B: ご存じかもしれませんが、わが社の製品のほとんどが台湾製です。最近は為替レートがよくないんです。

▶ As I am sure you are aware, ...

上のAs you probably know, ...がやや疑問を残した言い方だったのに対し、こちらは「間違いなく知っているでしょうが…」といった意味で使う。

A: **As I am sure you are aware,** the government is planning to change the sales tax rate. Here are the projections for how that will affect our sales.
B: Thank you. I will go over these numbers with the management team tomorrow.

> A: 当然知っているでしょうが、政府が売上税率を変える予定です。こちらがわが社の売り上げにどのように影響するかという見積もりです。
> B: ありがとう。明日この数字を上層部のチームと検討してみます。

キーフレーズ＆バリエーション表現

DL-18

A: I'm sorry to call you on your day off, sir.

B: No problem. **I always have time for** my hard-working employees. What's up?

> **A:** お休みの日にお電話して申し訳ありません。
> **B:** 問題ないよ。仕事熱心な従業員のためならいつでも大丈夫だよ。どうしたんだ？

I always have time for... は手数を取らせて申し訳なく思っている相手を安心させる表現。

A: Did you hear that Mr. Tanaka from the New York office is retiring?

B: Yes. That's a shame. He and I have worked on several projects together **over the years**.

> **A:** ニューヨーク支社から来たタナカさん退職するって聞いた？
> **B:** ええ。残念だわ。彼とは何年にもわたっていくつかのプロジェクトで一緒に仕事してきたの。

over the years「長年；長期間にわたって」は懐かしむような気持ちも込められるフレーズ。

A: This new operating system is causing some security issues.

B: **What steps have you taken** to deal with the problem?

> **A:** この新しいオペレーティングシステムに安全上の問題が起きているんです。
> **B:** 問題に対処するのにどのような措置を講じましたか？

take stepsは、問題などが起きた際の解決策として「手段・措置を講じる」という意味の表現だ。

A: I don't think I am going to be able to finish this report by the due date.

B: How much of it have you completed **thus far?**

> **A:** 締め切りまでにこのレポートを終えられないと思うな。
> **B:** これまでにどのくらい仕上げたの？

to dateやup to nowもthus farと同様に「これまで；今まで」という意味になる。

日本人思考の上司と部下

⟩ Conducting a Performance Review

Department manager Hiroshi is meeting with Jane to give Jane her performance review.

Hiroshi: Hi Jane-san, thanks for stopping by.

Jane: Hi Hiroshi-san, how are you today?

Hiroshi: I'm great. So, are you ready for your review?

Jane: Sure am.

Hiroshi: (1) **Overall, you seem to be doing okay since starting here.**

Jane: Okay, I feel like a "but" is coming.

Hiroshi: (2) **Oh no, I think you've more or less adapted to how we do things here.**

Jane: Is there any specific feedback you could provide?

Hiroshi: (3) **For starters, you have to give your team members some space. Sometimes it looks like you're breathing down their necks.**

Jane: I suppose I can be a bit assertive at times.

Hiroshi: (4) **Also, you're too careless and you're not very detail-oriented.**

Jane: Do you have any specific examples? I try to be very careful in my work.

Hiroshi: (5) **That is commendable, but trust me, it's not up to our standards.**

Jane: I guess it's difficult to know what exactly to fix without specific examples, but I will be more careful in the future.

Hiroshi: Don't worry, I am sure you will get the hang of things soon. Do you have any questions?

Jane: No questions, but I'd definitely appreciate it if I could get more specific feedback in the future so that I can make immediate improvements.

Hiroshi: That's fair. I will try to make sure you are receiving more immediate feedback moving forward.

解説

(1) Overall, you seem to be doing okay since starting here. Rule2,3,4

　この状況では、overall「全般的に」やseem「思われる」という表現が使われると、これは前置きなだけでそのあとに本音の批判的なコメントが来るといった印象になる。適当にほめられたあとに批判的なことを言われた相手は、よりネガティブな気持ちになるだろう。

(2) Oh no, I think you've more or less adapted to how we do things here. Rule3

　more or less「多少なりとも」というのは曖昧な表現で、結局具体的な内容は何も伝わっていない。

(3) For starters, you have to give your team members some space. Sometimes it looks like you're breathing down their necks. Rule3,4

　give...space「…にゆとりを与える」は不適切とは言わないが意味自体が曖昧だ。また、

シーン 10 〉 人事考課を行う

部長のヒロシは人事考課のためジェーンと話している。

Hiroshi: やあジェーンさん、立ち寄ってくれてありがとう。

Jane: こんにちはヒロシさん、お元気ですか?

Hiroshi: 元気だよ。では、人事考課を始めるよ。

Jane: はい。

Hiroshi: 全般的に、ここで働き始めてから問題なくやっていると思うよ。

Jane: そうですか、そのあとに「でも」が続きそうな感じですね。

Hiroshi: そんなことないよ、きみもここでの仕事のやり方にある程度慣れてきたと思うよ。

Jane: 具体的なフィードバックをいただけますか?

Hiroshi: まず、チームのメンバーにいくらかゆとりを与えるようにしないといけないね。あれこれうるさく言いすぎのように思われることがあるよ。

Jane: 自己主張が強すぎるときがあるのかもしれません。

Hiroshi: また、注意が足りず細かいところに配慮していないところもあるね。

Jane: 具体例を言っていただけますか? 仕事の際にもっと気をつけますので。

Hiroshi: それは立派だけど、真面目な話、それではわが社の基準に達しないんだ。

Jane: 具体例がないと正確に何を改めるべきなのか知るのは難しいですが、今後もっと注意します。

Hiroshi: 心配いらないよ、すぐコツがわかってくると思うよ。何か質問はある?

Jane: 質問はないですが、今後もっと具体的なフィードバックをいただければとても助かります、すぐに改善することができますので。

Hiroshi: その通りだね。今後はその都度もっと早くフィードバックできるようにするよ。

---

breathing down their neck 「あれこれうるさく言う」という表現は上司からの批判の言葉としては 許容範囲かもしれないが、決してやる気を起こさせる言い方ではない。

(4) Also, you're too careless and you're not very detail-oriented. Rule4

遠まわしな表現でなく直接的表現を使うというのが原則ではあるが、この表現はあまりにも直接的すぎて、相手をネガティブな気分にさせてしまう。

(5) That is commendable, but trust me, it's not up to our standards. Rule4

ジェーンが「もっと気をつける」と言っているのに対し、ヒロシは「それはご立派なことだが…」と返している。commendable 「立派な;賞賛すべき」は人を見下した嫌味な言い方に聞こえかねず、相手の置かれた状況や努力には関心がないといった態度がうかがえる。

ネイティブ思考の上司と部下

Hiroshi: Hi Jane-san, thanks for stopping by.

Jane: Hi Hiroshi-san, how are you today?

Hiroshi: I'm great. So, are you ready for your review?

Jane: Sure am.

Hiroshi: (1) **Let me begin by saying you're doing a great job. At the same time, there are some areas where we see room for improvement.**

Jane: Is there any specific feedback you could provide?

Hiroshi: (2) **You need to give your team members autonomy.**

Jane: I suppose I can be a bit assertive at times.

Hiroshi: (3) **Another way you can improve is to make sure you are double-checking your work. We have noticed data entry errors on multiple occasions.**

Jane: I see. That's disappointing considering I try to be very careful in my work.

Hiroshi: (4) **Mistakes happen. The important thing is to be aware of the need to improve.**

Jane: I appreciate the feedback. I will be more careful in the future.

Hiroshi: Don't worry, I am sure you will get the hang of things soon. Do you have any questions?

Jane: No questions, but I'd definitely appreciate it if I can continue to get specific feedback in the future so that I can make immediate improvements.

Hiroshi: That's fair. I will try to make sure you are receiving more immediate feedback in the future.

解説

(1) Let me begin by saying you're doing a great job. At the same time, there are some areas where we see room for improvement. Rule2,4

　最初にポジティブなコメントをして会話を明るいトーンで始めている。このあと批判的なことを言わなくてはならないわけだが、ここで大切なのはbutを使わずにat the same time「それと同時に」を使うことだ。butを使うとあとから来る批判的なコメントが対比されてムードが一転しかねない。

(2) You need to give your team members autonomy. Rule3,4

「チームメンバーに自主性を与える必要がある」というのは、内容的にはp. 68のダイアローグのit looks like you're breathing down their necks「きみはあれこれうるさく言いすぎているようだ」と同様だが、ずっとポジティブな言い方になっている。

Hiroshi: やあジェーンさん、立ち寄ってくれてありがとう。

Jane: こんにちはヒロシ、お元気ですか?

Hiroshi: 元気だよ。では、人事考課を始めるよ。

Jane: はい。

Hiroshi: まず、きみはすごくよくやっていると言いたい。同時に、いくつか改善の余地があるところもあるね。

Jane: 具体的なフィードバックをいただけますか?

Hiroshi: チームのメンバーに自主性を与える必要があるね。

Jane: 自己主張が強すぎるときがあるのかもしれません。

Hiroshi: 仕事を必ずダブルチェックすることでも、きみはもっとよくなれるだろう。データの入力間違いが何度か発覚しているんだ。

Jane: わかりました。仕事ではすごく注意するようにしているのに、それは残念です。

Hiroshi: 間違えることはあるからね。大切なのは改善の必要があることに気づくことなんだ。

Jane: フィードバックありがとうございます。今後もっと注意します。

Hiroshi: 心配いらないよ、すぐコツがわかってくると思うよ。何か質問はある?

Jane: 質問はないですが、今後継続的に具体的なフィードバックをいただければとても助かります、すぐに改善することができますので。

Hiroshi: その通りだね。今後はその都度もっと早くフィードバックできるようにするよ。

(3) Another way you can improve is to make sure you are double-checking your work. We have noticed data entry errors on multiple occasions. Rule3,4

単に注意が足りない、細かい配慮が足りないなどと欠点を取り上げるだけではなく、具体的な改善策もアドバイスしているところが好印象だ。

(4) Mistakes happen. The important thing is to be aware of the need to improve. Rule4

Mistakes happen.「間違えることはある」は、相手のミスを注意したあとのフォローにちょうどいい表現だ。さらに、The important thing is...「大切なのは…」というセンテンスで部下への注意をポジティブな雰囲気で締めくくっているのもいい。

会話をさらに広げる
+1の表現

丁寧に依頼するときの表現

　顧客や目上の立場の人に対しての依頼をいかに丁寧な形で表現するかは、ビジネスの場面で最も大事なスキルのひとつである。相手が希望を聞いて動いてくれるかどうかに直接つながっているので、適切な表現を覚えておこう。

> **Hiroshi:** Don't worry, I am sure you will get the hang of things soon. Do you have any questions?
>
> **Jane:** No questions, but **I'd definitely appreciate it if** I can continue to get specific feedback in the future so that I can make immediate improvements.
>
> Hiroshi: 心配いらないよ、すぐコツがわかってくると思うよ。何か質問はある?
>
> Jane: 質問はないですが、今後継続的に具体的なフィードバックをいただければとても助かります、すぐに改善することができますので。

▸ I'd definitely appreciate it if...

　「…なら本当に感謝します；助かります」は、「どうか…してください」と切迫感を伝えつつも礼儀正しく依頼する表現だ。definite は「確実に；絶対に」という意味の副詞だが、ここでの definitely は、「非常に；本当に」と appreciate「感謝する」を強調する役割を果たしている。この語をつけ加えることで依頼の重大性や丁寧度がぐっとアップする。

A: I've been having some trouble learning this new software the company installed. **I'd definitely appreciate it if** you could help me with it.

B: Sure, I can do that for you.

> A: 会社がインストールしたこの新しいソフトの使い方がわからなくて困ってるんです。手伝ってくれたら本当にありがたいんだけど。
>
> B: もちろんいいですよ、お手伝いします。

▸ I'd very much[certainly] appreciate it if...

　I'd very much appreciate it if... や I'd certainly appreciate it if... も同様に使える。

I'd very much appreciate it if you could print these files for me.

> これらのファイルをプリントしていただけるととても助かります。

I'd certainly appreciate it if you could give me more detailed feedback.

> もっと具体的なご意見をいただけると非常に助かります。

A: You said you wanted to see me?

B: Yes, **let me begin by saying** that you are a good worker. Unfortunately, given the economic downturn and your junior position, we are going to have to let you go.

> **A:** 私に会いたいとおっしゃっていましたよね？
> **B:** うん、まず、きみはよく働いていると言いたい。残念ながら経済の悪化やきみの若手というポジションを鑑みると、退職してもらわなくてはならないだろう。

let me begin by saying...「まず…と言いたい：…をお伝えします」は、悪い知らせや状況、評価などを言う前に相手を褒めることなどから話をスタートするときの表現。

A: We have received several complaints from your **team members** about power harassment.

B: I don't know how to respond to that without specific examples.

> **A:** あなたのチームメンバーからパワハラの苦情をいくつか受け取ったわ。
> **B:** 具体例を聞かずにどうお答えしていいかわかりません。

最近は「同僚」を表すのに team members を使う傾向がある。

A: What else do you think I can do to better myself?

B: **Another way you can improve is to** pay more attention to detail.

> **A:** 私が自分をよりよくするために、ほかに何ができると思いますか？
> **B:** 改善のためのもうひとつの方法は、細かいところにもっと注意を払うことですね。

way の代わりに thing を使ってもいい。また、Another area that needs improving is...「もうひとつ改善が必要な分野は…」といった表現も使える。

A: I am working hard, but I don't feel that I am improving quickly enough.

B: **The important thing is to** not give up. Improvement will come with time.

> **A:** 一生懸命仕事していますが、改善のスピードが十分ではない気がします。
> **B:** 大切なことはあきらめないことですよ、時とともに改善します。

The important thing is to...「大切なことは…することだ」は助言するときなどに使える表現。The thing to remember is...「覚えておかなければならないのは…だ」もよく使う。

日本人思考の上司と部下

〉 Discussing Management Decisions

Koji has been transferred to the company's U.S. subsidiary to serve as president for two years. He is meeting with Meg, the U.S. firm's vice president.

Meg: Koji, nice to meet you. I've heard a lot about you. I know you just got here and are very busy.

Koji: Good to meet you too. I'm glad we can finally have this face-to-face talk.

Meg: I am too. As you know there's a board-meeting next week to discuss potential layoffs. I am strongly against restructuring. (1) **I wanted to test the waters to see where you stand.**

Koji: Test the waters? I'm not sure what you mean.

Meg: (2) **I wanted to make sure we are on the same page.**

Koji: Page...what?

Meg: (3) **You know, I hope we are both rowing in the same direction here.**

Koji: Meg, my English is fairly good, but I don't understand what you are trying to say!

Meg: What I mean is, I hope you, and the head office in Japan, agree with me that laying off more than 500 workers is not a wise choice.

Koji: Now I understand. You want to know my position on the potential upcoming restructuring.

Meg: That's what I've been saying.

Koji: The truth of the matter is, the U.S. operations have been losing money for the last two quarters. Something must be done to turn things around.

Meg: (4) **But there are a lot of other areas where we can trim the fat.** (5) **You are telling me that you are going to give the pink slip to a third of our workforce, just like that?!**

Koji: No, you are going to. That is responsibility that comes with your position. Or, perhaps we should be looking at management changes, instead?

解 説

(1) I wanted to test the waters to see where you stand. Rule5

　test the waters は「あらかじめ調べる；様子をうかがう」の意のビジネス用語だが、誰にでもわかる表現を使いたい。where you stand「立場」もposition という1語に置き換えよう。

(2) I wanted to make sure we are on the same page. Rule3,5

　be on the same page「同じ考えを持っている；だいたい合意している」というのは慣用表現で、わざとぼかしたような言い方だ。交渉の場などで曖昧にしておきたいときには効果的だが、一般的には be of the same opinion や feel the same way などを使うほうがおすすめだ。

(3) You know, I hope we are both rowing in the same direction here. Rule1,5

　You know, ... で話を切り出すのは無礼な印象だ。また、row in the same direction は「同じ方向性だ；同じような考えだ」という意味だが、最も嫌われるビジネスジャーゴンだ。相

シーン 11 〉 上層部の決定を話し合う

コウジは社長としてアメリカの子会社に2年間の異動になっている。彼はこのアメリカの子会社の副社長、メグと面会している。

Meg: コウジ、はじめまして。あなたのことはよく聞いています。ここに就いたばかりでとてもお忙しいでしょう。

Koji: はじめまして。やっと直接お会いしてお話ができてうれしいです。

Meg: 私もです。ご存じの通り、将来の解雇の可能性について話し合うための取締役会が来週あります。私はリストラには強く反対しています。あなたがどういうお立場かあらかじめうかがって（test the waters）おきたかったんです。

Koji: 水を調べる？ おっしゃる意味がわかりません。

Meg: 私たちが同じ考え（on the same page）か確かめたかったんです。

Koji: ページって？

Meg: つまり、この件で私たちが同じ考えだ（both rowing in the same direction）といいなと思っているんです。

Koji: メグ、私は結構英語ができますが、あなたの言おうとしていることはわかりません！

Meg: 私が言いたいのは、あなたや日本の本社が、500人以上の労働者を解雇するなんて賢い選択ではないという私の意見に賛成してくれることを願ってる、ってことです。

Koji: わかりました。今度のリストラの可能性についての私の立場を知りたいんですね。

Meg: そのことをずっと言っています。

Koji: 実のところ、アメリカでの事業が2四半期連続で赤字になっているんですよ。状況を変えるために何かしなければなりません。

Meg: でも無駄を省けるところはほかにたくさんありますよ。わが社の従業員の3分の1にあっさりと解雇通知を出すなんて言うんですか?!

Koji: いや、それはあなたがやることですよ。それはあなたのポジションで取るべき責任です。あるいは、代わりに管理者側の変更を考えるべきなのでしょうかね？

手が英語ネイティブではないことを理解せずこうした言い方を繰り返しているのは問題だ。

(4) But there are a lot of other areas where we can trim the fat. Rule5

trim the fat は「余分を取り去る；無駄を省く」という意味の表現だが、職場で使うべき表現ではない。

(5) You're telling me that you are going to give the pink slip to a third of our workforce, just like that?! Rule1,3,5

You're telling me that...! は相手に対する不満や驚きを伝える際によく使われる口語表現。ストレートに伝えるのは重要だが、新しい上司に対して使うには乱暴すぎる。また、スラングのgive the pink slip「解雇する」やjust like that「いきなり；平気で」を職場で使うのも不適切。

ネイティブ思考の上司と部下

Meg: Koji, nice to meet you. I've heard a lot about you. I know you just got here and are very busy.

Koji: Good to meet you too. I'm glad we could have this talk.

Meg: I am too. As you know there's a board meeting next week to discuss potential layoffs. I am strongly against restructuring. (1) **What is your position on this issue?**

Koji: As you are all too aware, the U.S. operations have been losing money for the last two quarters. Something must be done to turn things around.

Meg: (2) **I agree with you 100%. I just think there are other possible steps we can take other than drastically reducing our labor force.**

Koji: Is that so? Like what, for example?

Meg: I have spent weeks going over our marketing budget. (3) **The way I see it, our expenditures are astronomical and are generating very little return.**

Koji: We have considered that too. And, while I agree with your assessment, just slashing the marketing budget is not going to be enough.

Meg: So you are saying that labor reduction is inevitable.

Koji: Yes, but perhaps we can work together to find a way to reduce the number of affected employees. I understand your hesitancy to fire people.

Meg: (4) **There's got to be another way we can cut costs.**

Koji: I am going to recommend we restructure, but only at 50% of the original number.
(5) **I expect your support on this.** In return, I will work with you on looking into other ways to prevent further layoffs.

Meg: That is an offer I cannot refuse.

解説

(1) What is your position on this issue? Rule3,5

メグは業界用語やスラングを使わずストレートにコウジの立場を尋ねることにより、無駄なやり取りを省いて会話全体をスムーズに変えることができた。相手の考えを尋ねる表現としては、What is your take on...? や What do you think about...? なども同様に使える。

(2) I agree with you 100%. I just think there are other possible steps we can take other than drastically reducing our labor force. Rule1,4

このメグの発言は、agree と相手に賛成の言葉を伝えてから、解決法については違う意見だと反論する形になっている。問題を解決しなければならないことについては賛成するがその方法についての意見は異なる、という場合によく使う会話のパターンだ。また、自分の意見をソフトに伝えるためにI feel[think/believe]... を加えるのも有効。

(3) The way I see it, our expenditures are astronomical and are generating very little return. Rule1,4

反対意見や個人的意見を伝えるときは攻撃的にならないことが重要。The way I see it, ...

Meg: コウジ、はじめまして。あなたのことはよく聞いています。ここに着いたばかりでとてもお忙しいでしょう。

Koji: はじめまして。やっとこうしてお話しできてうれしいです。

Meg: 私もです。ご存じの通り、将来の解雇の可能性について話し合うための取締役会が来週あります。私はリストラには強く反対しています。この問題についてのあなたのお立場はいかがですか?

Koji: こちらのみなさんがよくわかっていらっしゃる通り、アメリカでの事業が2四半期連続で赤字になっているんですよ。状況を変えるために何かしなければなりません。

Meg: それには100%同意します。ただ従業員を大幅に削減する以外に取りうる手段がほかにあると思うんです。

Koji: そうですか? たとえばどんなことでしょう。

Meg: 私はマーケティングの予算を何週間にもわたって調べています。私が思うに、わが社の支出は天文学的で非常に見返りが少ないんです。

Koji: そのことは私たちも考えてきました。そしてあなたの考えについては賛成しますが、マーケティングの予算を削るだけでは十分ではないんです。

Meg: では従業員の削減は避けられないとおっしゃるのですね。

Koji: ええ、でも影響を受ける従業員数を減らすための方法を一緒に探していくことはできるでしょう。あなたが解雇したくないというお気持ちはわかります。

Meg: 経費を削減する方法はほかにあるはずです。

Koji: 私はリストラすることをすすめますが、もとの数の50%だけですよ。あなたはこれを支持してくれるものと思っています。代わりに、それ以上の解雇を出さないような別の方法を一緒に考えていきます。

Meg: それはお断りできないお申し出ですね。

のほか、In my opinion, .../From where I stand, .../From my point of view, ... などもスムーズに自分の意見を伝えるための前置きになる。

(4) There's got to be another way we can cut costs. Rule1,3

ここでは cut costs「経費を削減する」とシンプルな表現を使っている。また、イントネーションにも注意しよう。怒った調子でこの発言するとネガティブに捉えられかねないが、落ち着いた調子で言えばネガティブにならずに危機感を伝えられるだろう。

(5) I expect your support on this. Rule1,3,4

コウジのこの発言は上司として非常に重要なものなので注目してほしい。上司からの I expect you to... や I expect your... という表現は expect「(当然のものとして) 期待する」という言葉に覆われた命令だ。上司に限らず教師や親なども、こうした表現を使って厳しく伝えることがよくある。(例)I expect you to be on your best behavior!「行儀よくしなさい!」。

ネイティブ思考の英会話×日本人思考の英会話 11

1

会話をさらに広げる +1の表現

相手の戸惑いや躊躇に理解を示す表現

相手が自分の意見に対して戸惑っているときには、相手の立場を理解し共感を示す表現を加えてみよう。

> **Koji:** I understand your hesitancy to fire people.
> **Meg:** There's got to be another way we can cut costs.
>
> > Koji: あなたが解雇したくないというお気持ちはわかります。
> > Meg: 経費を削減する方法はほかにあるはずです。

▶ I understand your hesitancy to...

hesitancyは「ためらい；躊躇；遠慮」といった気持ちを表す名詞（動詞はhesitate）。I understand your hesitancy to...「…するのをためらう（=…したくないという）お気持ちはわかります」という表現は、ビジネスでの交渉や話し合いの場では不可欠なフレーズだ。自分の意見だけをただ述べるのではなく、相手の戸惑いや躊躇に理解を示したあとに自分の主張をするほうが、真摯な態度が伝わり好印象になる。

A: Did you see the minutes from the meeting?! Upper management is slashing our marketing budget by 40%!

B: I understand your hesitancy to accept that, but those cuts were necessary due to our cash flow problems.

> A: ミーティングの議事録見た?! 上層部が私たちのマーケティング予算を40%削減しようとしているのよ！
> B: それを受け入れられない気持ちはわかるけど、キャッシュフローの問題があるからそういう削減も必要だったのよ。

▶ I understand your reluctancy to...

▶ I understand that you don't want to...

ほかに、I understand your reluctancy to...「…したくないお気持ちはわかります」やI understand that you don't want to...「…したくないのはわかります」も同様に使える。

I understand your reluctancy to change to a new position at this stage in your career, but I think it would be a great move for you.

> あなたのキャリアにおいてこの段階で新しいポジションに変わりたくないというのはわかりますが、これはあなたにとってすばらしい異動だと思いますよ。

A: **What's your position on** implementing a flex-time policy?

B: I think it will be a benefit to employees. It will allow them to adapt their commute schedule to their individual needs.

> **A:** フレックスタイム制を実施することに関してあなたはどんな見解ですか？
> **B:** 私は従業員のためになるだろうと思います。それなら通勤のスケジュールを個人のニーズに合わせられますので。

What's your position on...? は相手の立場や見解を尋ねる表現。How do you feel about...? や What do you think about...? も同様に使える。

A: I think we should do away with the current salary system and offer pay based on ability instead of seniority.

B: **I agree 100%.** However, that transition will take time to implement.

> **A:** 私は現在の給与システムを廃止して年功序列ではなく能力に応じた給料を出すべきだと思います。
> **B:** 私も100％賛成です。でも、そういう変更は実行するのに時間がかかるでしょうね。

I couldn't agree more. や I am down with that. も完全な同意を表すフレーズ。

A: We have been operating in the red for three months in a row!

B: Indeed. **The way I see it,** we have no choice but to reduce bonus amounts this year.

> **A:** わが社は3か月連続で赤字操業ですよ！
> **B:** 確かに。私の思うところでは、わが社は今年のボーナス金額を減らすしかないですね。

このほか「私の考えでは」と前置きする表現を再度 p. 35 で確認しておこう。

A: We have to accept the buyout offer if we are to remain profitable.

B: **There's got to be another way to** save the company. We have been in business for over 100 years!

> **A:** わが社が利益を出し続けるためには買収に応じるしかありませんね。
> **B:** 会社を救うにはほかの方法もあるはずです。わが社は100年以上操業しているんですよ！

「…するにはほかの方法もあるはずだ」という意味の表現。There has got to be something else we can do to... も同じ。

日本人思考の上司と部下

> Conducting a Plant Audit

Kenji has just conducted an inspection of a subsidiary plant in a foreign country and is sharing his findings with the plant manager, Jenny.

Jenny: So Kenji, how did we do? What are the results of your audit?

Kenji: (1) **Several areas raised red flags for me.**

Jenny: I'm really surprised to hear that. We spent weeks preparing for this inspection.

Kenji: I noticed that most of the PPE gear your employees were wearing was brand-new, as if it had just been issued. (2) **What's the deal with that?!**

Jenny: Let me get this straight. You are saying we prepared too well?

Kenji: The purpose of an audit like this is to evaluate whether normal operating procedures are being conducted in a way that follows safety and quality guidelines.

Jenny: I've been complaining to headquarters for years asking for the guidelines to be updated. They are twenty years old! What were the other specific areas you mentioned earlier?

Kenji: (3) **Cleanliness is the big one.** (4) **The plant floor is clean, but the parking lot, worker bathrooms and warehouse areas were not up to snuff.**

Jenny: This is a manufacturing plant, not a showroom!

Kenji: Cleanliness and appearance has an impact on customers, workers and product quality alike.

解説

(1) Several areas raised red flags for me. Rule4,5

　raise a red flagは「危険を知らせる；警告を促す」といった意味のスラングだ。無礼な表現というわけではないが、ビジネスでは避けるほうがいい。また、ここではすぐに注意点、改善すべき点を伝えているが、こうしたシチュエーションでは、先にいい点を伝えてからにしたほうがポジティブな印象を与えられる。

(2) What's the deal with that?! Rule1,4,5

　What's the deal with...?は「…はどうなっているんだ?」と不満や不信感を表すときによく使われるスラング的表現。ネガティブで攻撃的な表現なので、ケンジがこう発言したことでジェニーは最初から身構えてしまうことになった。いずれにしても、これは修辞的な言葉に過ぎないので、ビジネスの場では不要だ。

シーン 12 〉 工場の監査を行う

ケンジは海外の系列工場の調査を行い、気づいた点を工場長のジェニーに伝えている。

Jenny: さて、ケンジ、私たちの工場はどうでしたか？ 監査の結果がいかがですか？

Kenji: いくつか危険信号があったね。

Jenny: それは驚きです。この調査のために何週間も準備してきたんですよ。

Kenji: きみの作業員の着けている個人用保護具のほとんどが、まるで支給されたばかりのように新品だったことに気づいたよ。あれはいったいどうなってるんだい？！

Jenny: 何がおっしゃりたいんでしょう。私たちの準備ができすぎていると？

Kenji: こうした監査の目的は通常の操業手順が安全面と品質面でのガイドラインに沿って行われているかどうかを評価することなんだ。

Jenny: 私は何年も本社にそのガイドラインを改訂してほしいと苦情を伝えているんですよ。20年前のものなんですから！ 先ほどおっしゃっていたその他の具体的なポイントはなんでしょうか？

Kenji: 清潔さが大きな問題だね。工場の床は清潔だが、駐車場や作業員用トイレ、倉庫のエリアは満足とは言えない状態だね。

Jenny: ここは製造工場でショールームじゃないんですよ！

Kenji: 清潔さや見た目は、顧客や作業員、そして品質にも同様に影響を与えるものだよ。

(3) Cleanliness is the big one. `Rule1,3,5`

この one のような代名詞は曖昧で混乱や誤解につながりかねないので避けるべき。ここでさらに問題なのは、ガイドラインが改訂されていないという問題をジェニーが伝えているのにケンジがそれを完全に無視していることだ。ケンジのこうした態度により、ふたりの人間関係に亀裂が入ってしまう可能性もある。

(4) The plant floor is clean, but the parking lot, worker bathrooms and warehouse areas were not up to snuff. `Rule5`

snuff は18〜19世紀に人気だった嗅ぎタバコのことで、not up to snuff は「満足のいく状態ではない；基準に達していない」という意味の非常にスラング的な表現だ。ここでは当然、スラングは使わずに not up to standard「基準に達していない」と言うべきだった。

ネイティブ思考の上司と部下

Jenny: So Kenji, how did we do? What are the results of your audit?

Kenji: (1) **You scored well in most areas, but several areas need some attention.**

Jenny: I'm really surprised to hear that. We spent weeks preparing for this inspection.

Kenji: (2) **Well, to be frank, I think that might be part of the problem.** I got the impression that a lot of changes were made recently to make improvements, simply to pass this inspection.

Jenny: What do you mean by that?!

Kenji: For example, almost all of the PPE gear your workers were wearing was brand-new. That makes me think it might have been issued recently.

Jenny: Let me get this straight. You are saying we prepared too well?

Kenji: (3) **I'm simply saying the purpose of an audit like this is to evaluate whether normal operating procedures are being conducted in a way that follows safety and quality guidelines.**

Jenny: I've been complaining to headquarters for years asking for the guidelines to be updated. They are twenty years old! What were the other specific areas you mentioned earlier?

Kenji: **First, let me say you have a good point there.** I noticed that the safety and quality guidelines have not been updated for a long time. I am going to make it a priority to get that changed and would very much like your feedback when doing so.

Jenny: I appreciate that.

Kenji: **Cleanliness and appearance has an impact on customers and workers alike, and that needs some attention around here, especially the bathrooms, parking lot and warehouse areas.**

Jenny: Give me your recommendations, and we will address those issues while you are revising the plant guidelines.

解説

(1) You scored well in most areas, but several areas need some attention. Rule4

　　ケンジは「悪い知らせ」の前にポジティブなことを伝えている。協力的な雰囲気を作るためにはこれが重要だ。

(2) Well, to be frank, I think that might be part of the problem. Rule1,3,4

　　To be frank, .../To be honest, ...「正直なところ…」という表現には「ストレートに話をすることは申し訳ないが…」というニュアンスがあり、あとに続くネガティブな知らせの衝撃を和らげる役割がある。

(3) I'm simply saying the purpose of an audit like this is to evaluate whether normal operating procedures are being conducted in a way that follows safety and quality guidelines. Rule1,4

　　I'm simply saying.../I'm just saying...「私はただ…と言っているだけです」は、相手を傷つける意図はなく、思いやりを持ってお互いのために言っているのだと強調する表現だ。

Jenny: さて、ケンジ、私たちの工場はどうでしたか？ 監査の結果はいかがですか？

Kenji: ほとんどの点ではいい評価だったが、いくつかの点では注意が必要だね。

Jenny: それは驚きです。この調査のために何週間も準備してきたんですよ。

Kenji: 正直なところ、それも問題の一部かもしれないと思うよ。この調査に合格するためだけの改善として最近多くの変更をしたような印象を受けたよ。

Jenny: それはどういうことでしょうか？！

Kenji: たとえば、作業員の着けている個人用保護具のほとんどが新品だった。最近支給されたばかりなのかもと考えてしまう。

Jenny: 何がおっしゃりたいんでしょう。私たちの準備ができすぎていると？

Kenji: こうした監査の目的は通常の操業手順が安全面と品質面でのガイドラインに沿って行われているかどうかを評価することだと言っているだけだよ。

Jenny: 私は何年も本社にそのガイドラインを改訂してほしいと苦情を伝えているんですよ。20年前のものなんですから！ 先ほどおっしゃっていたその他の具体的なポイントはなんでしょうか？

Kenji: まず言いたいのは、それはきみの言う通りだということだ。ぼくも安全面と品質面でのガイドラインが長期間改訂されていないと気づいていた。マニュアルの変更を最優先にするし、またその際にはきみの意見も聞きたいと思っているよ。

Jenny: それはありがとうございます。

Kenji: 清潔さや見た目は、顧客にも作業員にも同様に影響を与えるから注意する必要があるね。特に駐車場や作業員用トイレ、倉庫のエリアには注意を払って。

Jenny: 提言書をいただけますか、あなたが工場のガイドラインを改定している間にそうした問題に対処しますので。

(4) First, let me say you have a good point there. Rule1,4

　ケンジはジェニーのガイドラインに関する発言をきちんと受け止めて、「きみの言う通りだ」と答えている。また、すぐにガイドラインの改訂に対処すると伝えることで、このあとの会話の流れをポジティブに変えることができた。

(5) Cleanliness and appearance has an impact on customers and workers alike, and that needs some attention around here, especially the bathrooms, parking lot and warehouse areas. Rule2,3

　p. 80のダイアローグと同様の内容を伝えてはいるが、より簡潔に問題の内容と重要性を説明している。

会話をさらに広げる +1の表現

印象や疑念の表現

疑念を感じたりなんらかの印象を受けたりしたときの表現のバリエーションを見てみよう。

> **Kenji:** **I got the impression that** a lot of changes were made recently to make improvements, simply to pass this inspection.
>
> **Jenny:** What do you mean by that?!
>
> Kenji: この調査に合格するためだけの改善として最近多くの変更をしたような印象を受けたよ。
> Jenny: それはどういうことでしょうか？！

▶ I get the feeling that...

I get the feeling that... は「…という気がする」。上の I got the impression that... では got と過去形を使っているが、どちらの表現でも現在形の get も使える。現在形を使うとたった今まさに感じているというニュアンスになる。impression/feeling の代わりに sense を使い、I get the sense that... とも言える。

A: The plant managers have been in a meeting all day!

B: **I get the feeling that** something bad has happened.

A: 工場長たちが一日中会議に出ているね！
B: 何か悪いことが起こったような気がする。

▶ I have a hunch that...

hunch は「直感；予感」。具体的な情報や根拠がないのに感じているというニュアンスだ。

A: Did you see how empty the plant parking lot was?!

B: Yeah. **I have a hunch that** the company is laying off a lot of workers.

A: 工場の駐車場がすごく空いてたのを見た？！
B: うん。会社が従業員をたくさん解雇してるような予感がする。

▶ I suspect that...

suspect は「疑う」という意味の動詞。ここまで紹介してきた表現と比べると、より強い疑いのニュアンスが含まれている。また I have a suspicion that... というパターンも使える。

A: Did you notice that they have removed several machines from the plant floor?

B: Yeah. **I suspect that** demand has gone down due to the slow economy.

A: 工場の床からいくつか機械が取り外されてたのに気づいた？
B: うん。不景気のせいで需要が減ってるんじゃないかと思う。

キーフレーズ＆
バリエーション表現

A: What was the result of our manufacturing review?

B: We **scored well** on design, but still have issues with quality control.

> **A:** わが社の製造に関する監査の結果はどうでしたか？
> **B:** デザインについては評価がよかったが、品質管理については問題があるよ。

scoreはテストなどで「得点する」、また検査などで「評価を得る」という意味。

A: What do you think about our manufacturing facility?

B: Well, **to be frank,** it is a lot smaller than I anticipated.

> **A:** 弊社の製造施設についてどう思いますか？
> **B:** そうですね、正直言って思っていたよりずっと小さいですね。

相手にネガティブな事実を伝える際、To tell you the truth, ... もよく使われる表現のひとつ。

A: What do you mean we have to join the 21st century?!

B: **I'm simply saying that** our machines and methods are outdated.

> **A:** わが社も21世紀に参加しなければならないとはどういうことですか？！
> **B:** 私はただわが社の機械や手法が時代遅れだと言っているだけです。

類似表現としては、All I'm saying is...「私が言いたいことは…だけだ」やI'm just trying to say that...「私はただ…と言おうとしているだけだ」がある。

A: I think we can increase our production rates if we rearrange our machines.

B: **You have a good point there.** Let's come up with a plan to submit at the next management meeting.

> **A:** 機械を再編成すればわが社の生産性を上げられると思います。
> **B:** それはきみの言う通りだ。今度の経営会議で提出するプランを考えよう。

相手の意見が正当だというときの褒め言葉。この表現のthereはあってもなくてもOK。

日本人思考 の同僚同士

〉 Asking a Colleague for Help

Amy has invited a coworker John out to lunch to ask for his help.

John: So, how's it going?

Amy: (1) **All right, I guess.** (2) **How are things with you? How's work?**

John: Everything is great. I'm really into this new project. It's great when my work and my interests come together like this. I get to apply my current skills and learn new ones! It's great, don't you think?

Amy: (3) **If you say so. I guess I'm not as excited about work as you.**

John: Yeah, you seem down. Is there something wrong?

Amy: (4) **I don't know.** (5) **I guess I'm having some trouble and it's kind of affecting my performance.** (6) **I suppose document formatting isn't really up my alley.** (7) **Maybe once I get a better handle on it, I'll feel better about work.** I wish I were as good at things as you.

John: Well, perhaps I can help you.

Amy: Really? That would be nice. (8) **Maybe you can let me know when you're free sometime.**

John: Sure. Anyway, I have to get back to work. See you around sometime!

Amy: Oh… Okay, I guess I'll see you around.

解説

(1) All right, I guess.　Rule4

　「まあまあかな」という最初のひとことで少しネガティブな雰囲気を作ってしまう。「私のことを気にかけて」と伝えていることになり、これは身勝手と捉えられかねない。特に仕事仲間とのやり取りでは、困っているときでも前向きな姿勢を意識しよう。

(2) How are things with you? How's work?　Rule1

　「調子はどう？」に続いてすぐ「仕事はどう？」と尋ねていることから、エイミーは仕事の話がしたいということが伝わる。ただ、相手の返事を聞かずに会話の流れを一方的に決めるのはよくない。相手に「私には興味がないんだな」と思わせてしまう可能性があるので、相手からの「あいづち」も大切にしよう。

(3) If you say so. I guess I'm not as excited about work as you.　Rule4

　このような表現は、捉え方次第ではネガティブなだけでなく嫌味にまで聞こえてしまう。たとえ親しい友達や同僚でも、元気がないときや困っているときの自分の発言が相手の士気まで下げてしまわないよう注意したい。

(4) I don't know.　Rule3

　きちんと答えを伝えないといけない場面でのこのひとことは、回りくどく聞こえる。この手の発言が多いと相手はイライラしかねないので、ストレスを与えないように心がけよう。

(5) I guess I'm having some trouble...　Rule2,3

シーン 13 〉 同僚に助けを求める

エイミーは助けを求めようと同僚のジョンをランチに誘った。

John: それで最近どう?

Amy: まあまあかな。そっちこそどう? 仕事は順調?

John: いい感じだよ。新しいプロジェクトがおもしろいんだ。仕事と自分の興味が合致するのっていいよ。今までのスキルを活かすこともできるし、新しいスキルを学ぶきっかけになっている! 最高だと思わない?

Amy: あなたがそう言うなら。私はジョンほど仕事に対してわくわくしないかな。

John: 元気なさそうだね。どうしたの?

Amy: なんだろうな。なんか、少し壁にぶち当たっているみたいで、仕事に影響が出てきたかも。文書のレイアウト作業は得意ではないかも。そこをなんとかできたら、仕事がもっと楽しくなるのかな。あなたみたいに上手にできたらいいんだけど。

John: うーん、もしかしたらぼくが手伝えるかも。

Amy: 本当? 助かる! 時間があるときに知らせてね。

John: うん。とりあえず、そろそろ仕事に戻らないと。じゃあまたね!

Amy: ああ、そう…。わかった、またね。

　本題に入るかと思いきや、「ちょっと壁にぶち当たっているみたいで…」といった前置きがまた入ってしまっている。相手が核心を求めているときには、こうした前置きはなるべく避けるべきだ。

(6) I suppose document formatting isn't really up my alley. Rule3,5

　I suppose...「…のようだ」といった表現も曖昧で回りくどい印象なので、本題を伝える場面では必要ない。また、up my alley は「…に適している; 好みに合う」という口語表現だが、「得意じゃない」か「好きじゃない」なのかはっきり伝わらない曖昧さがある。誤解なく真意を伝えたい場面においては避けるべきだ。

(7) Maybe once I get a better handle on it, I'll feel better about work. Rule4

　「…したら…するかも」という「タラレバ話」はネガティブな言い訳と取られ、仕事や人間関係に影響を与える可能性があるので注意が必要だ。

(8) Maybe you can let me know when you're free sometime. Rule1,3

　「もし暇があれば知らせて」では曖昧すぎるうえ完全に相手任せの姿勢で、助けてほしいという気持ちがはっきり伝わらない可能性もある。また、教えてもらう立場なのに相手に「助けてあげようか」と言わせるように仕向ける言い方になっているのもよくない。

Case ———

ネイティブ思考の同僚同士

John: So, how's it going?

Amy: (1) **Well, I see how excited you seem about work and I'd like to get to where you are.**

John: Is there something wrong?

Amy: (2) **I'm having trouble with document formatting to the point that it's affecting my performance.** (3) **I'd love to learn from you. Would you be willing to teach me?**

John: I'd be happy to.

Amy: Wow, that would be great! I'm free on weekends. How are Saturday mornings for you?

John: Fine, I'm actually free this Saturday.

Amy: (4) **Awesome! Can we meet at the café downstairs? How's 11 am?**

John: That works for me.

Amy: (5) **Wonderful!** I really appreciate it.

John: No problem. See you then.

Amy: (5) **Great,** see you then.

解説

　p. 86のダイアローグが具体的な話に至る前に終わっているのに対し、こちらのダイアローグではエイミーがジョンにアドバイスしてもらう日程まで明確に決まっている。

(1) Well, I see how excited you seem about work and I'd like to get to where you are. Rule1,4

　いいコミュニケーションを取る鍵のひとつは、相手をよく知ること、そして自分の目標を整理することだ。エイミーは、ジョンとのギャップを感じ、彼の力を借りて自分のレベルを上げたいと考えている。それを直接伝えることで、相手にとっても状況が明確になる。I'd like to get to where you are.「私もあなたのようになりたいと思うわ」というのはちょっとした誉め言葉になっている。無理なく相手をほめることでポジティブな雰囲気を作り出すのにも成功している。

(2) I'm having trouble with document formatting to the point that it's affecting my performance. Rule2

　まず本題となる重要事項から話すことで、相手にわかりやすい会話の流れを作っている。これでジョンは、「なるほど相手は文書のレイアウトで困ってるんだな。ぼくなら力になれる！」という回路が一気に繋がる。

(3) I'd love to learn from you. Would you be willing to teach me? Rule1,3,4

　I'd love to... はダイレクトでありながら肯定的だ。相手が気持ちよく引き受けてくれる頼み方になっている。また、teach meというのも謙虚に無理強いすることなく頼むことができる表現だ。

　ここでWould you...?/Could you...?/Can you...?の使い方・使い分けを簡単に説明して

88

John: で、最近どう？

Amy: そうね、仕事で生き生きしているジョンの姿を見ていると、私もそんなふうになりたいと思うわ。

John: どうしたの？

Amy: 文書のレイアウトがうまくできなくて、少し仕事に影響が出ているの。ぜひあなたに教わりたいと思って。よかったら教えてくれない？

John: 喜んで。

Amy: わあ、よかった！私は週末空いているの。土曜日の午前中はどう？

John: 大丈夫だよ、実は今週の土曜日は暇なんだ。

Amy: よかったわ！下のカフェで合流というのはどう？午前11時は？

John: いいよ。

Amy: 本当によかった！すごく助かるわ。

John: お安い御用だよ。じゃあそのときにね。

Amy: ええ、よろしくね。

おこう。結論から言うと、ほとんどの場面において人に頼みごとをするときにはどれでもOK。Could you pass the salt?「塩を取ってもらえますか？」やCan you lend me a pen?「ペン貸してくれる？」のように、canとcouldは可能かどうか、許可してくれるどうかを尋ねている。Wouldは、Would you mind if I sit here?「ここに座ってもいいですか？」のように、可能かどうかだけでなく、人の意志についても尋ねている。前述の通り頼みごとをするときはどれを使ってもいいが、ほとんどの場合においてWould you...?がより丁寧なので、迷うときはWould you...?に統一しておけば無難だろう。

(4) Awesome, can we meet at the café downstairs? How's 11 am? Rule3,4

　これは Rule 3 と Rule 4を組み合わせたコミュニケーション。Awesome.「いいわね；すばらしい」というポジティブな言葉で感謝と喜びを伝え、続けて場所と時間を提案して相手に考えさせる手間をかけずに話を進めている（ただし、awesomeは非常に感情的な表現。同僚とならいいがあまり親しみのない顧客や上司に対しては不適切なこともあるので要注意）。しかも、Can we...?という表現で、一方的に押しつけることなく尋ねているのもいい。これは相手に決定権を委ねた柔らかい言い回しだ。

(5) Wonderful!/Great. Rule4

　エイミーはお願いしている立場なので、wonderfulやgreatのようなポジティブな言葉を使った表現を心がけると、今後のコミュニケーションも前向きなものになりやすい。

会話をさらに広げる +1の表現

情報をつけ加える表現

p. 88のダイアローグは双方にとって好ましい形で終了しているが、エイミーがジョンとの関係をより良好なものにするためのひとことをつけ加えた場合の会話の展開を見てみよう。

Amy: Wonderful! I really appreciate it. **And you know,** if there's anything I can do to help you at work, I'd be happy to help too.

John: Well actually, I could use some editing help on my project.

Amy: For sure, editing is actually my specialty. I'd love to help!

John: Wow, that's great.

> **Amy:** よかった！ 本当に助かるわ。それから、もし私に仕事で手伝えることがあったら私も喜んで手伝うわよ。
>
> **John:** うん、実はぼくのプロジェクトでちょっと編集の手伝いがあるといいかなと思ってるんだ。
>
> **Amy:** 確かに、編集は実際私の専門分野だわ。手伝うわよ！
>
> **John:** わあ、よかった。

▶ And you know, ...

上記のダイアローグでは、And you know, ...「それから…」に続いて「私も何かあったら力になりますよ」と相手に知ってほしい情報をつけ加えることによって仲間意識が伝わっている。ライティングでは文頭にAndを置かないという原則があるが、会話では、文頭のAndは前の話の内容を受けて情報を付加するのによく使われる。

And you know, ... はほかにもさまざまな場面で使える。下の例では、レストランについての意見を尋ねられた際、相手が喜ぶような情報をAnd you know, ... に続けて伝えている。

A: Hey, what do you think of the new Mexican restaurant?

B: Oh, it's great. The servings were large and the prices were okay too. **And you know,** they give free refills for nachos and salsa!

> **A:** ねえ、新しいメキシコ料理レストランどう？
>
> **B:** うん、よかったよ。量は多いし値段も安かったよ。それに、ナチョスとサルサはおかわり自由なんだ！

A: You seem to be adjusting really well to your new position here at work.

B: Thanks! I'm spending some time on the weekends trying to learn as much as I can. I love it here and **I'd like to get to where you are** soon.

> **A:** ここでの仕事の新しいポジションにとてもよく適応してているようだね。
> **B:** ありがとう！ 週末にもいくらか時間を取ってできるだけ勉強するようにしているの。ここは大好きだし、早くあなたのようになりたいわ。

自分より優れている人、レベルの高い人を嫌味なくさりげなく褒めることができる表現。

A: Are you free this evening to discuss a potential new project?

B: Yes, **I'd love to** hear about your new project.

> **A:** 今晩、可能性のある新しいプロジェクトについて話し合わない？
> **B:** ええ、あなたの新しいプロジェクトの話をぜひ聞きたいわ。

I'd love to... で、積極的な姿勢が伝えられる。I'd be happy to... でも同様。

A: What do you think of this design?

B: Wow, **that's awesome!** This is such a great layout. I love what you've done with this.

> **A:** このデザインどう思う？
> **B:** わあ、すごいわね！ すばらしいレイアウトね。あなたがやった仕事はすばらしいと思うわ。

awesome は関心・感謝・喜びが伝わるキーワード。amazing や incredible にも置き換えられる。

A: Hey, I finished my work early. Would you like some help?

B: That would be **wonderful**. I am so behind I don't know what to do. I really appreciate it.

> **A:** ねえ、ぼく早く仕事が終わったんだけど。手伝おうか？
> **B:** それはありがたいわ。仕事がとても遅れていてどうすればいいかわからないの。本当にありがとう。

相手の申し出に対する That would be wonderful. は、I'd really appreciate it.「とても助かります」と同じ意味でよく使われる。That would be fantastic. とも言える。

日本人思考の同僚同士

〉 **Offering Advice to a Colleague**

Successful sales rep Mike offers advice on sales techniques to Aki, whose sales are down.

Mike: Aki, do you have a minute?

Aki: Sure, what's up?

Mike: (1) **I overheard some of your sales calls today and I thought you might like a little free advice.**

Aki: Okay, if you say so.

Mike: (2) **Well, don't take this the wrong way but I'm really not surprised your sales figures are down.**

Aki: Oh really?

Mike: (3) **I don't mean to offend but what I'm trying to say is that I think your presentation could use a little work.**

Aki: Do you have anything specific in mind?

Mike: (4) **You know, it kind of sounds like you're just reading from a script.** And if you're not excited, how is the person on the other end of the line supposed to feel?

Aki: I guess I get where you're coming from. Do you have any suggestions for being more engaging?

Mike: (5) **It's difficult to express but, you just have to give it a little more "umph," you know.** Get into it so that the person you're calling gets excited through you.

Aki: Okay, I will try to keep that in mind. Thanks for the feedback.

Mike: Sure, don't mention it.

解説

(1) I overheard some of your sales calls today and I thought you might like a little free advice. Rule1,4

free advice「無料のアドバイス」というフレーズはいい響きのようだが、実は上から目線な表現だ。相手より上の立場だとしても、関係に亀裂が入りかねない。何の文脈もなく無料のアドバイスを申し出て会話を始めること自体望ましくない。

(2) Well, don't take this the wrong way but I'm really not surprised your sales figures are down. Rule3,4

英語にはEverything before the "but" is meaningless.「butの前にあるものはすべて無意味だ」という言葉がある。Don't take this the wrong way, ...「悪く取らないで…」と前置きしたところで、印象に残るのはbutのあとにくる言葉。自分が望まないような受け取られ方をしたくなければ、そのような言い方をしなければいいのである。

(3) I don't mean to offend but what I'm trying to say is that I think your presentation could use a little work. Rule3,4

シーン 14 〉 同僚に助言する

実力のある営業部員のマイクが、営業成績の落ちているアキに営業テクニックをアドバイスしている。

Mike: アキ、ちょっと時間ある?

Aki: ええ、何?

Mike: 今日きみの営業の電話がふと耳に入ってきたんだけど、ちょっとした無料のアドバイスが欲しいかなと思って。

Aki: ええ、あなたがそう言うなら。

Mike: その、悪く取らないでほしいんだけど、きみの営業成績が落ちていてもあまり不思議ではないと思うんだ。

Aki: あらそう?

Mike: 気を悪くしないでほしいんだけど、ぼくが言いたいのは、きみのプレゼンにはもう少し工夫があってもいいと思うんだよ。

Aki: 具体的にどういうこと?

Mike: つまり、きみはなんだか台本を読んでいるみたいに聞こえるんだ。自分がワクワクしていなければ、相手はどう感じるだろう?

Aki: あなたが言っていることはわかったと思う。もっと人を引きつけるにはどうしたらいいかしら?

Mike: 表現が難しいんだけど、もうちょっと会話に色を添える必要があるんだよ。もっと気分を出していけば電話の相手もわくわくしてくるよ。

Aki: わかったわ、心に留めておくわね。ご意見ありがとう。

Mike: どういたしまして。

　前項と同様に、I don't mean to offend but, ... は「今からあなたが気を悪くするようなことを言いますよ」と伝えるだけだ。衝撃を和らげようとするよりも、最初から相手を不快にさせないような表現を見つけよう。また、your presentation could use a little work. という発言も曖昧で相手をいらだたせかねない。a little workとはなんなのか? もっとストレートに要点を言うべきだ。

(4) You know, it kind of sounds like you're just reading from a script. Rule2,3

　批評したり意見を言ったりするときには、確信を持って話すことが重要だ。アドバイスする場面なので、you know...といった表現を使うと相手はイライラしてしまう可能性もある。

(5) It's difficult to express but, you just have to give it a little more "umph," you know. Rule5

　give it a little more "umph"「趣を与える;色をつける」といったスラングは、要点を伝えるというよりむしろ相手を怒らせてしまう。批評や意見はストレートに、またスラングなどを使わず明確な言葉で伝えるべきだ。

ネイティブ思考の同僚同士

Mike: Aki, do you have a minute?

Aki: Sure, what's up?

Mike: (1) **I overheard some of your sales calls today and I was wondering if you wouldn't mind some constructive criticism.**

Aki: Actually, that would be much appreciated.

Mike: (2) **I believe you can improve your sales by adopting a new approach to your sales presentations.**

Aki: I see. Please tell me more.

Mike: (3) **To put it simply, you're too focused on the script in front of you. It's important that you engage with the customer.** The customer feeds off your enthusiasm and that can impact sales.

Aki: I see what you mean. Do you have any suggestions for being more engaging?

Mike: (4) **Be energetic and believe in what you're saying.** The customer can sense your confidence and that builds trust.

Aki: Okay, I will try to keep that in mind. Thanks so much for the feedback.

Mike: Sure, any time.

解説

(1) I overheard some of your sales calls today and I was wondering if you wouldn't mind some constructive criticism. Rule1,4

これはマイクのアドバイスを受けたいかどうかの選択をアキに託した言い方で、p. 92のダイアローグのI thought you might like a little free advice.「ちょっとした無料のアドバイスが欲しいかなと思って」よりも、ずっと相手への敬意が伝わるポジティブな表現になっている。some constructive criticism「建設的な意見」という表現を使っているところにも善意が感じられる。

(2) I believe you can improve your sales figures by adopting a new approach to your sales presentations. Rule2,3

p. 92のダイアローグでは、I think your presentation could use a little work.「きみのプレゼンにはもう少し工夫があってもいいと思うんだ」といった漠然とした言い方だったが、ここではマイクは重要なキーとなる情報、「何をどうする、どうやって」をストレートに伝えている。

何をどうする = improve your sales figures「営業成績を改善する」

どうやって = adopting a new approach「新たなアプローチを採用する」

これらを明確に話すことで、マイクにアキを助けたいという意図があることが伝わる。

Mike: アキ、ちょっと時間ある?

Aki: ええ、何?

Mike: 今日きみの営業の電話がふと耳に入ってきたんだけど、建設的な意見をちょっと言ってもいいかなと思って。

Aki: あら、それはすごく助かるわ。

Mike: 営業のプレゼンテーションに新しいアプローチをすれば、きみの営業成績がよくなると思うんだよ。

Aki: なるほど。詳しく教えて。

Mike: 端的に言って、きみは目の前の台本に集中しすぎているんだよ。顧客を引きつけることが大切なんだ。顧客はきみの熱意を受けて、それが営業成績に影響するんだよ。

Aki: あなたの言うことはわかったわ。もっと人を引きつけるにはどうしたらいいかしら?

Mike: エネルギッシュになること、そして自分の言っていることに信念を持つことだよ。顧客はきみの自信を感じ取って、それが信頼を築くことになるんだ。

Aki: わかったわ、心に留めておくね。フィードバックありがとう。

Mike: どういたしまして。

(3) To put it simply, you're too focused on the script in front of you. It's important that you engage with the customer. Rule3

　マイクはさらに、too focused on the script; important that you engage with the customer「台本に集中しすぎ;顧客を引きつけるのが大切」ということも述べている。これにより、アキにマイクのアドバイスの理由もはっきり伝わり、また成績を改善するためにどうすればいいかもわかりやすくなる。

(4) Be energetic and believe in what you're saying. Rule4

　この会話でのマイクのアキに対するアプローチは一貫してポジティブだが、それだけではない。マイクはenergetic「エネルギッシュな」やbelieve「信念を持つ」といった言葉を使って、アキの仕事に対するよりポジティブなアプローチを引き出そうとしていることにも注目しよう。

会話をさらに広げる +1の表現

連帯感を表す表現

　相手に助言したあと、連帯感を感じさせる表現を使ってその後の人間関係をポジティブに保つコミュニケーションを見てみよう。

Mike: Aki, do you have a minute?

Aki: Sure, what's up?

Mike: I overheard some of your sales calls today and I was wondering if you wouldn't mind some constructive criticism.

Aki: Actually, that would be much appreciated.

Mike: I believe we can improve your sales by adopting a new approach to your sales presentations.

Mike: アキ、ちょっと時間ある？

Aki: ええ、何？

Mike: 今日きみの営業の電話がふと耳に入ってきたんだけど、建設的な意見をちょっと言ってもいいかなと思って。

Aki: あら、それはすごく助かるわ。

Mike: 営業のプレゼンテーションに新しいアプローチをすれば、営業成績がよくなると思うんだよ。

▶ youをweに変える

　前ページでは、相手を傷つけることなく、かつストレートに建設的な意見を相手に伝えるダイアローグを見てきた。さらに仕事をするうえでポジティブな人間関係を作るためのもうひとつの方法を紹介しよう。それはyouをweに入れ替えることだ。

　I believe **you → we** can improve your sales by adopting a new approach to your sales presentations.

　この変化は小さなものに思われるかもしれないが、職場の人間関係には大きな違いを生む。youをweにすることで、「あなたが頑張るべきだ」から「一緒に取り組みましょう」といったニュアンスに変わるのだ。

A: Hey boss, I'm running late with the project and I will need more time for delivery.

B: We need to do whatever it takes to get the project delivered on time!

A: ボス、プロジェクトが遅れていて配送までにもう少し時間が必要です。

B: 期限通りにやり遂げるために、私たちはどんなことでもやらなきゃならないわね！

A: **I was wondering if you wouldn't mind** staying late today to help me with something.

B: I guess so. How late are we talking about?

　　A: 今日ちょっと遅くまで残って手伝ってもらえない？
　　B: 大丈夫だと思うけど。何時くらいまで？

I was wondering if you wouldn't mind... は p. 94 のように許可を求めるほか、丁寧な依頼にもよく使われる。

A: I just don't seem to be getting many new contracts lately!

B: **I believe you can improve** your sales by dressing a little better.

　　A: 最近あまり新しい契約が取れないみたいなんだ！
　　B: もう少し身なりをよくすれば営業成績を改善できると思うよ。

I believe you can... は I think you should... よりも丁寧な表現になる。

A: For some reason, I don't think the boss likes me.

B: **You're too** worried about making the boss happy. Focus on the work instead!

　　A: どういうわけか、ボスは私が好きじゃないと思うの。
　　B: ボスを喜ばせることを気にしすぎなんだよ。代わりに仕事に集中しなよ！

You're too... 「あなたは…しすぎだ」はアドバイスや批判をするときによく使う。

A: You are too quiet in meetings. You need to **believe in** yourself and speak your mind.

B: Thanks! I'll try to work on that.

　　A: きみはミーティングで静かすぎるね。もっと自分を信じて考えていることを言う必要があるよ。
　　B: ありがとう！ そうするよう努力してみるわ。

believe in... は「…を信じる」。上のような表現のほか、Be more confident.「もっと自信を持って」なども弱気な人を励ます表現だ。

日本人思考の同僚同士

〉 Pitching a Proposal

Content creator Risa wants to present an idea for increasing web traffic at monthly sales meeting.

Alex: The next issue is our website. I feel we have a great website but it isn't generating much traffic and is not really contributing to revenue.

Eric: We should update the content and focus more on our message. Not only introduce company and product information, but also really focus on our mission statement and promoting our CSR activities.

Amy: That's a great idea. I could write some articles highlighting our social contribution activities.

Risa: (1) **Those are important topics but I'm kind of wondering if that's enough to help increase website traffic through.**

Alex: What do you mean?

Eric: Yeah, CSR is a hot topic now and it's one of the factors client companies take into account.

Risa: No, I understand that. (2) **It's just that with so many websites out there, I'm not sure just having meaningful content is enough to generate website traffic.**

Amy: Well, how else do you generate traffic if not with good content?

Risa: (3) **I agree, it's just that I think we need something that captures an audience.** (4) **Maybe some additional content that generates likes and shares.**

Eric: I kind of understand where you're going with this but we're a serious business and I'm weary of engaging in some sort of social media-driven campaign just to generate likes.

Alex: I tend to agree with Eric. We need to focus on our core message. Thanks for the input, though.

解説

(1) Those are important topics but I'm kind of wondering if that's enough to help increase website traffic through. Rule3

ビジネスミーティングでは時間に限りがあるため、情報を正確に、かつはっきりと伝えることが重要だ。このような場面では、kind of...「ちょっと…；まあ…」やI'm wondering if...「…かなと思う」といった表現は自信を欠いた印象になり、混乱を招きかねない。

(2) It's just that with so many websites out there, I'm not sure... Rule3

I'm not sure...「…ということに確信が持てない」という言い方も、上記のI'm wondering if...と同様の印象を与えてしまう。

(3) I agree, it's just that I think we need something that captures an audience. Rule2,3

シーン 15 〉提案を行う

コンテンツ・クリエイターのリサは月例の営業会議でウェブトラフィックを増やすためのあるアイディアを提示したいと思っている。

Alex: 次の議題はわが社のウェブサイトです。わが社にはいいウェブサイトがあると思うのですが、あまりトラフィックがなく収益にも貢献していません。

Eric: コンテンツを更新してわが社のメッセージにもっとフォーカスすべきです。会社や製品の情報を紹介するだけでなく、わが社の使命やCSR活動を推進していることに焦点を当てるんです。

Amy: いい考えですね。社会貢献活動を強調する記事を私が書いてもいいですし。

Risa: そういうことも重要なトピックですが、それでウェブトラフィックを増やすのに十分なのかなあと思います。

Alex: どういうことですか?

Eric: ええ、CSRは今熱い話題だし顧客の企業が考慮している要素のひとつです。

Risa: いいえ、それは私もわかっています。ただ、ネット上には非常に多くのサイトがあるので、重要なコンテンツがあるというだけではウェブトラフィックを生み出すのに十分かどうかわからないと思うだけなんです。

Amy: では、いいコンテンツがなければ、ほかにどうやってウェブトラフィックを生み出せるんですか?

Risa: その通りだと思います、ただ、ネットユーザーを引きつける何かが必要だと思うということです。「いいね」や「シェア」を生み出す付加的なコンテンツとか。

Eric: あなたがどういうことを言おうとしているのかまあわかりましたが、わが社は真面目なビジネスをしているのであって、「いいね」を生み出すためだけのソーシャルメディア主導のキャンペーンをするのに私はうんざりしています。

Alex: ぼくもどちらかというとエリックに賛成ですね。わが社の中心となるメッセージにフォーカスする必要があります。でも、ご意見ありがとう。

　リサの曖昧で自信のなさそうなコミュニケーションの仕方のせいで、ほかのメンバーに彼女の言っていることは単なる推測で雲をつかむようなものだと思われてしまっている。captures an audience「ネットユーザーを引きつける」と言っていることから彼女が問題を認識していることはわかるのだが、明確さがないため彼女の言いたいことは理解されていない。リサはこの「ネットユーザーを引きつける」という点について、もっと早い段階で具体例を伴って自信を持って話し、同僚の注意を引くべきだった。

(4) Maybe some additional content that generates likes and shares. Rule3,5

　maybe「たぶん」も自信がないことの現れと受け取られかねないので避けるべき。また、人によってはソーシャルメディアの「いいね」や「シェア」といったコンセプトを具体的に思い描きにくいかもしれない。その場の全員が必ず理解できる表現を使いたい。

ネイティブ思考の同僚同士

Alex: The next issue is our website. I feel we have a great website but it isn't generating much traffic and is not really contributing to revenue.

Eric: We should update the content and focus more on our message. Not only introduce company and product information, but also really focus on our mission statement and promoting our CSR activities.

Amy: That's a great idea. I could write some articles highlighting our social contribution activities.

Risa: (1) **Those are important topics but I doubt core content alone is enough to increase website traffic.**

Alex: What do you mean?

Eric: Yeah, CSR is a hot topic now and it's one of the factors client companies take into account.

Risa: (2) **You're absolutely correct. At the same time, today, generating traffic requires more than just publishing good content.**

Amy: Well, how else do you generate traffic if not with good content?

Risa: (3) **I recommend adding content that links our business concepts to current trends.** (4) **This will generate traffic by capturing interest among internet viewers beyond our target audience.**

Eric: I see your point. We can capitalize on social media exposure without changing our brand image.

Alex: I agree. This could be a great way to maintain our focus on our core message while increasing website exposure. I think this is worth a try.

解説

(1) Those are important topics but I doubt core content alone is enough to increase website traffic. Rule2,3

　I doubt...「…を疑う」は反対意見を述べるのに適した表現だ。リサはこれに続けて問題点をはっきりと伝えている。このように、自分の意見を言うときには相手全員が無理なく理解できるように考えを整理して伝えるよう心がけたい。

(2) You're absolutely correct. At the same time, today, generating traffic requires more than just publishing good content. Rule1,3,4

　反対意見を述べる際もYou're absolutely correct.「まったくおっしゃる通りです」と言って共通認識もあることを伝えれば、相手との対立を和らげることができる。また、それに続いてbutではなくat the same time「同時に」を使うのもポイント。p. 92でも説明した通り、You are correct but...「おっしゃる通りですが…」などと言うと、butは前段の発言を否定するための語なのでネガティブな調子になりがちだ。at the same timeなら、前段での発言を否定せず情報を付加することができる。

Alex: 次の議題はわが社のウェブサイトです。わが社にはいいウェブサイトがあると思うのですが、あまりトラフィックがなく収益にも貢献していません。

Eric: コンテンツを更新してわが社のメッセージにもっとフォーカスすべきです。会社や製品の情報を紹介するだけでなく、わが社の使命やCSR活動を推進していることに焦点を当てるんです。

Amy: いい考えですね。社会貢献活動を強調する記事を私が書いてもいいですし。

Risa: そういうことも重要なトピックですが、中心となるコンテンツだけでウェブトラフィックを増やすのに十分なのか疑問です。

Alex: どういうことですか?

Eric: ええ、CSRは今熱い話題だし顧客の企業が考慮している要素のひとつです。

Risa: まったくおっしゃる通りです。同時に、今日ウェブトラフィックを生み出すのに必要なのは優れたコンテンツの掲載だけでは足りないんです。

Amy: では、いいコンテンツがなければ、ほかにどうやってウェブトラフィックを生み出せるんですか?

Risa: 最近のトレンドとわが社のビジネスコンセプトをつなぐようなコンテンツを追加することを提案します。これによって、わが社のターゲットユーザー以外のネットユーザーの興味も引きつけて、ウェブトラフィックを増やすことになります。

Eric: あなたの言いたいことはわかりました。わが社のブランドイメージを変えずにソーシャルメディアでの露出を利用してもいいでしょう。

Alex: 賛成です。ウェブサイトでの露出を増やしつつ、中心となるメッセージにフォーカスし続けるというのはいいやり方ですね。試す価値があると思います。

(3) I recommend adding content that links our business concepts to current trends. Rule3,4

　会議で意見を述べるときに重要なのは、問題解決のために役立つ発言をすることだ。リサは一般的なアイディアではなく具体的手法を挙げている。また、I recommend...「…を提案します」は自信の感じられる表現で、相手も真剣に受け止めてくれるだろう。

(4) This will generate traffic by capturing interest among internet viewers beyond our target audience. Rule3,4,5

　リサはこの発言で、自分の意見のエビデンスと理由を伝えている。This will...はThis could...やThis might...よりも自信が伝わる表現だ。また、全員がソーシャルメディアの「いいね」や「シェア」の重要性を理解していないかもしれないので、「わが社のターゲットユーザー以外のネットユーザーの興味も引きつける」という表現で同様の趣旨を伝えている。

会話をさらに広げる +1の表現

相手の提案への賛意を示す表現

「それはやってみる価値がある」と相手の提案に賛意を示す表現を見てみよう。

> **Eric:** We can capitalize on social media exposure without changing our brand image.
>
> **Alex:** I agree. This could be a great way to maintain our focus on our core message while increasing website exposure. **I think this is worth a try.**
>
> > Eric: わが社のブランドイメージを変えずにソーシャルメディアでの露出を利用してもいいでしょう。
> >
> > Alex: 賛成です。ウェブサイトでの露出を増やしつつ、中心となるメッセージにフォーカスし続けるというのはいいやり方ですね。試す価値があると思います。

▶ That is worth pursuing.

pursue「追求する；続行する」を使った「追求してやってみる価値がある」というニュアンスの表現。That's worth considering.「検討する価値がある」という表現もよく使う。

A: I think we should switch to more casual wear in the heat of summer.

B: **That is worth pursuing.**

> A: 真夏はもっとカジュアルな服装に変えるべきだと思います。
> B: それはやってみる価値があるね。

▶ That's a chance worth taking.

take a chance は「(一か八か) チャンスに賭けてみる」というフレーズなので、「失敗する可能性もあるがそれでもやってみる価値がある」というニュアンスになる。

A: Even though the economy is struggling, I think we should expand operations now, while the real estate prices are low.

B: I agree. **That is a chance worth taking.**

> A: 経済は厳しいですが、不動産価格の低いうちに事業を拡大するべきだと思います。
> B: 賛成です。賭けてみる価値はありますね。

▶ That should pay off in the end.

「最終的にはうまく行くはずだ」という意味の表現で、上に紹介してきたフレーズと同様に使える。pay off は「利益を生む；成果が出る」。payoff という名詞を使い We should see a big payoff in the end. と言うこともできる。

キーフレーズ＆バリエーション表現

A: We need to invest more in marketing.

B: <u>I doubt</u> investing more **alone** will help to push sales in the slow economy.

> **A:** 私たちはもっとマーケティングに投資する必要があります。
> **B:** より多く投資するだけで不景気の中セールスを上げることに役立つかは疑問です。

I doubt A alone...「Aだけで…かどうか疑問だ」は、相手の提案だけでは十分でないと伝える表現だ。

A: I believe the company is heading in the wrong direction.

B: **You are absolutely correct.** I have felt the same way since the new board of directors took control.

> **A:** 会社は間違った方向に進んでいると思う。
> **B:** まったくその通り。新しい取締役会が実権を握って以来ぼくも同じように感じてる。

You are absolutely correct. と同様に、You are absolutely right./I couldn't agree more. も相手に完全に賛成だと伝えるフレーズだ。

A: I like Kenji for the vice president position. He's a good communicator.

B: Being a good vice president **requires more than** good communication skills.

> **A:** 副社長にはケンジがいいと思う。彼はコミュニケーションがうまいし。
> **B:** いい副社長になるには高いコミュニケーション能力以上のものが必要だよ。

require more than... は「…以上のものが必要だ；…だけではもの足りない」という意味の表現。

A: What do you think we should do about our cash flow problem?

B: <u>I recommend</u> reducing our payment due period from 60 days to 30.

> **A:** わが社のキャッシュフローの問題について私たちはどうすべきだと思いますか？
> **B:** 支払い期限を60日から30日に短縮することを提案します。

I recommend -ing... は提案をする際の定番表現だ。I think we should... もよく使う。

日本人思考 の 同僚同士

⟩ **Providing Input on a Proposal**

Paul and Hiroko are in a meeting where Paul presents a new campaign proposal to the Marketing Team and asks for feedback.

Paul: That concludes my proposal. I welcome any questions, comments or feedback.

Hiroko: Yeah Paul, do you mind if I ask a question?

Paul: Sure, go ahead.

Hiroko: (1) **I guess I am having trouble seeing how this campaign will have the desired effect.**

Paul: What do you mean?

Hiroko: Well, since this product is targeted towards Japanese teenage girls aged 13 to 18, (2) **I am kind of wondering if this is really the right strategy.**

Paul: I see. Well, this is a proven strategy that has worked well in past campaigns so I don't have the same concerns.

Hiroko: Yes, but since this product is targeting a different audience compared to some of your past projects, (2) **I was just a bit uncertain if the same methods would be applicable for this product.**

Paul: Well, I appreciate your concern but I am confident that this marketing strategy will be just as successful as campaigns I have managed in Hong Kong and China.

Hiroko: (3) **I'm sure you're right, but** because Japan is a unique market and because in particular Japanese teenage girls are kind of different from teenage girls in Hong Kong and China, (4) **I thought you might want to take some other aspects into consideration.**

Paul: Well, I certainly appreciate your feedback but I'm comfortable moving forward in this direction.

Hiroko: All right, I understand.

解説

(1) I guess I am having trouble seeing how this campaign will have the desired effect. Rule3

　I guess... は相手の気を悪くしたくないときに使われがちだが、ビジネスの場面では自分の発言に自信がないような印象を与え、信ぴょう性まで疑われる可能性がある。妥当な意見や確かな情報を伝える場合には、I guess... などの表現を避けよう。

(2) I am kind of wondering if.../I was just a bit uncertain if... Rule3

　ミーティングのような場面では、先輩だからといった理由で気を遣ったコミュニケーションになりやすい。ただし、ミーティングは多数の人がそれぞれの意見を出す場であるため、上記のような曖昧なニュアンスを含む発言は、「気遣い」ではなく躊躇や不安と捉えられる場合も多い。その結果、正当な意見が認められずに企画が進んでしまえば、顧客に対する責任を果たせずに終わってしまうことにもなりかねない。

シーン 16 〉企画に対する意見を述べる

マーケティング部のチームミーティングに参加しているヒロコとポール。ポールはマーケティングチームに新しいキャンペーンの提案をプレゼンして、意見を求めている。

Paul: 私の提案は以上です。質問、コメントや意見があればお願いします。

Hiroko: はい、ポール、ひとつ聞いてもいいですか?

Paul: はい、どうぞ。

Hiroko: このキャンペーンで求められている効果がどのように期待できるか、少し私には見えてこないというか。

Paul: 具体的にどういう意味ですか?

Hiroko: そうですね、今回の商品は13歳から18歳の日本人ティーンエイジャーの女子向けなのですが、本当にこのような戦略でいいのかどうかなあと思いまして。

Paul: なるほど。まあ、この戦略は実績のある方法で、今までのキャンペーンで成果を挙げていますので、私はその心配はしていません。

Hiroko: ええ、ただ、今までポールが担当してきた企画とは少しターゲットが違っていて、同じ手法が今回の商品にも当てはまるか、少し気がかりです。

Paul: ご心配には感謝しますが、私は、このマーケティング戦略が今までの香港や中国で担当してきた企画と同様に成功すると自信を持っています。

Hiroko: おっしゃる通りだとは思うのですが、ただ、日本は少し独特な市場で、特に日本のティーンエイジャーの女子は香港や中国のティーンとは違うので、別の側面をもう少し考慮に入れたほうがいいかなと思って。

Paul: そうですね、ご意見は本当にありがたいのですが、私はこの方向で行くことに自信があります。

Hiroko: そうですか。わかりました。

---

(3) I'm sure you're right, but...　Rule1,3

I'm sure you're right「きっとそれで間違いない」のあとにbut「だが」が来るから、相手にとっては「概ね肯定されている」のか「遠回しに否定されている」のかわからない。このような曖昧な表現では相手が都合よく解釈する可能性もあるので、よりはっきりした表現を心がけよう。

(4) I thought you might want to take some other aspects into consideration.
Rule2,3

I thought you might want to... は、相手に選択を委ねた表現で、聞き入れるかどうかは本人の自由だという印象を与える。重要な情報を伝えないといけない場面ではこのような表現は避けるべきだ。気を遣うことは大事だが、正しい情報を共有することのほうが優先される。本来、会話のより早い段階でsome other aspectsについて説明をすべきだった。

Case ―――――――

ネイティブ思考の同僚同士

Paul: That concludes my proposal. I welcome any questions, comments or feedback.

Hiroko: Paul, I have some feedback.

Paul: Sure, go ahead.

Hiroko: (1) **I don't think this marketing strategy will achieve the intended effect.**

Paul: Why is that?

Hiroko: Considering the target audience is teenage girls in Japan, the media strategy needs to reflect local social media user trends.

Paul: Well, this is a proven strategy that has worked well in past campaigns so I don't have the same concerns. I am confident that this marketing strategy will be just as successful as campaigns I have managed in Hong Kong and China.

Hiroko: (2) **Of course, I value your experience, but** Japan is a unique market and Japanese teenage girls don't use many of the same social media platforms as girls in other countries. Focusing on the apps and platforms outlined in your proposal would result in wasted resources. (3) **I would urge you to adjust your proposal to better reflect user habits unique to Japanese audiences.**

Paul: I see. I appreciate your feedback. Perhaps I need to give more consideration to region-specific preferences. Thank you.

Hiroko: No problem.

解説

(1) I don't think this marketing strategy will achieve the intended effect. Rule3

　p. 104のダイアローグのI am kind of wondering if...は自信に欠けた発言で、相手に意見が通らない結果になってしまった。一方、I don't think...は気遣いは感じられるものの、はっきりと反対意見であることが伝わる。より強い反対の仕方もあるが、まずは相手の気持ちも配慮しつつ、この程度の表現で反対姿勢を伝えよう。より強く反対を表明する場合は、前置きのI don't thinkを切り捨てて、単にThis marketing strategy won't achieve the intended effect.と言ってもいい。このほうが数段強い、キツイ言い方になる。これは相手の提案をはっきり否定することになるので、そう断言するだけの具体的な根拠も必要だし、使うタイミングや場面に注意する必要がある。

(2) Of course, I value your experience, but... Rule1,4

　目上の人に率直な意見を伝えるのが難しい場合、「もちろん、あなたの経験は尊重しますが…」といった表現で前置きして、相手に敬意を表しつつ反対であることをはっきり伝えよう。p. 104のダイアローグのI'm sure you're right, but...「おっしゃる通りだとは思うのですが…」などはどっちつかずの状況を作ってしまう表現だが、I value your experience, but...といった前置きであれば、こちらの意見を正当に検討し受け入れることを相手に求めるといったニュアンスになる。

Paul: 私の提案は以上です。質問、コメントやご意見があればお願いします。

Hiroko: ポール、少し意見があります。

Paul: はい、どうぞ。

Hiroko: このマーケティング戦略では意図した効果が得られるとは思えません。

Paul: それはなぜでしょうか?

Hiroko: 今回のターゲットが日本のティーンエイジャーの女子の層であることを考えると、メディア戦略は日本特有のソーシャルメディアのユーザー傾向を取り入れる必要があります。

Paul: なるほど。でも、この戦略は実績のある方法で今までのキャンペーンで成果を挙げていますので、私にはそのような心配はありません。私は、今までの香港や中国で担当してきたキャンペーンと同様にこのマーケティング戦略が成功することに自信を持っています。

Hiroko: もちろんあなたの経験は尊重しますが、日本は独特な市場で、日本人のティーンエイジャーの女性は海外の若い女性と同じSNSアプリの多くを使っていません。提案にあるようなアプリや媒体だけに絞り込むと、予算の無駄につながってしまう可能性があります。日本ユーザー特有の傾向をより反映させて提案を修正することを強くおすすめしたいと思います。

Paul: なるほど、ご意見をいただき感謝します。もう少し地域特有の傾向を検討したほうがいいかもしれませんね。ありがとうございます。

Hiroko: どういたしまして。

---

(3) I would urge you to adjust your proposal to better reflect user habits unique to Japanese audiences. Rule1,3

これは「…することを強く求める」という、重要性を伝えることができる表現だ。(2)の I value your experience, but... という前置きと合わせて使用することで、目上の人に意見するときにふさわしい表現となる。

この I would urge you to... と似たような表現としては、I would ask you to.../I want you to.../I need you to... などがある。以下にそれぞれの違いを紹介しておこう。

＊I would ask you to... : I would urge you to... よりも丁寧で、強要するニュアンスはない。「すすめる」というよりは「頼む」に近い。

＊I want you to... : I would urge you to... よりも拘束力があって、上司が部下に使うような表現だ。

＊I need you to... : 頼みごとをする表現だが、拘束力もある。相手が断らないという前提で使うことが多い。

会話をさらに広げる
+1の表現

ネガティブな雰囲気をポジティブに変える表現

　対立した意見を述べたあとはネガティブな雰囲気が残りがち。それをポジティブに変える表現を見てみよう。

Paul: That concludes my proposal. I welcome any questions, comments or feedback.

Hiroko: Paul, I have some feedback.

Paul: Sure, go ahead.

〔中略〕

Paul: I see. I appreciate your feedback. Perhaps I need to give greater consideration to region-specific preferences. Thank you.

Hiroko: No problem. You know, if you like, **I would be more than willing to** work with you on this proposal.

> **Paul:** 私の提案は以上です。質問、コメントやご意見があればお願いします。
> **Hiroko:** はい、少し意見があります。
> **Paul:** はい、どうぞ。
> 〔中略〕
> **Paul:** なるほど、ご意見をいただき感謝します。地域特有の傾向をもっと検討する必要がありそうですね。ありがとうございます。
> **Hiroko:** いいえ、とんでもありません。あの、もしよければ、私がぜひこの提案について一緒に考えさせていただきます。

▶ I would be more than willing to...

　これは「喜んで…する」という表現でさまざまなシチュエーションで使えるが、ここで説明するのは、ネガティブな雰囲気をポジティブに変えたいときの使い方だ。上のダイアローグの状況ではI can...「…できます」やI wouldn't mind...「…してもかまいません」などを使うことも考えられるが、こうした表現とI would be more than willing to...との大きな違いは、後者のほうがずっと謙虚な響きになる点だ。相手を批評したり厳しい意見を述べたりしたあとのピリピリしたムードが心配なときにぴったりの表現だ。I would be more than willing to...は英語では最高に近いレベルの敬語と言える。前段で相手を正すような意見を出したあとに、今度は腰の低い態度で相手の力になろうという姿勢を見せれば、緊張感のある会話を協力的なムードに変えることができる。

A: Why don't we offer early retirement to our older staff to cut salary costs?

B: I don't think **that will achieve the intended effect.** In fact I think that would be more expensive.

> **A:** 給与コスト削減のために高齢のスタッフに早期退職を提示したらどうでしょう？
> **B:** それで意図した効果が上がるとは思いません。実際そのほうが高くつくと思います。

achieve intended effectは「意図した効果を上げる」。名詞のeffectと動詞のaffect「影響する」との区別に注意。

A: You don't like my idea?!

B: **Of course** I like your plan, **but** I just don't think it is cost-effective.

> **A:** 私のアイディアは気に入りませんか？！
> **B:** もちろんいいプランだとは思いますが、費用対効果がよくないと思います。

of course「もちろん」は必ずしも必要なわけではないが、あったほうがbut以下の意見を柔らかく伝えられる。

A: How can I improve my presentation skills?

B: **I would urge you to** make your presentations shorter.

> **A:** 私はどうすればプレゼンのスキルを向上できるでしょうか？
> **B:** プレゼンを短くすることを強くすすめます。

urgeはrecommendよりもずっと強いニュアンスがあり、「強くすすめる；要請する」という意味になる。

A: That was a good speech, but you need more eye contact with your audience.

B: You think so? **Perhaps I need to** work on my memorization skills.

> **A:** いいスピーチだったけど、聴衆とのアイコンタクトがもっと必要だね。
> **B:** そう思う？ たぶん暗記する力をつける必要があるわね。

Perhaps I need to...は自分の改善すべき点をポジティブに伝える表現だ。

日本人思考 の 同僚同士

⟩ **Setting Up a Meeting with a Colleague**

Mark and Liz don't get along well, but Mark needs to confirm schedules with Liz to arrange a team meeting about the company's website content.

Mark: Hey Liz, how's it going? Do you have a minute?

Liz: Sure what's up?

Mark: (1) **I was hoping to schedule a group meeting this week.** How is your workload?

Liz: A meeting? About what?

Mark: (2) **There are a few things I wanted to go over with everyone.**

Liz: Anything specific?

Mark: I want to brainstorm on our website content.

Liz: Oh, I see. That sounds interesting.

Mark: (3) **I'm glad you approve.** So, is any time good for you?

Liz: (4) **Yeah, sure. Any day this week is fine.**

Mark: Okay, I'll coordinate with everyone and let you know in a bit.

Liz: Sure thing.

(one hour later)

Mark: Hey Liz, Thursday evening seems to work for everyone so I decided on Thursday at 4 pm for the group meeting.

Liz: Oh, sorry Mark, but I have an appointment Thursday evening so I'd prefer earlier in the day.

Mark: You told me any time this week was okay.

Liz: (5) **Yeah, sorry. I said "any day" so I assumed you understood what I meant.**

Mark: Great, now I'm going to have to reconfirm everyone's schedule...

解 説

(1) I was hoping to schedule a group meeting this week. Rule2,3

　この状況ではwas hoping to...「…したかった」という言い方は曖昧で、予定自体が任意のものといった印象を与える。また、予定を立てるときは明確でなくてはならない。ただthis week「今週」というのではなく、いくつかの日にちや時間を提示して、そこから選んでもらうようにすればなおよい。

(2) There are a few things I wanted to go over with everyone. Rule2,3

　「いくつか検討したいことがある」では漠然としたことしかわからない。推測や誤解を避けるため、ミーティングの内容に関してはっきり伝えるほうがいい。

(3) I'm glad you approve. Rule3,4

　マークとリズはあまりいい関係ではないので、このような皮肉と受け取れる発言は緊張状態

シーン 17 〉同僚とミーティングの日時を決める

マークとリズはあまり仲がよくないが、会社のウェブサイトのコンテンツについてのチームミーティングをセッティングするため、マークはリズにスケジュールを確認する必要がある。

Mark: やあリズ、元気? ちょっと時間ある?

Liz: ええ、何かしら?

Mark: 今週のグループミーティングの日程を組みたかったんだ。きみの仕事はどう?

Liz: ミーティング? なんの?

Mark: みんなと検討したいことがいくつかあるんだ。

Liz: 何か特にあるの?

Mark: ウェブサイトのコンテンツについてブレインストーミングしたいんだ。

Liz: ああ、そうか。それはおもしろそうね。

Mark: 賛同してくれてよかったよ。で、いつが都合いい?

Liz: ああ、そうね。今週どの日でもいいわ。

Mark: わかった、みんなと調整してあとで伝えるよ。

Liz: 了解。

（1時間後）

Mark: やあリズ、木曜の夕方ならみんなの都合がよさそうだから、グループミーティングは木曜の午後4時からにしたよ。

Liz: ああ、ごめんマーク、木曜の夕方は約束があるからもう少し早い時間がいいな。

Mark: 今週いつでもいいと言ったじゃないか。

Liz: ああ、ごめん。どの日（の昼間）でもいい、と言ったから、言いたいことをわかってくれたと思ったんだけど。

Mark: まったくもう、じゃあみんなの予定をまた確認しなきゃならないなあ…。

を生みかねない。否定的な発言にならないようにするためにも、ストレートかつはっきり簡潔な話し方をすることが大切だ。

(4) Yeah, sure. Any day this week is fine. Rule3

day「日にち；昼間」やnight「夜」といった語は時を表すが、必ずしも限定的な意味にとどまらず、人によって捉えられ方が違ってくる可能性があるので注意が必要だ。

(5) Yeah, sorry. I said "any day" so I assumed you understood what I meant. Rule1,3

幅広い解釈の可能な語句を使っているのに相手に自分の真意が伝わるだろうと思うのは無理がある。誤解の生まれない明確な語彙を選んで使いたい。

ネイティブ思考の同僚同士

Mark: Hey Liz, how's it going? Do you have a minute?

Liz: Sure, what's up?

Mark: (1) **I want to schedule a group meeting this week to brainstorm on our website content. Thursday evening seems to work for everyone but how is your workload?**

Liz: (2) **I have a few evening meetings scheduled this week, including Thursday, but I'm available from late morning through midafternoon, so 11 am to 3 pm.**

Mark: (3) **I see. So any day this week during that timeframe is good for you?**

Liz: Yes. Any day this week is fine.

Mark: Okay, I'll coordinate with everyone and let you know in a bit.

Liz: Sure thing.

(one hour later)

Mark: (4) **Hey Liz, I coordinated with everyone to meet on Friday at 1 pm. Does that work for you?**

Liz: That's perfect, Mark.

Mark: Great, see you then.

解説

(1) I want to schedule a group meeting this week to brainstorm on our website content. Thursday evening seems to work for everyone but how is your workload? Rule2,3

　この2センテンスで、マークは相手に必要なすべての情報（今週ミーティングを設定したいこととミーティングの目的について）を与えている。このように切り出せば、推測や質問の出る余地もなく、話がスムーズに進む。

(2) I have a few evening meetings scheduled this week, including Thursday, but I'm available from late morning through midafternoon, so 11 am to 3 pm. Rule2,3

　上記と同様に、リズのこの答え方にも相手に必要な情報がすべて入っている。自分の都合のいい時間を曖昧な部分を残さず具体的に伝えているので、明確なコミュニケーションができている。

Mark: やあリズ、元気? ちょっと時間ある?

Liz: ええ、何かしら?

Mark: 今週のわが社のウェブサイト・コンテンツに関するブレインストーミングのために、グループミーティングの日程を組みたいんだ。みんなは木曜日の夕方が都合よさそうなんだけど、きみの仕事はどう?

Liz: 今週は木曜日も含めて夕方にいくつかミーティングがあるんだけど、午前の遅めの時間から午後の中ごろまで、午前11時から午後3時なら空いてるわ。

Mark: そうか。じゃあ今週のそのあたりの時間ならいつでも大丈夫なんだね?

Liz: うん。どの日でも大丈夫だよ。

Mark: わかった、みんなと調整してあとで知らせるね。

Liz: 了解。

(1時間後)

Mark: やあリズ、みんなと調整して金曜日の午後1時に集まることにしたよ。それで大丈夫?

Liz: バッチリよ、マーク。

Mark: よかった、じゃあまた。

---

(3) I see. So, any day this week during that timeframe is good for you? Rule1,3

リズは具体的に都合のいい時間を伝えたが、ここでさらにマークはリズの都合を再確認している。勘違いや誤解を防ぐために再確認するのも忘れないでおきたい。

(4) Hey Liz, I coordinated with everyone to meet on Friday at 1 pm. Does that work for you? Rule1,4

マークはリズに決定した日時を伝えに再びやってきたのだが、その日時がリズにとって大丈夫かどうかを Does that work for you? という表現で尋ねている。あまりうまく行っていない関係にあるときにこそ、親切かつ丁寧な態度で相手との距離を縮める努力を心がけたい。

ネイティブ思考の英会話 × 日本人思考の英会話 17

DL-33

1

会話をさらに広げる +1の表現

空いている時間を伝える表現

スケジュール設定の際に自分の空いている時間を伝える表現を見てみよう。

> **Mark:** I want to schedule a group meeting this week to brainstorm on our website content. Thursday evening seems to work for everyone but how is your workload?
>
> **Liz:** I have a few evening meetings scheduled this week, including Thursday, but **I'm available from late morning through midafternoon,** so 11 am to 3 pm.
>
> > Mark: 今週のわが社のウェブサイト・コンテンツに関するブレインストーミングのために、グループミーティングの日程を組みたいんだ。みんなは木曜日の夕方が都合よさそうなんだけど、きみの仕事はどう？
> >
> > Liz: 今週は木曜日も含めて夕方にいくつかミーティングがあるんだけど、午前の遅めの時間から午後の中ごろまで、午前11時から午後3時なら空いてるわ。

▶ I'm free from...to...

free「自由な；時間が空いている」を使った表現。「…から…まで」と伝えるときは上の会話例と同様 from...to[through]... で表す。「いつでも」なら anytime と言う。

A: I'd like to get together to discuss some new company guidelines. When is a good time for you?

B: **I'm free from** 3 **to** 6 pm today.

> A: 新しい会社のガイドラインについて話し合うためにお会いしたいのですが。あなたはいつがご都合よろしいですか？
>
> B: 今日は午後3時から6時まで空いています。

▶ I have an opening...

opening は「（時間の）空き」を表す。上のように from...to[through]...「…から…まで」で空いている期間を伝えるほか、以下のように特定の日時を入れてもいい。

A: Do you have time to go over the new bonus structure with me?

B: **I have an opening** tomorrow at 4:30.

A: Thanks. I'll see you then.

> A: 私と新しいボーナス体系について話し合う時間はありますか？
>
> B: 明日4時半なら空いています。
>
> A: ありがとう。ではそのときお会いしましょう。

A: **I want to schedule** a dinner to celebrate Mr. Tanaka's 25th year with the company. How does next Friday sound?

B: That's a great idea. Sure, I'll be there.

> **A:** タナカさんの勤続25年を祝うディナーの予定を立てたいのですが。今度の金曜日はいかがですか？
> **B:** いいアイディアですね。もちろん行きますよ。

> ミーティング以外のイベントなら、scheduleの代わりにplan/arrange/organizeも使える。

A: I'd like to schedule the next round of negotiations. What is your schedule between 3 and 6 pm tomorrow?

B: Anytime **during that time frame** is good for me.

> **A:** 次回の交渉の予定を立てたいのですが。明日午後3時から6時のご予定はいかがですか？
> **B:** その時間帯ならいつでも大丈夫です。

> time frame「時間枠；時間帯」の代わりにwindow (of time)を使う人も少なくない。

A: I **coordinated with everyone to** meet in the hotel lobby at 10 am.

B: Okay. I will see you then.

> **A:** 午前10時にホテルのロビーに全員集まるよう調整しました。
> **B:** わかりました。ではそのときお会いしましょう。

> 全員が合意している状況を伝えるには、I told everyone to...「みんなに…するよう伝えた」や Everyone has agreed to...「みんなが…することに同意した」もよく使用されるパターンだ。

A: How about if we get together over lunch tomorrow? **Does that work for you?**

B: I already have plans tomorrow, but Wednesday will do.

> **A:** 明日ランチのときに会うのはどうですか？ ご都合は大丈夫ですか？
> **B:** 明日はすでに予定が入っているのですが、水曜日ならいいですよ。

> Is that convenient for you?/Is that a good time for you?でも同様に相手の都合を確認することができる。

日本人思考の同僚同士

〉 Inviting a Colleague for Lunch

Mika and Jason are both new employees at the same company. Mika wants to invite Jason to lunch.

Mika: Hi Jason, how's it going?

Jason: Hi Mika, I'm great. How are you?

Mika: I'm doing well. How are you finding working here?

Jason: It's interesting so far. There's a lot to learn and I'm enjoying it. How about you?

Mika: Things are okay. It's been an adjustment since I am learning a new job and living in a new city.

Jason: Yeah, I imagine that can be tough. Let me know if there's anything I can do to help make your adjustment easier.

Mika: Really, I appreciate that. (1) **It would be nice to just hang out with someone.**

Jason: Yeah, that would be cool. Definitely, we should get together sometime.

Mika: (2) **Maybe we can grab lunch when you're not too busy.**

Jason: Sure! Let's set something up.

Mika: (3) **Yeah, whenever is good for you, that would be great.**

Jason: Well, I have to run now so I'll see you around, okay?

Mika: Oh, really? I see. Well, it was nice chatting with you. (4) **Hope to see you around soon.**

Jason: For sure. Have a great day!

Mika: You too! Bye…

解説

　ミカは新しい友達を作りたいと思っているが、自分をうまく表現できないでいる。自分の意図をストレートに伝えられないために、ジェイソンをランチに誘うチャンスを逃してしまっている。

(1) It would be nice to just hang out with someone. 　Rule3

　この表現は一見、そんなにダメな表現には思えないだろうが、hang out with someoneと言うと、相手の受け取り方によっては自分の意図に沿わない方向に会話が流れてしまう可能性がある。someoneというのが、今会話をしている相手なのか、あるいは誰でもいいのか、曖昧なのが問題だ。よりダイレクトな表現を心がけよう。

(2) Maybe we can grab lunch when you're not too busy. 　Rule3

　英語にもsmall talk「世間話；他愛のない会話」というものがある。Maybe we can...,when[if]...「…のとき［…したら］…するのもいいかもね」という表現は、いわゆるsmall talkといった感じ。これでは相手に自分の本気度が伝わらない。しょっちゅう Maybe we can...,when[if]...のような表現を使っていると、「そのうち…しようね」というのが口癖で、ただの社交辞令で言っているだけだと勘違いされてしまうかもしれない。

シーン 18 〉 同僚をランチに誘う

ミカとジェイソンはふたりとも同じ会社の新入社員である。ミカはジェイソンをランチに誘いたいと思っている。

Mika: あらジェイソン、調子はどう？

Jason: やあミカ、元気だよ。きみは？

Mika: 私も元気よ。ここでの仕事はどう？

Jason: 今のところおもしろいよ。学ぶことがたくさんあって、楽しんでるよ。きみはどう？

Mika: まあまあね。新しい仕事を覚えているところだし新しい街に住んでるから、まだ慣れてはいないけど。

Jason: ああ、それは大変かもしれないね。きみが慣れるまで何か手伝えることがあったら教えて。

Mika: 本当にありがとう。ただ誰かと出かけるだけでも楽しいわ。

Jason: うん、いいね。そのうち必ず会おう。

Mika: あなたがあまり忙しくないときにランチするのもいいかもね。

Jason: いいね！ 何か予定を立てよう。

Mika: ええ、いいわね、あなたの都合のいいときにいつでも。

Jason: 今はもう行かないといけないから、また会おうね。

Mika: あら、そうなの？ わかったわ。おしゃべりできてよかった。また近いうちに会いましょう。

Jason: うん。いい1日を！

Mika: あなたもね！ じゃあね…。

(3) Yeah, whenever is good for you, that would be great. Rule3,4

(2)の表現と同じように、whenever is good for you「あなたの都合のいいときいつでも」のような表現では、本気度が伝わらない。いくらあとからthat would be greatとつけ足しても、whenever と言っているのだからいつでもいいのだろう、つまり別になくてもいいのだろう、と取られる可能性がある。誘っておきながらwhenever「いつでもいい」と返すのは、いい印象にはつながらない。

(4) Hope to see you around soon. Rule3

Hope to...「…しますように」という表現からは、確かに意思を伝えようと努力していることはうかがえるが、こういったシチュエーションにおいては、hopeという語で「相手任せの希望」を伝えるのではなくて、積極的なアクションが必要だ。Hope to see you around soon.「また近いうちに会いましょう」では、次に会うのはいつ、どこでなのかわからない。結局、具体的なことは何も決まらずに会話が終わってしまっている。

ネイティブ思考の同僚同士

Mika: Hi Jason, how's it going?

Jason: Hi Mika, I'm great. How are you?

Mika: I'm doing well. How are you finding working here?

Jason: It's interesting so far. There's a lot to learn and I'm enjoying it. How about you?

Mika: Things are okay. It's been an adjustment since I am learning a new job and living in a new city.

Jason: Yeah, I imagine that can be tough. Let me know if there's anything I can do to help make your adjustment easier.

Mika: I really appreciate that. (1) **Actually, would you be interested in hanging out sometime soon? You know, get coffee or go for lunch.**

Jason: Yeah, that would be cool. We should do that.

Mika: (2) **Great, when's good for you? I'm free for lunch tomorrow or the day after.**

Jason: Well, I'm busy all day tomorrow but the day after sounds good.

Mika: (3) **Okay, I will come find you at 12 pm the day after tomorrow.**

Jason: Sounds perfect. Okay, I need to get back to work. Talk to you later, okay?

Mika: Yeah, me too. Have a great day!

解説

　2つのダイアローグの話の終着点を比べると、違いは一目瞭然だ。こちらのダイアローグではミカがジェイソンと会う日時まで明確に決まっている。

(1) Actually, would you be interested in hanging out sometime soon? You know, get coffee or go for lunch. Rule1,3,4

この発言には、自分に自信が持てないときでも上手に相手に意思を伝えられるポイントがいくつかある。

①Actually, ...「実は…」: Actually, ... は「今から本音を伝えるよ」というときに使える副詞。相手の注目を引く効果もあり、そのあとに言うことに重みを持たせる効果もある。

②sometime soon「近いうちに」: 自信のないときはしつこいと思われたくないからとついsometime「いつか」とだけ言ってしまいがち。しかし、ただのsometimeではなくsometime soon「いつか近いうち」とすればより本気度が伝わる。

③You know, get coffee or go for lunch.「つまり、お茶するとかランチに行くとか」: このような具体的な提案は、いいコミュニケーションには欠かせないアクションだ。

Mika: あらジェイソン、調子はどう?

Jason: やあミカ、元気だよ。きみは?

Mika: 私も元気よ。ここでの仕事はどう?

Jason: 今のところおもしろいよ。学ぶことがたくさんあって、楽しんでるよ。きみはどう?

Mika: まあまあね。新しい仕事を覚えているところだし新しい街に住んでるから、まだ慣れてはいないけど。

Jason: ああ、それは大変かもしれないね。きみが慣れるまで何か手伝えることがあったら教えて。

Mika: 本当にありがとう。じゃあ、いつか近いうちに出かけるのはどう? つまり、お茶するとかランチするとか。

Jason: うん、いいね。そうしよう。

Mika: よかった、いつがいい? 私は明日かあさってのランチが空いてるんだけど 。

Jason: そうだな、明日は一日中忙しいけどあさってなら大丈夫。

Mika: わかったわ、あさって12時にあなたを探しに来るわね。

Jason: ばっちりだよ。さて、仕事に戻らないと。またあとで話そうね。

Mika: そうね、私もよ。じゃあね!

(2) Great, when's good for you? I'm free for lunch tomorrow or the day after tomorrow. Rule2,3

　相手から肯定的な返事をもらったら、それに抽象的な答えをして会話を終わらせてはもったいない。p. 116のダイアローグでは、ミカはwhenever is good for you, ...「あなたの都合のいいときいつでも…」と言ってしまったために具体的予定が何も決まらずに会話が終わってしまった。しかしここでは、自分の予定を伝えることで、さらに自分の望んでいる結果に近づいている。

(3) Okay, I will come find you at 12 pm the day after tomorrow. Rule3

　最後に、強引さやしつこさも感じさせることなく、相手を迎えに行くという待ち合わせ方法もミカ自身が決めて伝えることができた。

会話をさらに広げる +1の表現

相手の好みを尋ねる表現

　前ページのダイアローグでもきちんと約束を取りつけているが、ここでは相手の好みを尋ねてさらに具体的なプランを設定したコミュニケーション例を見てみよう。

Jason: Yeah, that would be cool. We should do that.

Mika: Great, when's good for you? I'm free for lunch tomorrow or the day after. **Do you like** burgers?

Jason: Who doesn't love a good burger?

Mika: There's this great-looking burger place I've been dying to go to. We could do lunch, or we could go for a burger after work, say, Friday night.

Jason: Friday night sounds like a plan. That way we can have more time to talk and relax.

Jason: うん、いいね。そうしよう。

Mika: よかった、いつがいい？ 私は明日かあさってのランチが空いてるんだけど 。ハンバーガーは好き？

Jason: ハンバーガーが嫌いな人っているのかい？

Mika: ずっと行きたかったよさそうなバーガーの店があるの。ランチか、もしくは仕事のあと、金曜の夜とかにバーガーを食べに行かない？

Jason: 金曜日の夜、いいね。話す時間も増えるし、リラックスできるし。

▶ Do you like...?

　食事の約束の際に相手の好みを尋ねておけば、プランが具体化して当日迷わずに済むだけでなく、相手との距離感を縮めることにもつながる。このほかにも、What do you think about...?/How does...sound?「…はどうですか？」などの質問も同様に使える。

A: How does Thai **sound?**

B: Thai sounds great to me!/I don't really like spicy food.

A: タイ料理はどう？
B: タイ料理、いいね！／辛い料理はあまり好きじゃないんだ。

　相手にチョイスを委ねる場合は、What do you feel like eating?「何が食べたいですか？」、What sounds good to you?「何がいいですか？」、Where do you want to go for lunch?「昼食にどこに行きたいですか？」などと質問しよう。

A: A few of us are getting together for dinner and drinks this Friday.

B: Hmmm. I'd like to go but I am not sure if I can.

A: Okay. **Let me know if** you can make it.

> **A:** 今度の金曜日、私たち数人で集まって夕飯を食べてお酒を飲むの。
> **B:** うーん。ぼくも行きたいけど行けるかどうかわからないなあ。
> **A:** わかったわ。来れるなら知らせてね。

make it は「（イベントなどに）行ける」ということ。

A: **Would you be interested in** going to dinner some night this week?

B: That sounds like fun!

> **A:** 今週どこかで夜ディナーに行くのはどう？
> **B:** 楽しそう！

Would you be interested in -ing...? は相手を誘うときによく使われる表現。シンプルにWould you like to...? と尋ねてもOK。

A: What do you think about going for drinks after work today?

B: Sure. **When's good for you?**

A: I should be finished by 6:30.

> **A:** 今日仕事のあと飲みに行くのはどう？
> **B:** いいね。何時がいい？
> **A:** 6時半までには仕事が終わるはずよ。

ここではWhen's...? のwhen は時刻を表す。場合によって曜日や月日を指すことも。

A: What time do you want to leave for dinner with the client?

B: **I'll come get you** around six.

> **A:** クライアントとのディナーに何時に出発したい？
> **B:** 6時ごろに迎えに行くよ。

I'll come get you./I'll come find you. は、現時点で正確な時間がわからないため、こちらから相手のところに出向くと伝えるときよく使う。

Case

日本人思考の同僚同士

Scene 19 〉 Showing a New Employee Around the Office

Hana takes new employee Joe on a tour of the office.

Hana: Excuse me, are you Joe? I was instructed by Mr. Ito to show you around the office.

Joe: Oh, good morning. Yes, I'm Joe. Nice to meet you.

Hana: Nice to meet you too. (1) **My name is Hana Nakamura.**

Joe: So, they stuck you with showing the newbie around?

Hana: (2) **Yeah. It's only my second year here so I guess they figured we're on the same level.**

Joe: Well, I hope it's not a bother.

Hana: Oh, no. It's no bother at all. So, are you ready to go?

Joe: Yes, lead the way.

Hana: So, just to let you know, we're expected to take the stairs. (3) **I don't know if that will be a problem for someone like you.**

Joe: Someone like me?

Hana: (4) **You're such a big guy.** Did you play rugby or something?

Joe: Football. And, I have no problems walking or taking stairs.

Hana: That's good. So, this is the Admin room with all of the file cabinets, copy machines and fax machines.

Joe: Anything to know in advance about using the equipment? In my previous job, you needed a code to use the copy machine, there were rules about locking the cabinets and we had to record faxes in a log.

Hana: (5) **Oh yeah, the office rulebook explains all that stuff. I have a copy for you here.**

Joe: Oh great, thanks. I'll make sure to read it.

Hana: Good idea. Okay, let's keep going…

解説

(1) My name is Hana Nakamura. Rule1,2

　欧米文化では、地位や経験にかかわらず、自分から自己紹介するのが慣習となっている。ハナが最初に用件を伝えているのはいいのだが、やはりまずは自己紹介から始めよう。

(2) Yeah. It's only my second year here so I guess they figured we're on the same level. Rule1,4

　英語での自虐的な発言を見極めそれに対応することが重要だ。このハナの返答は、ジョーの they stuck you with showing the newbie around「新米の案内を押しつけられたんですね」という発言をそのまま受け取って、自分もそう思っていることを意図せずとも認めたものになってしまっているため、ジョーに対して失礼になりかねない。

(3) I don't know if that will be a problem for someone like you. Rule1,4

シーン19 〉新人にオフィスを案内する

ハナは新入社員のジョーにオフィスを案内する。

Hana: すみません、あなたがジョー？ イトウさんからあなたにオフィスを案内するよう言われまして。

Joe: ああ、おはようございます。ええ、ぼくがジョーです。はじめまして。

Hana: こちらこそよろしく。私の名前はハナ・ナカムラです。

Joe: それで、あなたが新米の案内を押しつけられたんですね？

Hana: ええ。私はここではまだ2年目だから、私たちは同じレベルだと考えたのかな。

Joe: そうですか、お手数でなければいいんですけど。

Hana: いやとんでもない。面倒でもなんでもないですよ。で、用意はいい？

Joe: ええ、案内お願いします。

Hana: さて、私たちは階段を使わないといけないってことを伝えておくわね。あなたみたいな人だと問題あるかもしれないけど。

Joe: ぼくのような人？

Hana: あなたは結構体が大きいからね。ラグビーか何かやっていたの？

Joe: アメフトです。歩いたり階段を使ったりするのは問題ありませんよ。

Hana: それはよかった。で、ここがファイルキャビネットやコピー機、ファックスがある管理室です。

Joe: この設備を使うのにあらかじめ知っておくべきことは？ 前の仕事では、コピー機を使うのに暗証番号が必要だったり、キャビネットをロックするのにルールがあったり、ファックスを使ったら記録しないといけなかったりしたので。

Hana: ああそうね、そういうことは全部オフィス・ルールブックに書いてあるわ。これ、あなたの分よ。

Joe: ああ、よかったです、ありがとう。必ず読んでおくようにします。

Hana: それがいいわね。じゃあ次に行きましょうか…。

職場でのスモールトークはよくあることだが、相手の具体的な特徴、特に身体的特徴、宗教、食習慣などに関する発言は差別や侮辱につながる可能性があるので要注意。

(4) You're such a big guy. Rule1,4

多くの欧米文化では、体の大きさや体重などについて話すことは職場でのトラブルに発展しかねないタブーだとされている。こうした発言は避けるべきだ。

(5) Oh yeah, the office rulebook explains all that stuff. I have a copy for you here. Rule2

ハナはジョーにオフィスを案内する以上、職場のルールブックといった重要なものは早めに渡しておくべきだ。ルールブックを読めば明白にわかるような質問を新人がする必要もなくなり効率がいい。

ネイティブ思考の同僚同士

Hana: Excuse me, are you Joe?

Joe: Yes, I'm Joe.

Hana: (1) **Hi, my name is Hana Nakamura.** Nice to meet you. Mr. Ito asked me to show you around the office.

Joe: Nice to meet you, Hana. So, they stuck you with showing the newbie around?

Hana: (2) **Not at all. It's my pleasure to give you a tour.**

Joe: Well, I hope it's not a bother.

Hana: Of course not. Do you have time now? We can get started right away.

Joe: Yes, please lead the way.

Hana: I'm not sure if someone told you, but we are expected to take the stairs.

Joe: Yeah, I heard that.

Hana: (3) **By the way, here is a copy of the office rulebook for you.** It explains most of the things I will introduce today.

Joe: Oh great, thanks. I'll make sure to read it.

Hana: So, this is the Admin room with all of the file cabinets, copy machines and fax machines. (4) **The copy machine passcode and rules related to the use of this room are outlined in that office rulebook.**

Joe: This actually sounds very similar to my previous job.

Hana: Great. So next up is the cafeteria. This is also outlined in the rulebook, but make sure to bring your employee ID. Otherwise, you will have to pay full price.

Joe: I'll make sure to remember that.

Hana: Good. Let's keep going…

解説

(1) Hi, my name is Hana Nakamura.　`Rule1`

　最初に自己紹介するのがいい会話の始め方。オフィスでの良好な関係をスタートさせることができる。

(2) Not at all. It's my pleasure to give you a tour.　`Rule1,4`

　自虐的な発言に対する正しい対応は、明るいトーンでそれを否定して、さらに相手を認める言葉を添えることだ。緊張や不安を隠すために自虐的発言をする人が多いので、It's my pleasure to...「…するのは光栄です」といった表現を使えば、自分が歓迎されているとわかり相手を安心させることができる。

(3) By the way, here is a copy of the office rulebook for you.　`Rule2`

　ルールブックのようなものは早めに渡して、参照できる文書があることを知らせておこう。まだ読んでいないとしても、それがあるとわかるだけで安心だ。

Hana: すみません、あなたがジョー？

Joe: ええ、ぼくがジョーです。

Hana: 私の名前はハナ・ナカムラです。イトウさんにあなたにオフィスを案内するよう頼まれまして。

Joe: よろしくお願いします、ハナ。それで、あなたが新米の案内を押しつけられたんですね？

Hana: いや、そんなことないですよ。あなたを案内できて光栄です。

Joe: そうですか、お手数でなければいいんですけど。

Hana: もちろんそんなことないですよ。今時間はある？ すぐに始められるんだけど。

Joe: ええ、案内お願いします。

Hana: 誰かがもう話したかどうかわからないけど、私たちは階段を使わないといけないの。

Joe: ええ、聞きました。

Hana: ところで、オフィス・ルールブックをどうぞ。今日紹介することのほとんどがこの中に書いてあります。

Joe: ああ、いいですね、ありがとう。必ず読んでおくようにします。

Hana: で、ここがファイルキャビネットやコピー機、ファックスがある管理室です。コピー機の暗証番号やこの部屋の使用に関するルールについてはオフィス・ルールブックに説明してありますよ。

Joe: 本当に前の仕事と似たような感じです。

Hana: よかった。じゃあ、次はカフェテリア。これについてもルールブックに説明してあるけど、必ず従業員証明書を持っていってください。でないと全額払わなきゃいけないんですよ。

Joe: 必ず忘れないようにします。

Hana: うん。じゃあ次に行きましょうか…。

---

(4) The copy machine passcode and rules related to the use of this room are outlined in that office rulebook. Rule1,2

　ここでルールブックの重要性について繰り返し言うことにより、すべてを一度に覚えなくてはというプレッシャーからジョーを解放するとともに、必ずルールブックを読んでおく必要があることを伝えている。

＊ハナはp. 122のダイアローグのようなジョーの身体的特徴に関する発言を避けたことで、ジョーの気持ちを害さず、かつ会話の焦点が用件からそれることなく、オフィスの案内を進めることができた。

会話をさらに広げる +1の表現

新しい話題を導入する表現

「ところで」「そういえば」など、新しい話題を導入する際の表現を紹介しよう。

> Hana: **By the way,** here is a copy of the office rulebook for you. It explains most of the things I will introduce today.
>
> Joe: Oh great, thanks. I'll make sure to read it.
>
> Hana: ところで、オフィス・ルールブックをどうぞ。今日紹介することのほとんどがこの中に書いてあります。
>
> Joe: ああ、いいですね、ありがとう。必ず読んでおくようにします。

▶ Incidentally, ...

By the way, ... と並んで、Incidentally, ... も「ところで…；ちなみに…」という意味の表現。どちらも、相手の発言を受けて別の話題へと切り替えるときや、関連する別の話題を導入するときに使える。

A: What is the company policy on tardiness?

B: You are required to notify a manager if you expect to be late. **Incidentally,** the punch in clock and time cards are over here.

A: 遅刻に関する社則はどうなっていますか？

B: 遅れるのであれば部長に知らせなくてはなりません。ちなみに、タイムカードとレコーダーはここにあります。

▶ Speaking of which, ...

前の話の内容を受けて「そういえば…；ところで…」と新たなポイントを会話に持ち込む決まり文句。相手の発言のあとだけでなく、下の会話例のように自分の話の途中でさらに別のことを思いついたときにも使われる。

A: What time does the initiation seminar start?

B: It is scheduled for three o'clock. **Speaking of which,** I still need to find out where it is going to be held.

A: 入会セミナーは何時に始まるんですか？

B: 3時の予定ですよ。そういえば、セミナーがどこで開かれるのかを、まだ調べないといけないな。

キーフレーズ＆バリエーション表現

DL-38

A: Hi, my name is Hiroko Tanaka.

B: Good to meet you. James Woods.

> A: こんにちは、私の名前はヒロコ・タナカです。
> B: はじめまして。ジェームズ・ウッズです。

ネイティブはBのように（My name is を略して）名前だけを言いながら握手の手を差し出すことが多い。

A: I am sorry to ask for your help all the time. I'm still trying to learn how to do this.

B: It's my pleasure to help you.

> A: いつも手伝いを頼んですみません。まだこの仕事は勉強中なんです。
> B: 喜んで手伝いますよ。

I'm happy to help./It's (＝ Helping you is) my pleasure. という言い方もよく使う。

A: Here is a list of your logins and passwords for the office computers.

B: Thanks. I will try to memorize them as quickly as possible.

> A: これがオフィスのコンピュータのログインIDとパスワードのリストです。
> B: ありがとう。なるべく早く覚えるようにしますね。

人にものを手渡すときは、Here is... またはHere you are./Here you go. と言うのが一般的。

A: The company dress code policies **are outlined in** the company manual.

B: I will make sure to read it carefully.

> A: 会社の服装規定は就業マニュアルに説明してあります。
> B: 必ず丁寧に読みますね。

outline「要点を述べる；説明する」を、list「記載する；リストアップする」やdescribe/explain「説明する」に置き換えてもいい。

日本人思考の面接・通達

⟩ **Internal E-mail Announcement**

The General Affairs Department is sending a companywide e-mail to notify employees regarding the upcoming year-end party.

Re: Year-End Party Event Details

To all ABC Corp. employees:

(1) **As the department responsible for company functions, including event organization, management and operations, the GA Dept. is issuing this notice to notify you concerning an upcoming event.**

(2) **As you may know, the company holds multiple events throughout the year to promote interaction and information exchange between company employees located in various offices throughout Japan.**

(3) **The event pertaining to this notice is none other than the Year-End Party, the biggest internal event of the year for our company.** The GA Dept. is issuing this notice to employees to provide you with specific details regarding the event.

(4) **While this is a busy time of the year, we expect attendance from all employees.** If you absolutely cannot attend, you are asked to provide notification and reason prior to the event. (5) **Employees are expected to wear appropriate attire and conduct themselves in accordance with our company code of conduct. You are expected to arrive on time.**

Details on time, location and access are provided in the attachment. Please contact the GA Dept. with any questions regarding this event.

Thank you for your attention.

解説

(1) As the department responsible for..., the GA Dept. is issuing this notice to notify you concerning an upcoming event. Rule2,3

特定のイベントについてのお知らせなので、始めから upcoming event「来たるイベント」ではなく具体的イベント名を伝えるべきだ。総務部に関する説明も後回しでいい。

(2) As you may know, the company holds multiple events throughout the year to promote interaction and information exchange... Rule2

これはさして重要な情報ではないので、イベントに関する具体的な情報のあとに入れるほうがいい。

(3) The event pertaining to this notice is none other than the Year-End Party, the biggest internal event of the year for our company. Rule2

「忘年会のお知らせである」というこの部分こそがこのメールの要件なので、文書のはじめ

シーン20 〉社内メールでのお知らせ

総務部が近づいている忘年会についてのお知らせメールを全社員に送る。

Re：忘年会に関する詳細について
ABCコーポレーションの全従業員のみなさまへ

イベント企画、管理、運営を含む社内行事を担当しております総務部は、来たるイベントに関してお知らせいたします。

ご存じの通り、日本各地のオフィスにいらっしゃる従業員のみなさんに交流や情報交換をしていただけるよう、わが社は年間を通してさまざまなイベントを行っております。

このお知らせでお伝えするのはほかでもない、1年で最大の社内イベントである忘年会です。このイベントに関する具体的な詳細をお伝えするために総務部より従業員に向けてお知らせを出させていただいた次第です。

忙しい時期ではありますが、従業員のみなさま全員のご出席をお願いします。どうしても出席できない場合は、事前に理由を添えてその旨お知らせください。従業員はきちんとした服装で、わが社の行動規範に従って行動願います。また時間通りにお越しください。

時間、場所、アクセスについての詳細は添付資料に記載してあります。このイベントについてご質問がありましたら総務部までお知らせください。

よろしくお願いいたします。

のほうに持っていくべき。

(4) While this is a busy time of the year, we expect attendance from all employees. Rule4

　忘年会のお知らせという内容とこの文章のトーンが合わない。We expect...「…を（当然のこととして）期待します；要求します」はかなり厳しい表現で、命令であるかのようなネガティブな印象を与えかねない。

(5) Employees are expected to wear appropriate attire and conduct themselves in accordance with our company code of conduct. You are expected to arrive on time. Rule3,4

　appropriate attire「きちんとした服装」では曖昧すぎる。また、You are expected to...も命令口調で不適切。

ネイティブ思考の面接・通達

RE: Year-End Party Event Details

To all ABC Corp. employees

(1) **The General Affairs Department is issuing this notice to provide you with details concerning the upcoming Year-End Party.**

While this is a busy time of the year, the Year-End Party is one of the biggest internal events of the year for our company. (2) **As such, we ask that all employees be in attendance.** If you absolutely cannot attend, you are asked to provide notification and reason prior to the event.

(3) **Attire for the event is business formal (as defined in the company employee regulations handbook).** While this event will include alcohol service, we remind all employees that they are expected to conduct themselves in accordance with the company code of conduct. We also ask that you arrive prior to the event start time.

(4) **The company holds multiple events throughout the year to promote interaction and information exchange between company employees located in various offices throughout Japan.** The General Affairs Department serves as the department responsible for the organization, management and operation of these events. Please feel free to contact us with any questions.

Details on time, location and access are provided in the attachment.

We thank you in advance for your attention to this notice.

解説

(1) The General Affairs Department is issuing this notice to provide you with details concerning the upcoming Year-End Party. Rule2

お知らせの用件がタイトルにあり、またそれを伝える上記のセンテンスが最初のパラグラフにも入っている。これにより、なんのためのお知らせメールなのかが読み始めてすぐに伝わる構成となっている。

(2) As such, we ask that all employees be in attendance. Rule4

p. 128のEメールでのwe expect attendance from all employeesが権威主義的で従業員への命令のようなトーンだったのに対して、ここでのwe ask that... はもっとソフトで状況に合った表現になっている。このように伝えれば、従業員にポジティブな印象を与えることができるだろう。

(3) Attire for the event is business formal (as defined in the company employee regulations handbook). Rule3

求められている服装を、appropriate attire「きちんとした服装」という曖昧な表現でなく

Re：忘年会の詳細に関するお知らせ

ABCコーポレーションの全従業員のみなさまへ

総務部は、来たる忘年会に関する詳細についてお知らせいたします。

忙しい時期ではありますが、忘年会はわが社にとって年間で最も大きな社内イベントのひとつです。したがって、従業員のみなさまのご出席をお願いいたします。どうしても出席できない場合は、事前に理由を添えてその旨お知らせください。

このイベントでの服装はビジネスフォーマルとなります（就業規則ハンドブックに記載されています）。アルコールも提供されますが、従業員のみなさんにはわが社の行動規範に従って行動していただくようお願いいたします。また、イベントのスタート時刻よりも前にご到着ください。

日本各地のオフィスにいらっしゃる従業員のみなさんに交流や情報交換をしていただけるよう、わが社は年間を通してさまざまなイベントを行っております。総務部は、こうしたイベントの企画、管理、運営を含む社内行事を担当しております。ご質問がありましたら遠慮なく総務部までご連絡ください。

時間、場所、アクセスについての詳細は添付資料に記載してあります。

お読みいただきありがとうございます。

ネイティブ思考の英会話×日本人思考の英会話 20

1

business formalと具体的に明記してわかりやすく伝えている。さらに参照元（就業規則ハンドブック）を示すことで、服装に関して誤解される余地を排除し万全を期した伝え方になっている。

(4) The company holds multiple events throughout the year to promote interaction and information exchange between company employees located in various offices throughout Japan. Rule2

　日本語ではこうした一般的な情報を文書の最初に入れがちだが、英語では文書の最後のほうに入れるべき。役に立つ情報だとしても用件に直接関係ないものは冒頭には置かず最後に添えるようにしよう。

会話をさらに広げる +1の表現

理由や状況説明のあと結論を述べる表現

前の文の内容を受け「したがって…」と次の文へとつなぐ表現をいくつか紹介しよう。

> The Year-End Party is one of the biggest internal events of the year for our company. **As such,** we ask that all employees be in attendance.
>
> 忘年会はわが社にとって年間で最も大きな社内イベントのひとつです。したがって、従業員のみなさまのご出席をお願いいたします。どうしても出席できない場合は、事前に理由を添えてその旨お知らせください。

▶ Accordingly, ...

As such, ... と同様に、「したがって…；その結果…」と理由や状況を先に述べたあと、結論や結果を伝える文の最初に置いて使う。As such, ... も Accordingly, ... も会話で使えなくはないが、基本的に書き言葉で使われることが多い（以下の表現も同様）。

There have been several incidents of theft reported in the office. **Accordingly,** we ask that all employees take particular care in protecting their personal belongings.

オフィス内でいくつか窃盗事件が報告されています。したがいまして、自分の持ち物の保護に特にご注意いただきますよう、すべての従業員のみなさまにお願いいたします。

▶ In light of this, ...

「これを踏まえて…」という意味で、多少重要な課題について話すときに使う。

This winter has been unseasonably warm. **In light of this,** the company's annual ski trip has been canceled.

この冬は異例の暖かさでした。これを踏まえまして、わが社の毎年恒例のスキー旅行はキャンセルされました。

▶ This being the case, ...

「こういう状況／事情なので…」という意味の表現。This は That に置き換えてもいい。

The government has issued a health warning about a potential new contagious virus. **This being the case,** all business travel has been suspended until further notice.

政府は新しい感染ウィルスに対する健康被害警告を出しました。こうした事情により、さらなる通知が出るまですべての出張が一時中止となっています。

A: The company **is issuing this notice to** all employees. Have you read it yet?

B: No, I haven't seen it yet. What does it say?

> **A:** 会社が全従業員あてにこの通知を出してるよ。もう読んだ？
> **B:** いいえ、まだ読んでないわ。なんて書いてあるの？

「（メールなどでの）社内連絡；通知」を指すmemorandumという語もよく使われる。

A: Does everyone have to go to the meeting?

B: They are **asking that all employees be in attendance.**

> **A:** 全員そのミーティングに出なければいけないの？
> **B:** 全従業員が出席するよう言っているよ。

attendanceは「出席」。このTheyは会社や会社の上層部を指している。

A: What is the dress code for the company Christmas party?

B: **Attire for the event is** business casual.

> **A:** 会社のクリスマスパーティのドレスコードはどんなものですか？
> **B:** このイベントの服装はビジネスカジュアルです。

business casualと言えば、基本的にネクタイや上着がなくても、ポロシャツなど襟付きのシャツであればOKということ。

A: What does your company do to promote better inter-office communication?

B: **The company holds multiple events throughout the year to** improve communication skills and promote better cooperation.

> **A:** 御社ではオフィス内でのよりよいコミュニケーションを推進するためにどんなことをしていますか？
> **B:** コミュニケーションスキルを改善しよりよい協力関係を促進するため、年間を通じていろいろなイベントを開催しています。

hold an eventで「イベントを開催する」、multipleは「多数の；多様な」。

日本人思考の面接・通達

⟩ **The Company President's Party Address**

ABC Electronics CEO Williams gives a speech to company employees to welcome in the New Year and provide highlights on last year's performance.

CEO Williams:

Thank you for gathering here for our annual New Year's party and I want to say Happy New Year to every employee of ABC Electronics.
I hope you'll indulge me as I take a few moments to reflect on the past year.

(1) **Despite the festive mood tonight, as you all know, the economic environment was rough on our industry and it showed in our bottom line.** Shipments were down, sales were down, revenues were down, and costs were up. (2) **Honestly, there wasn't much good about the last fiscal year.**

(3) **While there certainly was no silver lining to find in last year's performance, it's up to each and every one of you to motivate yourselves and strive for better results.** Of course, we're a team, a family. (4) **However, the only way we're going to turn this ship around is for each of you to pull yourself up by your bootstraps and work harder.**

Although the economy is finally starting to turn in our favor, we still have a rough road ahead. (5) **In particular, we're going to need maximum effort out of our key guys.** That means Production finding ways to cut costs and increase output, Sales finding ways to increase new contracts without running up administrative costs, and Admin finding ways to lower procurement costs without lowering quality. (6) **It may seem like I'm asking you to get blood from a stone but I know we can achieve our goals.**

(7) **So, this year let's aim to wipe away the bad taste of last year and accomplish something that we can be proud of.** Happy New Year!

解説

(1) Despite the festive mood tonight... Rule4
　業績が悪かったのが現実だとしても、この発言は本来新年を祝うどころではないというニュアンスで、従業員がこうしたイベントに時間を費やすことに罪悪感を持たせかねない。

(2) Honestly, there wasn't much good about last fiscal year. Rule4
　ストレートではあるがネガティブな表現。直接的でもやる気をそがない伝え方が必要だ。

(3) While there certainly was no silver lining to find in the last year's performance... Rule4
　no silver lining「希望の兆しがない」はかなり暗い表現だ。また、CEOが all of us「私たちみな」ではなく each of you「ひとりひとりが」と言っているのも士気を損ねる。

(4) However, the only way we're going to turn this ship around is... Rule5
　こうした「懸命に働け！」といった言葉は従業員との間に敵対関係を生み出しかねない。

シーン 21 〉 パーティでの社長の挨拶

ABCエレクトロニクス社CEOのウィリアムズは、従業員に向けて、新年の祝辞を述べ、昨年の業績に関する重要な点を伝えるスピーチを行う。

CEO Williams:

わが社の毎年恒例の新年会にお集まりいただきありがとう。ABCエレクトロニクスの従業員のみなさん、あけましておめでとうございます。
昨年を振り返るお時間を少々いただけたらと思います。

今夜はお祭りムードですが、みなさんご存じの通り、わが業界の景気は厳しく、それはわが社の収益にも現れました。出荷数は落ち込み、売り上げも落ち込み、収益も落ち込み、そして経費は上がりました。正直言って、昨年の会計年度に関していいところはあまりありませんでした。

昨年の業績には確かに希望の兆しがありませんでしたが、ここでやる気を出してよりよい結果を出すために努力することは、みなさんひとりひとりの肩にかかっています。もちろん私たちはチームであり家族です。しかし、わが社の風向きを変える唯一の方法はひとりひとりが自力で這い上がろうとすること、そして懸命に働くことなのです。

景気はやっとわが社に有利に傾いてきましたが、それでもまだ厳しい道が待ち構えています。特に中核となるみなさんの最大限の努力が必要となるでしょう。つまりそれは、生産ではコストを削減して生産量を増やす方法を、営業は運営費を上げずに新たな契約を増やす方法を、そして管理側は品質を下げずに調達価格を下げる方法を探し出す、ということです。極めて困難なことをお願いしていると思われるかもしれませんが、私にはみなさんが目標を達成できるとわかっています。

というわけで、今年は昨年の悪い後味を消し去り、誇れるようなことを成し遂げましょう。新年おめでとう!

---

(5) In particular, we're going to need maximum effort out of our key guys. `Rule1,5`

　guys を複数人に向かっての呼びかけとして使うことは一般的だが、本来 guy は男性を表すので、女性従業員が差別を感じないようビジネスの場では避けるほうがいい。

(6) It may seem like I'm asking you to get blood from a stone but... `Rule3,4,5`

　get blood out of a stone「非常に困難なことをする」という表現は従業員に絶望的な状況なのだと思わせかねない。また、具体性のない goals「目標」という言葉も曖昧。

(7) So, this year, let's aim to wipe away the bad taste of last year and accomplish... `Rule4`

　bad taste「後味の悪さ」という言葉自体が従業員に後味の悪さを残すし、accomplish something we can be proud of「誇れるようなことを成し遂げよう」というのも、昨年は何もやっていないかのように受け取れて従業員は傷つくかもしれない。

ネイティブ思考の面接・通達

CEO Williams:

Thank you for gathering here for our annual New Year's party and I want to say Happy New Year to every member of ABC Electronics.
Please allow me to take a few moments to reflect on the past year.

As you all know, the economic environment was rough on our industry. (1) **While it's no fun talking about negative things during such a festive occasion, there's no denying the impact on our bottom line.** Last year saw reduced shipments, sales and revenues despite increased costs. (2) **Needless to say, it was a challenging year for our company.**

(3) **I know it may feel like there is little to take away from last year's performance, but I firmly believe this will only motivate us all to strive for better results.** (4) **While working as a team, it will prove critical that we each individually reconfirm our commitment to success.**

(5) **Although the economy is finally starting to turn in our favor, we still have a difficult road ahead of us.** (6) **In particular, we're going to need maximum effort out of our core groups.** That means Production finding ways to cut costs and increase output, Sales finding ways to increase new contracts without controlling administrative costs, and Admin finding ways to lower procurement costs without lowering quality. I know we have a difficult road ahead of us. However, I believe that by working together we can improve on the past year.

(7) **Let's aim for new heights and work to make this a year to remember.** Happy New Year!

解説

(1) While it's no fun talking about the negative during such a festive occasion, there's no denying the impact on our bottom line. Rule4

　While...「このような祝いの場でネガティブな話は楽しくはありませんが」という前置きは、このあと伝える厳しい話題の緩和剤となっている。

(2) Needless to say, it was a challenging year for our company. Rule1,4

　ここでのキーワードはchallenging「困難な」とour company「わが社」。チームワーク精神を壊さずに厳しい状況を表現している。

(3) I know it may feel like there is little to take away from last year's performance, but I firmly believe this will only motivate us all to strive for better results. Rule1,4

　I know it may feel like...「…のように感じられるとわかっている」は共感や理解を示すいい表現だ。これがfirmly believe「強く信じる」やmotivate「やる気を出させる」、strive「努力する」といった言葉と組み合わさり、ポジティブな未来へと焦点を移している。

CEO Williams:

わが社の毎年恒例の新年会にお集まりいただきありがとう。ABCエレクトロニクスの従業員のみなさん、あけましておめでとうございます。
昨年を振り返るお時間を少々いただけたらと思います。

みなさんご存じの通り、わが業界の経済環境は厳しいものでした。このような祝いの場でネガティブな話は楽しくはありませんが、わが社の収益に影響があったことは紛れもない事実です。昨年はコストの増加にもかかわらず、出荷数や売り上げ、収益が落ち込みました。言うまでもなく、わが社にとっては困難な年でした。

昨年の業績には何も取り上げるものがないように感じられることはわかっていますが、このことこそが私たちがよりよい結果を出すべく努力する動機づけになると、私は強く信じています。チームで仕事に取り組む一方で、私たち個人がそれぞれに成功するための責務を再確認することも重要であるとわかるでしょう。

景気はやっとわが社に有利に傾いてきましたが、それでもまだ険しい道が待ち構えています。特に、中核となるみなさんの最大限の努力が必要となるでしょう。つまりそれは、生産ではコストを削減して生産量を増やす方法を、営業は運営費を上げずに新たな契約を増やす方法を、そして管理側は品質を下げずに調達価格を下げる方法を探し出す、ということです。まだ険しい道が待ち構えていることはわかっていますが、ともに取り組むことで昨年よりも改善できると信じています。

今年は新たな高みを目指して記憶に残る年となるよう取り組みましょう。新年おめでとう!

(4) While working as a team, it will prove critical that we each individually reconfirm our commitment to success. Rule1,4

teamとして働くという考え方を示しつつ、個々の努力の重要性も強調している。critical「重要な」、confirm「確認する」、commitment「責任」、success「成功」などの語も好印象。

(5) Although the economy is finally starting to turn in our favor, we still have a difficult road ahead of us. Rule1,3,4

ahead of us「私たちの前に」は従業員のやる気を引き起こす表現だ。

(6) In particular, we're going to need maximum effort out of our core groups. Rule1,5

トラブルを避けるため、性別に関連しないus/ourやgroupといった言葉を使おう。

(7) Let's aim for new heights and work to make this a year to remember. Rule4

new heights「新たな高み」というポジティブな表現を使うことで、CEOのスピーチは会社全体を鼓舞するものとなっている。

会話をさらに広げる
+1の表現

当たり前のことを伝える際の前置き表現

当然のこと、周知の事実などを話すとき、「言うまでもないが…」「当然のことだが…」と前置きする表現のバリエーションを見てみよう。

> Last year saw reduced shipments, sales and revenues despite increased costs. **Needless to say,** it was a challenging year for our company.
>
> 昨年の経費は上がりましたが、出荷数や売り上げ、収益は落ち込みました。言うまでもなく、わが社にとっては困難な年でした。

▶ As a matter of course, ...

As a matter of course, ... は「当然のことだが…」という意味の表現。course は golf course のように「決まった経路や道」を指す言葉。a matter of course はそこから連想できる通り、「当たり前で言わなくても誰にでもわかるような事柄」を指す。この表現の省略されたパターンである Of course, ... も、同様の意味で非常によく使われる。

This year our company has been operating in the red. **As a matter of course,** we won't be getting any bonuses.

今年わが社は赤字経営です。当然のことながら、ボーナスは支給されません。

The famous actor used our cologne in a Hollywood movie. **As a matter of course,** our products have been selling like hotcakes.

有名な俳優がハリウッド映画でわが社のコロンを使いました。当然のことながら、わが社の製品は飛ぶように売れています。

▶ Obviously, ...

obviously は「明らかに」という副詞。文頭に置いて、「明らかなことだが…；当然…」という意味で使うことができる。「状況がわかっていれば誰の目にも明らかだろうけど」というニュアンス。Naturally, ... も同じように使える。

My boss asked me to see him right away. **Obviously,** there is some kind of urgent problem.

上司が私にすぐ会いに来るよう言ったの。当然、何か緊急の問題があるんだわ。

I only work part-time. **Obviously,** I don't have any kind of retirement plan.

私はパートで働いているだけです。当然、退職金制度なんて何もありません。

キーフレーズ＆バリエーション表現

A: I can't believe how far our stock has fallen this quarter.

B: **There's no denying** the economy is in a severe recession.

> A: この四半期でこんなにわが社の株価が下がったなんて信じられないよ。
> B: 経済が深刻な不況なのは間違いないね。

There's no doubt about...「…に間違いない」やThere's no getting around...「…は避けて通れない；否定できない」も似た状況を表す。

A: With the scandal and the bad press, **it has been a challenging year for** us.

B: I think we can turn things around though.

> A: あのスキャンダルと悪い報道があって、今年はわが社にとって厳しい年だったね。
> B: でも、事態は好転できると思いますよ。

challengingは「困難な；能力が試される」。turn things aroundは「事態を好転させる」という意味。

A: Our marketing campaigns have done very little to increase sales.

B: That's true. **But I firmly believe** they will generate interest in the near future.

> A: わが社のマーケティングキャンペーンはほとんど売り上げ増加に効果がありませんね。
> B: そうだね。でも近い将来関心を生むと強く信じています。

firmlyは「きっぱりと；強く」を表しbelieveを強調する。

A: Our first-quarter profits are way better than this time last year.

B: With these uncertain times and fickle consumers, **we still have a difficult road ahead of us**.

> A: わが社の第一四半期の収益は昨年のこの時期よりずっといいですね。
> B: この不確かな時代と気まぐれな消費者を考えると、われわれの前にはまだ険しい道が待ち構えているよ。

difficult roadの代わりに、uphill battle「苦しい戦い；苦境」という慣用句もよく使われる。

1 ネイティブ思考の英会話×日本人思考の英会話 21

Brett Johnson, an employee at a Japanese manufacturer, has received a formal reprimand for poor performance.

Re: Letter of Reprimand   Date: Oct 2, 2020

Mr. Johnson,

This letter is a formal reprimand for the performance you have exhibited on the job. (1) **Your work has been sub-par and cannot be allowed to continue.**

Your performance in the office has demonstrated that you have not adequately applied the skills you were provided during training. Your performance was rated unsatisfactory several months in a row. (2) **Your production is considerably behind the curve of your coworkers.** Similarly, your speed, consistency and dependability are a problem when we are trying to fill customer orders. (3) **We can't count on you to do your part.**

You have approximately two weeks to demonstrate that you can learn and perform this job. If you don't show an acceptable level of progress by the end of the two-week period, we will terminate your employment.

A copy of this formal, written reprimand will be placed in your personnel file in Human Resources.

(4) **Please take this advice seriously as the ball is squarely in your court.**

Sincerely,

Kaori Hasegawa

HR Manager

解説

(1) Your work has been sub-par and cannot be allowed to continue. Rule3,5

　parは「平均」を意味するが、もともとはゴルフに由来する言葉だ。ビジネスにおいて、とりわけ懲戒などの重大な内容を伝えるときには、こうした用語を使うのはふさわしくない。また「平均以下」といった言い方ではなく、もっと具体的に伝えるべきだ。

(2) Your production is considerably behind the curve of your coworkers. Rule3,5

　behind the curve「立ち遅れて」は使い古されたマネージメント用語だ。これはテスト結果などをグラフ化したときのbell curve「釣鐘曲線（平均値付近を頂点としたカーブ）」を指している。この場面で使うには、曖昧すぎる表現だ。

22 懲戒の通達

日本の製造業者の従業員ブレット・ジョンソンは、パフォーマンスが低いとして正式な懲戒通達を受け取った。

Re: 懲戒の通達　　　　　　　　　　　　　　　　　　　　　2020年10月2日

ジョンソン様

これはあなたの職務でのパフォーマンスに対する正式な懲戒の通達です。あなたのパフォーマンスは平均以下であり、このまま続けていただくことはできません。

あなたのオフィスでのパフォーマンスからすると、あなたはトレーニングで得たスキルを十分適切に使っていません。あなたのパフォーマンスは何か月も連続で不十分だと評価されました。あなたの生産性は同僚と比べてもかなり低くなっています。同様に、顧客の注文に応じようとする際、あなたの仕事の速さや一貫性、信頼性が問題となっています。私たちはあなたが自分の役割を果たしてくれるとは信じられないのです。

あなたがこの仕事を学んで遂行できることを示すのに、約2週間を与えます。2週間後までに許容できるレベルの進歩が見られなければ、会社はあなたの雇用を終了することになります。

この正式な懲戒通達のコピーは人事部のあなたの社員ファイルに保存されます。

まさしくあなたの行動次第ですので、どうかこの忠告を深刻に受け止めてください。

敬具
Kaori Hasegawa
人事部長

---

(3) We can't count on you to do your part.　Rule1,4
　「あなたが自分の役割を果たすと信じられない」と書くのは、たとえ事実だとしてもあまりにネガティブすぎる。状況が改善する見込みがないと思われていると相手は捉えるだろう。解雇の手紙ならまだしも、懲戒の文書では控えるべきだ。

(4) Please take this advice seriously as the ball is squarely in your court.　Rule5
　The ball is in your court. は「あなたが行動する番だ；あなた次第だ」という意味でよく使われるイディオムだが、このような正式な懲戒の文書に使う表現ではない。

ネイティブ思考の面接・通達

Re: Letter of Reprimand   Date: Oct 2, 2020

Mr. Johnson,

This letter is a formal reprimand for the performance you have exhibited on the job. **(1) Your work, despite encouragement and regular coaching and suggestions from your supervisor, is not improving.**

You have been provided with on-the-job training from three of our most experienced employees, but despite this your performance was rated unsatisfactory for several months in a row. **(2) Your production remains 40% below the output of your coworkers who were hired at the same time. (3) We have identified three specific areas that require immediate improvement.** Your speed, consistency and dependability are a problem when we are trying to fill customer orders.

You have approximately two weeks to demonstrate that you can learn and perform this job. **(4) If you don't show an acceptable level of progress by the end of the two-week period, we will be forced to terminate your employment.**

A copy of this formal, written reprimand will be placed in your personnel file in Human Resources.

(5) Please take this advice seriously, as our preference is always to see employees succeed.

Sincerely,

Kaori Hasegawa

HR Manager

解説

(1) Your work, despite encouragement and regular coaching and suggestions from your supervisor, is not improving. Rule1,3,4

会社側の立場としては、この懲戒の通達が出される前に上司からの励ましなども十分にあったという情報を加えることが重要だ。また、まだ改善は可能だと信じているということも伝わる。

(2) Your production remains 40% below the output of your coworkers who were hired at the same time. Rule3

ここでは単に「平均以下だ」といった言い方ではなく、具体的は数字を出して相手の仕事量がどの程度下回っているのかを提示していてわかりやすい。

(3) We have identified three specific areas that require immediate improvement. Rule3,4

ネイティブ思考の英会話 × 日本人思考の英会話 22

Re: 懲戒の通達　　　　　　　　　　　　　　2020年10月2日

ジョンソン様

これはあなたの職務でのパフォーマンスに対する正式な懲戒の通達です。上司からの励ましや定期的な指導、アドバイスなどにもかかわらず、あなたの仕事は改善していません。

あなたはも最も経験のある従業員の3人から実地トレーニングを受けてきたにもかかわらず、あなたのパフォーマンスは何か月も連続で不十分だと評価されました。あなたの仕事量は同時に採用された同僚の仕事と比べて40％下回っています。すぐに改善が必要な点を3つ確認しています。顧客の注文に応じようとする際、あなたの仕事の速さや一貫性、信頼性が問題となっています。

あなたがこの仕事を学んで遂行できることを示すのに、約2週間を与えます。2週間後までに許容できるレベルの進歩が見られなければ、あなたの雇用を終了せざるを得ません。

この正式な懲戒通達のコピーは人事部のあなたの社員ファイルに保存されます。

私たちは常に従業員のみなさんに成功してほしいと思っていますので、どうかこの忠告を深刻に受け止めてください。

敬具
Kaori Hasegawa
人事部長

　このセンテンスは必ず必要なものではないが、何が「すぐに改善が必要な点」なのかが相手にストレートに伝わり、多少ポジティブな印象を与えることができる。

(4) If you don't show an acceptable level of progress by the end of the two-week period, we will be forced to terminate your employment. Rule1,4

we will be forced to...「私たちは…せざるを得ません」と書くことで、会社としてはこれ以上の懲戒はしたくないと考えていることが伝わる。

(5) Please take this advice seriously, as our preference is always to see employees succeed. Rule1,4

our preference「私たちが好ましいと思うこと」という言葉には従業員をサポートしようというニュアンスがある。従業員を大切にしたいという思いが伝わる表現だ。

会話をさらに広げる +1の表現

条件や仮定を表す表現

条件や仮定を表すif... 以外のフレーズを覚えておこう。

> **If** you don't show an acceptable level of progress by the end of the two-week period, we will be foreced to terminate your employment.
>
> 2週間後までに許容できるレベルの進歩が見られなければ、あなたの雇用を終了せざるを得ません。

▶ In the event that.../In the event of...

通常eventは人の集まる「イベント」の意味で使用されることが多いが、本来の基本的な意味は「出来事」。In the event that... は「…が起こった場合」という意味。

In the event that sales continue to decline, we may have to lower our prices.

売り上げが下がり続けた場合、小売値を下げなければならないかもしれない。

In the event of a fire, do not use the elevator.

火災が起きた場合、エレベータは使わないでください。

In the event that the hurricane hits, we will have to cancel our trip.

ハリケーンが来たら、私たちは旅行を取りやめなければならないだろう。

▶ In the case where...

case「場合；状況」を使った表現で、これも「…が起こった場合」という意味になる。

In the case where performance improves, salary will be re-evaluated.

パフォーマンスが改善したら、給与は見直されるだろう。

▶ Should...

shouldも「…したら」と仮定を表すのに使われる。shouldを主語の前に出した倒置の形なので、動詞が原形になることに注意しよう。

Should the president retire, we will need to select a successor.

社長が引退したら、私たちは後継者を選ぶ必要があるだろう。

Should they not accept the deal, we will make another offer.

彼らがこの取引を受け入れなければ、私たちは別のオファーをするだろう。

144

キーフレーズ＆
バリエーション表現

DL-44

A: Why am I being fired?!

B: Your punctuality, **despite** several warnings, is not improving.

> **A:** どうして私は解雇されるんですか？！
> **B:** 何度も注意したにもかかわらず、時間の厳守が改善されないからです。

despite...「…にもかかわらず」はこのように文中に置いてもいい。punctualityは「時間を守ること；時間を守る几帳面さ」。

A: You wanted to see me, boss?

B: Yes. It has come to my attention that there are several things **that require immediate improvement.**

> **A:** 私に会いたかったんですよね、ボス。
> **B:** ああ。すぐに改善の必要がある点がいくつか私の目に留まったのでね。

require...「…を必要とする」の代わりにbe in need of... を使う人も多い。

A: If you continue to miss days without calling in, we will **be forced to** let you go.

B: I understand. I won't let it happen again.

> **A:** 連絡しないで欠勤を続ければ、退職してもらわざるを得ませんよ。
> **B:** わかりました。もう二度とそういうことが起こらないようにします。

be forced to...は「…せざるを得ない」。また、ここでのlet someone goは、「解雇する」を丁寧にやんわりと伝える表現だ。

A: **Please take this advice seriously,** as you will not get another warning.

B: I will do exactly as you say.

> **A:** この忠告を深刻に受け止めてください。これは最後の警告ですよ。
> **B:** あなたのおっしゃる通りにします。

Please take this advice to heart.「この忠告をしっかり受け止めてください；肝に銘じてください」という決まり文句もある。

日本人思考の面接・通達

Interviewing a Candidate

Hina interviews Eric for a position at a Japanese import/export company.

Hina: Hi Eric, nice to meet you. I'm Hina Ito. Thanks for coming in for an interview.

Eric: Nice to meet you, Ms. Ito. It's my pleasure.

Hina: Okay then, let's get started. (1) **So, tell me about yourself?**

Eric: Well you already have my resume and online profile so, in terms of what I could add to that, I would say I'm an excellent communicator, I'm goal-driven, I enjoy new challenges, and that I continuously strive for self-improvement.

Hina: Those are all great qualities. (2) **What are some of your weaknesses?**

Eric: I don't know if I have a particular weakness. Perhaps a weakness for chocolate?

Hina: (3) **Seriously though, tell me why I should hire you over my other candidates.**

Eric: I think my resume and qualifications speak for themselves. Beyond that, my understanding of Japanese language and culture will benefit your company.

Hina: (4) **Speaking of which, on a personal note, do you like to drink?**

Eric: I would not consider myself a heavy drinker but I can certainly handle social engagements.

Hina: That's good to know. As you know, our business involves a lot of rules and regulations. (5) **Do you consider yourself an honest person?**

Eric: Yes, I do. I have a healthy respect for and am a firm believer in rules and would make it my mission to follow all the rules and procedures required of me.

Hina: (6) **So, if I were to hire you, what benefit would you provide the company?**

Eric: In my previous job, I successfully increased revenue and enacted several cost reduction initiatives, which resulted in higher profit margins for the company.

Hina: Well, that's pretty much all the questions I have. I appreciate your time. You should hear from us in a few days.

解説

(1) So, tell me about yourself? Rule3

　これは曖昧な質問だ。この質問からは自分がどんなことに関心を抱いているのか相手に伝わらないので、曖昧な答えしか引き出せない。

(2) What are some of your weaknesses? Rule1,4

　強みよりも先に弱点を尋ねることは、嘘を言ったり話を作ったりしなければならない状況に相手を追い込むことになりかねないので、避けるべきだ。また、ポジティブな雰囲気の面接にするためには、短所ではなく長所から尋ねるほうがいい。

(3) Seriously though, tell me why I should hire you over... Rule4

　会ったこともないほかの応募者と比較して自分が優れている点をアピールせよ、というのは

<ruby>シーン<rt></rt></ruby> 23 〉 入社志願者を面接する

ヒナは日本の商社でエリックを面接する。

Hina: こんにちは、エリック。はじめまして。ヒナ・イトウです。面接に来てくれてありがとう。

Eric: はじめまして、イトウさん。こちらこそありがとうございます。

Hina: さて、では始めましょう。まずあなた自身について教えてもらえますか?

Eric: はい、すでにレジュメとオンラインでプロフィールをお渡ししてあるので、そこにつけ加えるとすれば、私はコミュケーションが得意で、目標に向かって進み、新しい挑戦を楽しみ、また自分を進歩させるため絶えず努力しています。

Hina: どれもすばらしい資質ですね。あなたの弱点にはどんなものがありますか?

Eric: 特に弱点があるかどうかわかりません。チョコに目がないということかな?

Hina: まじめな話として、ほかの応募者でなくあなたを雇うべき理由を教えてください。

Eric: レジュメと資格を見ていただければその理由がわかります。それ以外にも、私は日本語も日本文化も理解していて御社の役に立てると思います。

Hina: そういえば、個人的なことですが、お酒を飲むのは好きですか?

Eric: たくさん飲むほうではないと思いますが、付き合い程度なら確実に飲みます。

Hina: それはよかった。ご存じの通り、この業界にはルールやしきたりがたくさんありますからね。あなたは自分が正直な人間だと思いますか?

Eric: はい。ルールに対しては健全かつ確固たる敬意を持っていますし、自分に必要なルールや手続きのすべてに従うように心がけています。

Hina: では、あなたを雇ったら、わが社にどんな利益をもたらすでしょうか?

Eric: 前職では、私は収益を増やして複数の経費削減構想を策定するのに成功し、その結果会社の利益率を上げることになりました。

Hina: では、私からの質問はだいたい以上です。お時間いただきありがとう。数日以内に連絡が行くはずです。

ポジティブさに欠け、不適切だ。

(4) Speaking of which, on a personal note, do you like to drink? `Rule1`
　飲酒について面接で尋ねるのは、プライバシーの侵害と受け取られかねない。

(5) Do you consider yourself an honest person? `Rule1,4`
　「自分が正直な人間だと思うか」という質問に「いいえ」と答える人はいない。こういう質問をしてわかることはあまりないはずだ。

(6) So, if I were to hire you, what benefit would you provide... `Rule1,4`
　この時点でこうした仮定の質問に答えることは難しいので不適切。さらにこの質問は、雇用主が従業員に対して一方的に権力を握っているといった関係を示唆している。

ネイティブ思考の面接・通達

Hina: Hi Eric, nice to meet you. I'm Hina Ito. Thanks for coming in for an interview.

Eric: Nice to meet you, Ms. Ito. I appreciate you giving me the opportunity.

Hina: Okay then, let's get started. (1) **So, tell me about why you chose your field of study and how you hope to apply your studies?**

Eric: I became interested in international business after traveling to Japan when I was in high school. Since then, I have been studying Japanese language and culture in hopes of getting a job with a firm like this.

Hina: That shows some excellent motivation. (2) **What are some of your strengths?**

Eric: I would say I'm an excellent communicator, I'm goal-driven, I enjoy new challenges, and that I continuously strive to improve myself.

Hina: (3) **What are your short-term career goals for the next 2-3 years?**

Eric: I hope to apply my knowledge of Japanese language and culture at my job while developing my project management and client management skills.

Hina: Our company has various activity clubs to encourage work-life balance. (4) **Do you have any particular interests or hobbies?**

Eric: In my free time I enjoy activities like running, swimming and biking.

Hina: As you know, our business involves a lot of rules and regulations. (5) **How are you at learning and applying new information such as workplace procedures?**

Eric: I have a healthy respect for and am a firm believer in rules and am confident I can follow all the rules and procedures required of me.

Hina: (6) **In your previous position, how were you able to contribute to your company?**

Eric: In my previous job, I enacted several cost reduction initiatives, which resulted in higher profit margins for the company.

Hina: Well, that's all the questions I have. I appreciate your time. You should hear from us soon.

解説

(1) So, tell me about why you chose your field of study and how you hope to apply your studies? Rule3

志願者について知りたいときはこのように具体的に質問するべきだ。志願者のユニークな経験を知ることもできるだろう。

(2) What are some of your strengths? Rule4

短所よりも長所を尋ねるほうが志願者の正直かつ自発的な答えを引き出すことにつながる。

(3) What are your short-term career goals for the next 2-3 years? Rule1,4

目標ややる気を尋ねる質問は、ほかの志願者との比較のための情報を得るのに有効だ。

(4) Do you have any particular interests or hobbies? Rule1

お酒を飲むかどうかといった質問と比べると、この質問はプライバシーの侵害になりにくく、またほかの従業員とうまくやっていけるかの判断材料にもなりうる。

Hina: こんにちは、エリック。はじめまして。ヒナ・イトウです。面接に来てくれてありがとう。

Eric: はじめまして、イトウさん。面接の機会をいただきありがとうございます。

Hina: さて、では始めましょう。あなたがご自身の研究分野を選んだ理由とその研究をどのように生かしたいかを教えてください。

Eric: 私は高校生のとき日本を旅してから国際ビジネスに興味を持ちました。それ以来、御社のような企業で働きたいと思い日本語と日本文化を勉強してきました。

Hina: それはすばらしい動機ですね。あなたの強みはなんですか?

Eric: 私はコミュニケーションが得意で、目標に向かって突き進み、新たな挑戦を楽しみ、また向上するため努力し続けると言えると思います。

Hina: 今後2、3年の短期の仕事上の目標はなんですか?

Eric: プロジェクト管理や顧客管理のスキルを磨くと同時に、日本語と日本文化の知識を仕事に生かしたいです。

Hina: わが社はワーク・ライフバランスを推進するクラブ活動がいろいろあります。特に関心事や趣味はありますか?

Eric: 余暇にはランニングや水泳、自転車などを楽しんでいます。

Hina: ご存じの通り、この業界にはルールやしきたりが多数あります。あなたは職場の諸手続きのような新しい情報を覚えて適用することについてはどうですか?

Eric: 私はルールに対しては健全な敬意を持ち、その重要性を信じています。必要なルールや手続きのすべてに必ず従えます。

Hina: 以前のポジションでは、あなたは会社にどんな貢献ができましたか?

Eric: 前職では、私は経費削減構想を策定し、その結果会社の利益率を上げることにつながりました。

Hina: では、私からの質問は以上です。お時間いただきありがとう。すぐに連絡が行くはずです。

---

(5) How are you at learning and applying new information such as work procedures? Rule1,3

　この質問は職場の秩序が重要だということを志願者に理解させるためにも重要なものなので、ストレートに尋ねよう。

(6) In your past position, how were you able to contribute to your company? Rule3,4

　これは非常にストレートで面接の核心に触れる質問だ。志願者に自分の仕事と成果を結びつけて説明させることができる。

会話をさらに広げる +1の表現

継続的な状況について語る表現

継続的な取り組みや状況などについて「それ以来…」と言うときの表現のバリエーションを見てみよう。

> I became interested in international business after traveling to Japan when I was in high school. **Since then**, I have been studying Japanese language and culture in hopes of getting a job with a firm like this.
>
> 私は高校生のとき日本を旅してから国際ビジネスに興味を持ちました。それ以来、御社のような企業で働きたいと思い日本語と日本文化を勉強してきました。

▶ ... ever since.

Since then, …と並んで … ever since. も「それ以降…」「それ以来…」という意味を表す表現。どちらもある過去の時点からこれまでの継続的な状況を完了形で伝えるときに使う。…, ever since. は文頭ではなく、文章の最後に置くことが一般的。一方、since then や ever since then なら文頭でも文末でも使用できる。

A: How long have you lived in Japan?

B: I came to Japan when I was in the military and I have lived here **ever since**.

> A: あなたはどのくらい日本に住んでいるんですか？
> B: 私は軍に入っていたとき日に来て、それ以来ずっとここに住んでいます。

▶ From that time on, ...

これも「そのとき以来…」という意味を表すフレーズで、使用頻度の高い表現だ。From that point on, …/From that point forward, …というパターンもよく使われる。Since then や ever since と違い、完了形以外とともに使える。

A: I see from your resume that you majored in international business. Why did you choose that as your major?

B: My father took a job in Europe when I was in middle school. **From that time on,** I knew I wanted to specialize in international business and live abroad.

> A: レジメに国際ビジネスを専攻したとありますね。どうしてこの専攻を選択したんですか？
> B: 私が中学生のとき父がヨーロッパで仕事をしていたんです。そのとき以来、自分が国際ビジネスを専門として海外に住みたいとわかっていました。

A: What are some of your strengths?

B: I am organized and very proficient with computers and IT.

> A: あなたの長所はなんですか？
> B: 私は几帳面でコンピュータやITが得意です。

strength「長所；強み」の反対語はweakness/shortcoming「短所；弱点」。

A: What are your short-term career goals?

B: I want to learn everything I can and advance within the company.

> A: あなたの短期の仕事上の目標はなんですか？
> B: 私は学びうるものをすべて学び、会社で出世したいと思います。

advance within the companyは「（会社で）出世する」。move up the ladder「はしごを上る」も同様に「出世する」という意味になる。

A: Do you have any particular interests or hobbies?

B: I spend all of my free time camping and fishing.

> A: 何か特に興味のあるものや趣味はありますか？
> B: 自由時間はすべてキャンプや釣りに費やしています。

ネイティブは、What are your hobbies?やMy hobbies are... などと言わない。ダイアローグ例のほか、I like... やI'm interested in... ならOK。

A: In your previous position, what did you dislike the most about your job?

B: The constant travel was the toughest part.

> A: 以前のポジションに就いていたとき、その仕事に関して何がいちばんいやでしたか？
> B: 絶えず出張があるのがいちばん大変でしたね。

at your previous jobやin your previous line of workも「以前の職では…」という意味で、過去の経歴を語る際に使える表現だ。

日本人思考の面接・通達

> Sitting for an Interview

Makiko is being interviewed for a job with ABC Corporation.

Jim: Welcome to ABC Corp, Makiko. My name is Jim Hawkins. I am the head of HR and will be conducting your interview today.

Makiko: (1) **Nice to meet you Jim.** Thank you for this opportunity.

Jim: What is it about our company that attracted your attention?

Makiko: I must admit, I had never heard of this company prior to seeing your ad. But after some checking, (2) **I was impressed with what you do and how you do it.**

Jim: Tell me a little bit about your responsibilities at your current job.

Makiko: (3) **My responsibilities include sales, invoicing, inventory and shipping.**

Jim: What do you consider your strengths to be?

Makiko: I am a good communicator, and I am very organized.

Jim: And your weak points?

Makiko: (4) **I don't believe I have any weak points that would impact my ability to fill this position.**

Jim: I see. What kind of role do you see yourself having here at ABC Corp? What are your ambitions?

Makiko: (5) **I'll be happy to do whatever the company requires.**

解説

(1) Nice to meet you Jim. Rule1

　欧米の職場では同僚をファーストネームで呼ぶのが一般的だが、だからといって面接官やはじめて会った顧客などをファーストネームで呼ぶのは不適切だ。そのうち相手がどのように呼ばれることを希望しているかわかってくるので、ファーストネームで呼ぶのはそれからにするべきだ。

(2) I was impressed with what you do and how you do it. Rule3

　what you do and how you do it「あなたがやっていることとそのやり方」というのは文法的に正しく日常会話で便利に使える表現ではあるのだが、この場面ではあまりに漠然としすぎている。この企業について自分がいかに理解しているかをアピールするチャンスなのだから、具体的に話すことが大切だ。

(3) My responsibilities include sales, invoicing, inventory and shipping. Rule3

　この仕事範囲の伝え方はあまりに幅広すぎて漠然としている。営業から発送までいろいろな仕事が含まれてはいるが、具体的なスキルや職務には触れられていない。このような場合、oversee「監督する」、manage「管理する」、control「管理する」、process「処理する」などの語を使ってより具体的に表現したい。

シーン 24 面接を受ける

マキコはABC Corpの面接を受けている。

Jim: ABC Corpへようこそ、マキコ。私の名前はジム・ホーキンズです。人事部長で、今日のあなたの面接を担当します。

Makiko: はじめまして、ジム。面接の機会をいただきありがとうございます。

Jim: 当社のどんなところがあなたの関心を引いたんですか?

Makiko: 正直申しまして、募集広告を見るまで御社のことを聞いたことがなかったんです。でも調べてみると、御社のやっていることや、そのやり方に感銘を受けました。

Jim: 現職での職務について少々教えてください。

Makiko: 私の仕事は営業や請求、在庫管理と配送です。

Jim: あなたの強みはなんだと思いますか?

Makiko: 私はコミュニケーションが得意で、また非常に几帳面です。

Jim: 短所はどうですか?

Makiko: この仕事を行うのに影響を与えるような短所はないと思います。

Jim: そうですか。ABC Corpでどのような役割を果たしたいと考えていますか? どんな意欲をお持ちですか?

Makiko: 私は御社が必要とすることならなんでも喜んでやります。

---

(4) I don't believe I have any weak points that would impact my ability to fill this position. `Rule1`

　一見ポジティブに感じられる答えかもしれないが、面接という場ではポジティブすぎてむしろ見栄を張っていると受け取られマイナスになってしまう。「ポジティブであるべき」というRule 4も行きすぎてはいけない。マキコはもう学ぶべき点もなく成長の余地がないと思われてしまう。ここでは正直に短所も述べるほうが効果的だ。

(5) I'll be happy to do whatever the company requires. `Rule1,3,4`

　この「会社の言うことはなんでも喜んでやる」という表現は漠然としているだけでなく、面接官が嫌う類いの使い古した答えだ。ここは、自分のスキルがそのポジションに合うこと、そしてもっと成長したいという意欲をアピールする絶好のチャンスと捉えて具体的に答えるようにしたい。

ネイティブ思考の面接・通達

Jim: Welcome to ABC Corp, Makiko. My name is Jim Hawkins. I am the head of HR and will be conducting your interview today.

Makiko: (1) **Thank you for this opportunity, Mr. Hawkins. I am very much looking forward to being a member of the ABC team.**

Jim: What is it about our company that attracted your attention?

Makiko: (2) **I must admit, at first, I wasn't very familiar with ABC Corp. In the course of reviewing your website, I was impressed with both your products and your corporate culture.**

Jim: Tell me a little bit about your responsibilities at your current job.

Makiko: My primary responsibilities are to oversee product flow. I make sure there are no discrepancies from the time products are sold to when they are shipped.

Jim: What do you consider your strengths to be?

Makiko: I am a good communicator, and I am very organized.

Jim: And your weak points?

Makiko: (3) **I tend to be a little intimidated by people around me. I think I also tend to be behind when it comes to using new technology. These are things I will continue to improve upon.**

Jim: I see. What kind of role do you see yourself having here at ABC Corp? What are your ambitions?

Makiko: (4) **I think my current experience dovetails nicely with the position you have open as warehouse manager, and I hope to continue to grow right along with ABC Corp.**

解説

(1) Thank you for this opportunity, Mr. Hawkins. I am very much looking forward to being a member of the ABC team. Rule1,4

　最初に面接してもらうことへの感謝を述べ、さらに面接に対する自分の意欲を直接的に伝えている。ポジティブないいムードで面接をスタートさせることが重要だ。

(2) I must admit, at first, I wasn't very familiar with ABC Corp. In the course of reviewing your website, I was impressed with both your products and your corporate culture. Rule1,3,4

　p. 152のダイアローグではI had never heard of this company「この会社のことは聞いたことがなかった」と言っていたが、これは社員には屈辱的な響きを持つかもしれない。I wasn't very familiar with...「あまりよく知らなかった」というほうがずっとソフトでポジティブな響きになる。また、自分が感銘を受けた点を具体的に述べているのも好ましい。

(3) I tend to be a little intimidated by people around me. I think I also tend to be behind when it comes to using new technology. These are things I have been trying to and will continue to improve upon. Rule3,4

Jim: ABC Corpへようこそ、マキコ。私の名前はジム・ホーキンズです。人事部長で、今日のあなたの面接を担当します。

Makiko: 面接の機会をいただきありがとうございます、ホーキンズさん。ABCチームのメンバーになることをとても楽しみにしています。

Jim: 当社のどんなところがあなたの関心を引いたんですか?

Makiko: 正直申しまして、最初はABC Corpのことはあまり詳しく知らなかったんです。御社のウェブサイトをよく見てみたところ、御社の製品や社風に感銘を受けました。

Jim: 現職での仕事内容について少々教えてください。

Makiko: 私の主な仕事は製品の流れを監督することです。製品が購入されてから配送されるまでに不具合がないかどうか確認しています。

Jim: あなたの強みはなんだと思いますか?

Makiko: 私はコミュニケーションが得意で、また非常に几帳面です。

Jim: 短所はどうですか?

Makiko: 周りの人に対して少し物怖じしてしまう傾向があります。また、新しいテクノロジーを使うことについては遅れがちだと思います。これらは改善し続けていきたい点です。

Jim: そうですか。ABC Corpでどのような役割を果たしたいと考えていますか? どんな意欲をお持ちですか?

Makiko: 御社の倉庫のマネージャーというポジションに今の私の経験がぴったり合うと考えています。また、ABC Corpとともに成長し続けたいと思っています。

　ここでマキコは自分が認識している短所を正直に伝えている。長所と同じ数の短所を述べており、こうしたことは必須ではないが実際には評価されることも多いものだ。また、短所に気づいているだけでなくそれを改善しようとしていることも必ず伝えよう。

(4) I think my current experience dovetails nicely with the position you have open as warehouse manager, and I hope to continue to grow right along with ABC Corp. Rule3,4

　dovetailは「適合する」という意味の語。何か別のことをやるにあたって自分の過去の経験がぴったりで役に立つと伝えたいときに使えるキーワードだ。マキコは自分のやりたい仕事をダイレクトに伝え、かつ会社の発展を支えつつさらに学ぼうとする意欲があることを示している。

会話をさらに広げる
＋1の表現

自分の経験をアピールする表現

面接では、自分の経験が希望する職にマッチすることを伝える必要がある。そんなときに使える表現を紹介しよう。

Jim: I see. What kind of role do you see yourself having here at ABC Corp? What are your ambitions?

Makiko: I think **my current experience dovetails nicely with** the position you have open as warehouse manager, and I hope to continue to grow right along with ABC Corp.

> **Jim:** そうですか。ABC Corpでどのような役割を果たしたいと考えていますか？ どんな意欲をお持ちですか？
>
> **Makiko:** 御社の倉庫のマネージャーというポジションに今の私の経験がぴったり合うと考えています。ABC Corpとともに成長し続けたいと思っています。

▶ My experience dovetails nicely with...

dovetail は、もともとは「ほぞを作って木材をはめ込む」ことだが、転じて「ぴったり合う；適合する」という意味になった。自分の経験が希望する職種に活かせることをアピールするのにいい表現だ。同様に「合う；合致する」という意味のシンプルな動詞には match... や fit...、correspond to[with]... がある。

▶ My previous work experience matches...

A: Why do you think you should be chosen for this position?

B: **My previous work experience matches** the requirements of the job you are offering.

> **A:** なぜこのポジションにあなたが選ばれるべきだと思うのですか？
> **B:** 私の前職での経験が御社の仕事の要件に合致しているからです。

▶ The skills I have learned from previous job experience fit perfectly with...

A: Why are you qualified to take this job?

B: **The skills I have learned from previous job experience fit perfectly with** your opening for a marketing director.

> **A:** なぜあなたがこの仕事に適任なのですか？
> **B:** 前職の経験で学んだスキルが御社のマーケティング部長の職に完璧に合っているからです。

A: We have decided to award you the position in our marketing department.

B: **I must admit,** I wasn't very confident that you would choose to hire me.

> **A:** 私どもはマーケティング部のポジションをあなたに与えることにしました。
> **B:** 正直言いまして、御社が私の採用を選択するかどうかあまり自信がなかったんです。

I must admit, ... の代わりに I must confess, ... や I have to say... も使える。

A: When did you start to learn Japanese?

B: **In the course of** getting my masters degree, I befriended several Japanese students.

> **A:** あなたはいつ日本語を勉強し始めたんですか？
> **B:** 修士課程で、何人かの日本人学生と友だちになったんです。

日常会話ならシンプルに While I was... などを使ってもいい。

A: Do you consider yourself to be a leader or a follower?

B: **I tend to be** passive at first, and then more aggressive as I become comfortable with my work environment.

> **A:** あなたは自分がリーダーになるタイプか部下になるタイプかどちらだと思いますか？
> **B:** はじめは受け身になりがちなのですが、仕事環境になじんできたら積極的になります。

tend to ... は「…しがちだ」と性格や行動の傾向を表す。

A: Why are you seeking a new position?

B: **I hope to** grow as a manager and want to apply my skills on a bigger stage.

> **A:** あなたはなぜ新しい職を探しているんですか？
> **B:** 私はマネージャーとして成長し、より大きな舞台でスキルを活かしたいんです。

stage は「舞台」だが、ここでは「(希望する) 会社」を指す。

日本人思考の社員と顧客

› Apologizing to a Client for an Error

Henry mixed up client specifications (SLES vs. client specified SLS) during test planning for a new product.

Henry: (1) **Thank you for making time for this progress report meeting.**

Ms. Sato: Of course, I appreciate you keeping me up to date.

Henry: (1) **I appreciate being able to work on this project.** (2) **So, the planning and testing phase have gone largely according to plan and we are close to completing the schedule and estimates for manufacturing and marketing.**

Ms. Sato: That's good to hear. We are on somewhat of a tight schedule so it's reassuring knowing that product development is going according to plan.

Henry: Yes, well actually, there is a bit of bad news that I need to share.

Ms. Sato: Oh really?

Henry: (3) **Yes, unfortunately, it seems there was a bit of a mix-up with the product ingredient specifications.**

Ms. Sato: Excuse me?

Henry: Yes, when preparing for this meeting I realized a minor error was made with the ingredients list for product test samples. (4) **Your ingredient specifications called for SLS but it appears that SLES was used instead.** As a result, we will need an additional two weeks to redo testing with the appropriate samples.

Ms. Sato: (angry) Well, that's not a "minor" mix-up! In our industry, that is a major problem. And secondly, an additional two weeks is going to force us to delay our product launch. This is very disappointing.

Henry: (5) **I hope you understand.**

解説

(1) Thank you for making time for this progress report meeting./I appreciate being able to work on this project. Rule1,2,3

　こうしたsmall talkはよく言えば社交辞令や世間話だが、相手によっては無駄話かもしれない。特に問題を報告する場面では、こういった切り出し方は避けるべきだ。

(2) So, the planning and testing phase have gone largely according to plan and we are close to completing the schedule and estimates for manufacturing and marketing. Rule1,2,3

　顧客はプロジェクトに影響する要素を先に知りたいはず。悪いニュースを後回しにして先にいいニュースを伝えるのはルール違反だ。相手を持ち上げてから突き落とす（Built up before being let down.）展開になってしまい、余計失望されてしまう。

(3) Yes, unfortunately, it seems there was a bit of a mix-up with the product ingredient specifications. Rule1,3

取引先にミスを謝罪する

ヘンリーが新商品のための検証試験の際、クライアント指定の原材料（SLS）と違うもの（SLSE）を手配してしまった。

Henry: 進捗状況の報告会議に時間を割いていただきありがとうございます。

Ms. Sato: とんでもない、近況を聞かせていただき感謝しています。

Henry: 私こそ今回のプロジェクトに参加できて光栄です。さて、企画と検証試験は概ね予定通り進んでいて、生産と販促のスケジュールとお見積もりがほぼ仕上がっています。

Ms. Sato: それはよかったです。今回はちょっと厳しいスケジュールなので、商品開発が予定通りに進んでいるようで安心しました。

Henry: ええ、しかし実をいうとちょっとした問題がございまして、そのご報告をしなければなりません。

Ms. Sato: おや、なんでしょう。

Henry: はい、残念ながら商品の原材料の仕様書で多少の手違いがあったようなんです。

Ms. Sato: なんですって？

Henry: ええ、この打ち合わせのための準備をしているところでごく最近になって気がつきましたが、検証試験に使用するサンプルを準備しているときに原材料リストでちょっとした間違いがあったんです。御社の仕様書ではSLSが指定されていたにもかかわらず、どうもSLESが使われたようです。そのため、適切なサンプルで検証試験をやり直すのにさらに2週間が必要なんです。

Ms. Sato: （怒って）それは「ちょっとした」手違いではないですよ！ 私たちの業界ではそれは重大な問題ですよ。また、さらに2週間スケジュールが延期されることは製品の発売開始を遅らせることになります。本当に残念です。

Henry: どうかご理解ください。

---

it seems...「…のように思われる」や a bit of...「ちょっと…」、また次のヘンリーの発言に出てくるminor error「ちょっとした間違い」のような表現は、自分の責任を回避しようとしているように取られてしまう可能性がある。自分にとってはちょっとしたミスに思えたとしても、相手は一日の猶予もないほど急いでいるかもしれないのだ。

(4) Your ingredient specifications called for SLS but it appears that SLES was used instead. Rule1,3

it appears...「…のように思われる」は上のit seems...と同様で、たったの2語だが相手を怒らせてしまう可能性がある。また、状況報告をしているのに、はっきり原因がわかっていないような印象を与えてしまう。より明白な表現を使いたい。

(5) I hope you understand. Rule1

謝罪としてこの表現を使うこともなくはないが、軽率な印象を与えかねず、顧客に対して使うのはふさわしくない。

ネイティブ思考の社員と顧客

Henry: Thank you for making time for this meeting.

Ms. Sato: Of course. I appreciate you keeping me up to date.

Henry: (1) **I need to begin by providing a critical update on the planning and testing phase.**

Ms. Sato: Oh, has something gone wrong?

Henry: (2) **Unfortunately, yes, I made an error with the product ingredient specifications.** While your ingredient specifications called for SLS, I mistakenly specified the use of SLES in the test sample.

Ms. Sato: Well, that is certainly not acceptable.

Henry: (3) **I agree completely. Please allow me to apologize for not informing you sooner.** (4) **I have to be honest and say that I only recognized my error when preparing for this meeting.**

Ms. Sato: Well, I appreciate your honesty but what impact will this have on the project?

Henry: (5) **We need two additional weeks to redo testing with the appropriate samples.** Please rest assured that all other aspects of the planning and testing phase are going according to plan.

Ms. Sato: (disappointed) An additional two weeks is going to force us to delay our product launch.

Henry: I am truly sorry for the mix-up and any delays this will cause.

解説

(1) I need to begin by providing a critical update on the planning and testing phase. Rule2,3

ここでは状況の重大さを伝える表現が2つ含まれている。まずは文頭の I need to begin by... だ。一気にクライアントの注意を引く表現なので、大切な情報を伝えるときに適している。もうひとつは critical update だ。critical は、critical condition「危機的状況」や critical failure「重大な失敗」など事の重大さを伝えるための単語。クライアントが予想外の影響を受けるような場面ではこういった強い表現が妥当だ。

(2) Unfortunately, yes, I made an error with the product ingredient specifications. Rule3,4

p. 158のダイアローグのような原因追及のやり取りは時間のロスになる。率直なコミュニケーションを使うことによって時間のロスを最小限に抑えることができる。また顧客に必要な情報を率直に伝えることで、問題に対する自身の前向きな姿勢を見せることができる。

(3) I agree completely. Please allow me to apologize for not informing you sooner. Rule1

相手が怒ったままではなかなか話が進められない。状況を前進させるには、まず自分の

Henry: お時間を割いていただきありがとうございます。

Ms. Sato: とんでもない、近況を聞かせていただき感謝しています。

Henry: まず企画・検証段階で重大な事案が発生しましたので、ご報告させてください。

Ms. Sato: おや、何か問題があったんですか?

Henry: はい、申し訳ありませんが、製品の原材料の仕様書で私がミスをしてしまいました。御社の仕様書ではSLSが指定されていたにもかかわらず、誤って試験サンプルにSLESの使用を指定してしまいました。

Ms. Sato: そんなんじゃ困りますよ。

Henry: まことに返す言葉もございません。また、もっと早くお知らせできなくて申し訳ありませんでした。正直申しますと、この打ち合わせのための準備をしているところで自分のミスに気がつきました。

Ms. Sato: まあ、正直に打ち明けていただいたのはありがたいですが、このことがプロジェクトにどのように影響するでしょうか?

Henry: 適切なサンプルで検証試験をやり直すのにさらに2週間が必要です。ただし、このミスを除いては、企画と検証試験は予定通りに進んでいますのでご安心ください。

Ms. Sato: (がっかりして) 2週間スケジュールが延期されることは製品の発売開始を遅らせることになりますね。

Henry: 手違いと遅れでご迷惑をおかけし本当に申し訳ありません。

落ち度を認めることだ。I agree completely. は相手の主張を積極的に受け入れる姿勢を示す表現だ。日本語と同じく、英語でも謝罪の言葉はたくさんある。この場面においては、I'm sorry for not informing you sooner. やPlease forgive me for not informing you sooner. も問題なく使えるが、Please allow me to apologize for... は一段と丁寧で、特に自分に落ち度があったときにふさわしい表現だ。

(4) I have to be honest and say that I only recognized my error when preparing for this meeting. Rule3

I have to be honest...「正直に言うと…」にはさまざまな使い方がある。謝罪の場面だけではなく、意見を述べるときや反対の姿勢を示したいときにも使える。この場面では、自分が正直に問題の原因を明かしていることが相手に伝わる表現となっている。

(5) We need two additional weeks to redo testing with the appropriate samples. Rule3

このWe need...という表現では、曖昧さを排除して必要な時間を伝えている。ミスをしたという状況にあっても自分は頼れる存在だという印象を残せる可能性がある。

会話をさらに広げる +1の表現

信頼を回復する表現

仕事上のミスが起きてしまったら謝罪するのが当たり前。謝罪だけで終わらせるのではなく、信頼を回復する表現を使って真摯な姿勢を見せるチャンスに変えよう。

Henry: We need two additional weeks to redo testing with the appropriate samples. Please rest assured that all other aspects of the planning and testing phase are going according to plan.

Ms. Sato: (disappointed) An additional two weeks is going to force us to delay our product launch.

Henry: I am truly sorry. **Please trust that I will do everything in my power to** accelerate this progress and get back on schedule.

Henry: 適切なサンプルで検証試験をやり直すのにさらに2週間が必要です。ただし、このミスを除いては、企画と検証試験は予定通りに進んでいますのでご安心ください。

Ms. Sato: （がっかりして）2週間スケジュールが延期されることは製品の発売開始を遅らせることになりますね。

Henry: 本当に申し訳ございません。進行を速めてスケジュール通りに戻すためできる限りの努力をしますので、信じてください。

▶ Please trust that...

上のダイアローグでは、謝罪のあとさらに「…するためできる限りの努力をしますので、信じてください」という力強い発言を加えている。これはトラブルが起きたときや特別な対応が求められる場面など、相手に安心を与えたいシチュエーションで有効だ。このフレーズで特徴的なのは文章がシンプルでわかりやすい点だ。1）Please trust 2）I will do 3）everything in my powerという3つの要素から構成され、能動的で相手にわかりやすいキーワードを集結させている。また、以下のようにI will do everything in my power to...だけを使ってもいい。

A: I can't believe the flight has been canceled. I'm going to miss my cruise!

B: Please accept our apologies. **I will do everything in my power to** get you to your cruise ship in time.

A: フライトが欠航だなんて信じられない。これじゃクルーズを逃してしまうわ！

B: 大変申し訳ございません。クルーズの出発に間に合いますよう全力を尽くします。

A: Kenta, can you give us a status update on the new office construction?

B: Well, **I need to begin by saying that** we are at least two-weeks behind schedule due to weather.

　　A: ケンタ、新しいオフィス建設の近況報告をしてくれない？

　　B: あの、まず天候のせいで少なくとも2週間遅れているとお伝えしなければなりません。

　このように発言を始めることにより、緊急性や申し訳なく思う気持ちが伝わる。

A: Why aren't the samples ready yet?

B: **Unfortunately, I made an error with** the machine settings, so we have to print them over again.

　　A: どうしてまだサンプルが用意できていないんですか？

　　B: 申し訳ありませんが、機械の設定を間違えてしまいまして、印刷をやり直さなければならないんです。

　ここでのUnfortunately, ...は「申し訳ありませんが…」。errorは mistake に置き換え可。

A: Unfortunately, we are not going to be able to meet the current deadline.

B: The deadline is next Monday! Why are you just telling us that now?!

A: **Please allow me to apologize for** not letting you know sooner. Until yesterday, I thought it was still possible.

　　A: 申し訳ありませんが、現在の締め切りに間に合いそうにありません。

　　B: 締め切りは今度の月曜ですよ！ どうして今そんなことを言うんですか？！

　　A: もっと早くお知らせせず申し訳ありません。昨日までまだ間に合うと思っていたんです。

　Please let me apologize for...も同様の謝罪フレーズ。Please forgive me for...も使えるが丁寧度は下がる。

A: Why are we so far behind schedule?!

B: **I have to be honest and say that** the delays were due to design flaws.

　　A: どうしてこんなにスケジュールから遅れているんですか？！

　　B: 正直申しますと、この遅れはデザイン上の瑕疵のせいだったんです。

　The truth of the matter is...「実を言えば…」も同様に使える。

日本人思考の社員と顧客

⟩ **Requesting Last-Minute Changes**

Kazu is calling Bess & Sons, the printing company he uses, to request changes to the company brochures he placed an order for.

Kazu: Bess, this is Kazu Sato from Nanotech Corp. I'm calling about the brochure order we placed last week. (1) **We'd like to make some changes.**

Bess: Mr. Sato, we appreciate your business. What kind of changes?

Kazu: We need to change the artwork on the front and back cover. (2) **It appears that there are some copyright issues we didn't anticipate.**

Bess: You're just telling me now?! Well, the problem with that is, we have already printed and packaged half of the order. Now we are starting from scratch!

Kazu: (3) **We'd be willing to pay for the product you already finished, but since we are only talking about swapping out two pictures, can't you print the new batch for the same price?!**

Bess: Those are the only changes?

Kazu: Yes. Everything else is the same as quoted.

Bess: Tell you what, send me the photos in PSD format. I'll take a look and get back to you.

Kazu: I'll send them first thing in the morning. There's one more thing, though. We need those brochures for an upcoming trade show. (4) **What are the odds of getting them by the original due date?**

Bess: That order was due to be shipped tomorrow! There is no way we can print that kind of volume in that short amount of time.

Kazu: (5) **How does a 50% expedite fee sound?** Would that make it possible?

Bess: I'll have to get back to you in the morning when I can review the new photos and talk to my people.

解説

(1) We'd like to make some changes.　Rule1,3

　would like to...「…したいと思います」は、自分の希望や意思を示すには積極性や必要性があまり感じられない表現だ。こういう状況では、need to...「…する必要がある」やIt's imperative that we do...「緊急で…する必要がある」という表現のほうがふさわしい。

(2) It appears that there are some copyright issues we didn't anticipate.　Rule1,3

　It appears that...「…のようだ」という表現は、この文脈では「自分は関係ない」といった無責任な印象を与えてしまうので避けたほうがいい。

(3) We'd be willing to pay for..., but since we are only talking about swapping out two pictures, can't you print the new batch for the same price?!
　Rule1,2,4,5

シーン 26 〉 土壇場で変更を依頼する

カズは、印刷会社のベス＆サンズに、注文している会社案内パンフレットへの変更依頼をしようと電話している。

Kazu: ベス、ナノテック社のカズ・サトウです。先週お願いしたパンフレットの注文のことでお電話しています。いくつか変更をしたいのですが。

Bess: サトウさん、いつもありがとうございます。どのような変更でしょうか？

Kazu: 表紙と裏表紙の写真を変更する必要があるんです。予期していなかった版権の問題があるようでして。

Bess: 今それをおっしゃるんですか？！ あの、それについての問題は、ご注文の半分はすでにプリントして梱包されているということです。また最初からやるんですね！

Kazu: すでに完成している製品の支払いはするつもりですが、2つの写真を差し替えるだけなので、新たな版を同じ値段で刷るということはできませんか？！

Bess: 変更はそれだけですか？

Kazu: ええ。ほかはすべて見積もりと同様です。

Bess: ではですね、フォトショップ形式の写真を送ってください、それを見てまた折り返し電話します。

Kazu: 朝一でお送りします。でもあとひとつあるんです。そのパンフレットが今度のトレードショーで必要なんです。当初の期日までに納品できる確率はどのくらいですか？

Bess: その注文は明日発送の予定だったんですよ！ その量をそんなに短期間で刷ることはとてもできませんよ。

Kazu: 50%の特急料金ではどうですか？ それで可能になりませんか？

Bess: 新しい写真を確認して部下に相談してから午前中にまた電話しなくてはならないでしょうね。

---

we are only talking about doing...「…の話をしているだけ」は、たいした問題ではなくすぐ解決できるはずという考えを相手に押しつけたような言い方だ。Can't you...? も依頼の表現としては失礼だし、swapというスラング的表現も不適切。また、会話の後半で当初の期日通りに仕上げてほしいという依頼もしているが、これも先に言うべきだった。

(4) What are the odds of getting them by the original due date? Rule1,4,5

What are the odds of -ing...?「…する確率はどのくらいですか？」は依頼をする際のスラング的表現。真摯さに欠けるだけでなく、「おそらく無理だろうが」といったニュアンスもある。

(5) How does a 50% expedite fee sound? Rule1,5

How does...sound? は日常的な話題で相手の意見を聞くときに使うカジュアルな表現で、この状況には不釣り合い。ここでは賄賂でも渡そうとしているかのように聞こえてしまう。

ネイティブ思考の社員と顧客

Kazu: Bess, this is Kazu Sato from Nanotech Corp. I'm calling about the brochure order we placed last week. **(1) I realize this is last-minute, but we need to make some minor changes.**

Bess: Mr. Sato, we appreciate your business. What kind of changes are we talking about?

Kazu: We need to switch the artwork on the front and back cover, but only two of the pictures need to be replaced. We are facing some copyright issues we didn't anticipate. **(2) I'm really sorry for the inconvenience.**

Bess: Well, the problem with that is, we have already printed and packaged half of the order. I'd have to give you an estimate and start from scratch.

Kazu: We'll be happy to pay for the product you already finished. **(3) Since time is of the essence, I took the liberty of sending the replacement files to you by e-mail.**

Bess: Oh, okay. Let me take a look. These are the only changes?

Kazu: Yes. Everything else is the same as you originally quoted. Is there any way that you can keep your original price?

Bess: I think we can work with you on that.

Kazu: There's one more thing, though. **(4) I know it's a lot to ask, but can you keep the original deadline?** We need those brochures for an upcoming trade show.

Bess: That order was due to be shipped tomorrow! Even though these changes are small, we'd have to work all night!

Kazu: **(5) What can we do to make it happen?** If you need to charge us an expedite fee, I am sure management would consider it.

Bess: In light of our long relationship, I will only charge you what it actually costs to pay my staff overtime. Does that sound fair?

Kazu: That is more than fair! I can approve that on my own authority. We owe you one.

解説

(1) I realize this is last-minute, but we need to make some minor changes.
Rule1,2,4

I realize…, but… は、重大な頼みごとを言う前に「…とわかっているけれど…」と前置きする表現として使える。I'm sorry…と同様の申し訳ない気持ちを伝えられる。

(2) I'm really sorry for the inconvenience. Rule1,4

カズがお詫びの言葉を繰り返すことは、ベスに協力しようと思ってもらうためには不可欠だ。I'm sorry for the inconvenience, but…と依頼の文の前にbutをつけて使ってもいい。

(3) Since time is of the essence, I took the liberty of sending the replacement files to you by e-mail. Rule1,2,4

take the liberty of -ing… は「勝手ながら…する」という意味。ここでは、カズは相手の許可を得る前に自分で時間短縮になると思って積極的に行動していることがわかる。貴重な

Kazu: ベス、ナノテック社のカズ・サトウです。先週お願いしたパンフレットの注文のことでお電話しています。直前になってしまいすみませんが、いくつかちょっとした変更が必要なんです。

Bess: サトウさん、いつもありがとうございます。どのような変更でしょうか?

Kazu: 表紙と裏表紙の写真を変更する必要があるのですが、2枚の写真を差し替える必要があるだけです。予期していなかった版権の問題に直面していまして。お手数をおかけして本当に申し訳ありません。

Bess: あの、それについて問題なのは、ご注文の半分はすでにプリントして梱包されているということです。お見積もりを出して最初からやらないといけませんね。

Kazu: すでに完成している製品については喜んでお支払いするつもりです。時間が最重要事項ですから、勝手ながら代替のファイルをEメールでお送りさせていただきました。

Bess: わかりました。見てみますね。変更はこれだけですか?

Kazu: はい。ほかはすべて御社の当初の見積もりと同様です。なんとか元の料金でやっていただくことはできませんか?

Bess: それについては大丈夫だと思います。

Kazu: しかし、あともうひとつあるんです。大変なお願いとは承知していますが、当初の期日までにやっていただけませんか? そのパンフレットが今度のトレードショーで必要なんです。

Bess: その注文は明日発送の予定だったんですよ! 変更が少ないとしても徹夜でやらないといけないじゃないですか!

Kazu: それを実現するために私たちに何ができるでしょうか? 特急料金が必要なら、上の者が必ず考慮してくれると思います。

Bess: 長いお付き合いですので、スタッフへの残業代を払うための実費だけを請求させていただきます。それでよろしいでしょうか?

Kazu: 十分すぎるほどです! それなら私の権限で承認できます。恩に着ます。

時間を無駄にしないように自分から必要な情報を伝えることが大切だ。

(4) I know it's a lot to ask, but can you keep the original deadline? Rule1,3

I know..., but... は(1)のI realize..., but...と同様に頼みごとの前置きとして使える表現だ。I know it's a lot to ask, but...と言えば、相手の負担になることを礼儀正しく依頼できる。

(5) What can we do to make it happen? Rule1,4

カズはIではなくweを主語にしており、両者がひとつのチームであるといった印象を与えている。ここでyouを使ってしまうと、この状況を相手だけに背負わせるように聞こえてしまうので要注意。make...happenは「(困難な状況でも)…を実現する」という意味の表現。

会話をさらに広げる +1の表現

直面する問題を伝える表現

トラブルで緊急対応が求められるときに、自分が直面している問題をストレートに伝える表現を押さえておこう。

> **Bess:** Mr. Sato, we appreciate your business. What kind of changes are we talking about?
>
> **Kazu:** We need to switch the artwork on the front and back cover, but only two of the pictures need replaced. **We are facing** some copyright issues we didn't anticipate.
>
> **Bess:** サトウさん、いつもありがとうございます。どのような変更でしょうか?
>
> **Kazu:** 表紙と裏表紙の写真を変更する必要があるのですが、2枚の写真を差し替える必要があるだけです。予期していなかった版権の問題に直面していまして。

▶ We are facing...

ビジネスではさまざまな問題に直面することが多い。そんなときには We are facing...「私どもは…に直面しています」という表現で状況をストレートに伝えよう。face「直面する」を使うと、問題を認識し、それに対処しようとする姿勢が伝わる。

A: Why hasn't construction on the new manufacturing facility started yet?

B: **We are facing** some resistance from local residents. They are opposing the plant construction because they are afraid it will cause pollution.

> **A:** どうして新しい製造施設の建設がまだ始まっていないんですか?
> **B:** 地元の住民からの反対に直面しています。工場が汚染を引き起こすことを危惧して建設に反対しているんです。

▶ We are encountering.../We are experiencing...

encounter「直面する」や experience「経験する」も同様のニュアンスで使える。

A: Why is production so slow recently?

B: **We are experiencing** some problems with the new software we installed to control the production lines.

> **A:** どうして最近生産がこんなに遅いんですか?
> **B:** 生産ラインを制御するのに導入した新しいソフトの問題に直面していまして。

問題に「直面している」でなく「対処している」と言うなら、We are tackling.../We are dealing with... が使える。

キーフレーズ＆
バリエーション表現

A: I realize this is last-minute, but can you deliver our order a few days early?

B: We will do our best.

> A: 直前になってしまいすみませんが、わが社の注文品の配送を数日早めてもらえませんか？
> B: 最善を尽くします。

last-minuteの代わりに、short-noticeも「直前の；間際の」という意味でよく使われる。

A: Mr. Sato from our accounting firm came by while you were gone. **I took the liberty of meeting** with him in your stead.

B: What did he have to say?

> A: あなたの外出中に会計事務所のサトウさんがいらっしゃいました。勝手ながら代わりに会っておきました。
> B: 彼の用件はなんだったんですか？

take the liberty of -ing... は相手のために、許可を得ず自分の判断で動くときの表現だ。

A: I know it's a lot to ask, but can you possibly work on your day off tomorrow? We are really shorthanded.

B: Sorry, I already have plans that can't be changed.

> A: 大変なお願いだとはわかっているけど、明日の休日に仕事してもらえない？ 人手が本当に足りないの。
> B: ごめん、もう変えられない予定があるんだ。

a lot to askをtoo much to askとすれば「無理を言ってすまない」という意味合いが強まる。

A: It is going to take at least two weeks to procure the materials you need.

B: We need them in ten days. **What can we do to make that happen?**

A: Are you willing to pay double the original price?

> A: 御社の必要な素材の入手に少なくとも2週間はかかりそうです。
> B: 私たちは10日後に必要なんですよ。それを可能にするにはどうすればいいですか？
> A: 元の2倍の料金をお支払いになるお気持ちはありますか？

不可能に見えることを実現するために、協力を申し出る表現。

日本人思考の社員と顧客

〉 **Negotiating Higher Rates**

Lily is a freelance writer who has decided she needs to improve profitability by negotiating for better rates with her existing clients.

Lily: Hi Paul, thanks for taking my call.

Paul: No problem, Lily. How can I help you?

Lily: (1) **As you know, I've provided services to your company for several years now and I think my track record speaks for itself.**

Paul: Of course. We've definitely come to rely on your services.

Lily: Well thank you. I have reached a place in life where I need to make sure my services are valued properly.

Paul: You've definitely been a valued partner over the years.

Lily: (2) **The sentiment is appreciated but that's really not going to be enough anymore.**

Paul: I'm sorry, Lily, I'm not sure what we're talking about here.

Lily: (3) **I hate to ask, Paul, but I'm thinking I need to raise my rates.**

Paul: I see. What kind of increase are we talking about?

Lily: (4) **I'm still crunching numbers but I'm considering a 20% to 25% increase.**

Paul: I see. What would that increase translate to on a per-word basis?

Lily: That would mean an increase from by current 8 yen per word to about 10 yen.

Paul: Like I said, you're a valued partner and we want to work with you on this issue.

Lily: (5) **So, are you all right with this change beginning from the next project?**

Paul: Oh, you want to implement this change immediately? Please give me some time to run this by my manager.

Lily: All right, I hope to hear from you soon.

解説

(1) As you know, I've provided services to your company for several years now and I think my track record speaks for itself. Rule2,3,5

　これは、客観的な根拠もなく自分の実績は明らかだと主張するだけの意味のない発言。それよりも早く本題を切り出すべき。またtrack record「実績」は競馬に由来するスラングだが、使い古されたビジネス用語なので避けるほうがいい。

(2) The sentiment is appreciated but that's really not going to be enough anymore. Rule1,4

　「お気持ちはありがたいのですが…」という表現は、相手が共感を示してくれたことに対する否定的なコメントとも受け取れるので要注意だ。

(3) I hate to ask, Paul, but I'm thinking need to raise my rates. Rule3,4

　I hate to ask…「お願いしづらいのですが…」と言うと、料金値上げは必須ではないと解釈

<ruby>27<rt>シーン</rt></ruby> 料金値上げの交渉

フリーランスのライターのリリーは、現行のクライアントと交渉して原稿料を上げてもらい収益性を高める必要があると判断した。

Lily: こんにちは、ポール、電話に出てくれてありがとうございます。

Paul: どういたしまして、リリー。どうしたんだい?

Lily: ご存じの通り、私はもう何年も御社のために仕事をしており、私の実績は明らかだと思うんです。

Paul: もちろん。ぼくらは確実にきみの仕事を信頼するようになっているよ。

Lily: ありがとうございます。私の人生は、自分の仕事がしっかり評価されるようにしないといけないステージまで来ました。

Paul: きみは何年にもわたって重要なパートナーだよ。

Lily: お気持ちはありがたいのですが、それではもう十分ではないんです。

Paul: ごめん、リリー、これがなんの話かわからないんだけど。

Lily: お願いしづらいのですが、ポール、私は原稿料を上げる必要があると思うんです。

Paul: そうか。どのくらいの値上げかな?

Lily: まだ計算中なのですが、20%から25%の値上げを考えています。

Paul: そうか。それは1語当たりで言うとどのくらいの値上げ?

Lily: 1語当たり現在の8円から約10円の値上げということになりますね。

Paul: 先に言った通り、きみは大切なパートナーなのでこの件については一緒に考えたいと思っているよ。

Lily: では、次の企画からこの変更した料金を始めていいんですか?

Paul: この料金変更を今すぐ実行したいのかい? 部長に相談する時間をくれないか。

Lily: わかりました、早めのお返事をお待ちしています。

されかねない。交渉する際に、自分の要求や決定がネガティブなものであるような印象を与える表現は使うべきではない。

(4) I'm still crunching numbers but I'm considering a 20% to 25% increase.
　　Rule2,3,4,5

　交渉に入る前に、伝えたい情報はしっかり整理して準備しなければならない。また、crunch numbersは「計算する;考える」という意味のスラングだが、ビジネスの場では不適切。I'm considering...「…と考えています」というのも自信のなさが伝わってしまうため必要ない。

(5) So, are you all right with this change beginning from the next project?　　Rule2

　リリーは、交渉の最後になって「次の企画からこの料金変更が開始される」といった情報を急に出してポールを驚かせている。もっと早い段階で伝えるべき内容だ。

ネイティブ思考の社員と顧客

Lily: Hi Paul, thanks for taking my call.

Paul: No problem, Lily. How can I help you?

Lily: (1) **I am calling to inform you of my decision to revise my rates beginning with the next project.**

Paul: I see. What type of revision are we talking about?

Lily: (2) **Specifically, I will be increasing rates by 25 percent. That equates to an increase from 8 yen per word to 10 yen.**

Paul: You've definitely been a valued partner over the years and so we want to work with you on this issue.

Lily: (3) **I appreciate it, Paul. So, can I count on your understanding on this?**

Paul: Well, I will need time to discuss this with my manager.

Lily: I hope you're not just telling me what I want to hear.

Paul: No, no. It just may be difficult to get this change approved right away.

Lily: I see. What if I pushed this change back to April 1?

Paul: That would be helpful.

Lily: (4) **So, when can I expect to hear from you?**

Paul: I will get back to you next week with a definitive response.

解説

(1) I am calling to inform you of my decision to revise my rates beginning with the next project. Rule1,2,3

　リリーはいわゆる世間話や前置きは省いて、会話の冒頭から電話した理由をストレートかつ具体的に伝えている。用件を最初にはっきりと伝えることがそのあとの会話の流れを左右する。

(2) Specifically, I will be increasing rates by 25 percent. That equates to an increase from 8 yen to 10 yen. Rule2,3

　ここで具体的な話をするのが重要な理由はいくつかある。まず、具体的な数字を示せば、それがどの程度のインパクトを与えるものなのか相手がイメージしやすくなる。交渉の余地も広がってくるだろう。さらにp. 170のダイアローグと違い、リリーはポールに尋ねられる前に具体的な金額を伝えたので無駄なやり取りもなくなった。

Lily: こんにちは、ポール、電話に出てくれてありがとうございます。

Paul: どういたしまして、リリー。どうしたんだい?

Lily: 次の企画から原稿料を改定すると決断したことをお知らせするため、お電話しています。

Paul: そうか。どのような改定だろう?

Lily: 具体的には、25%の原稿料値上げの予定です。1語8円から10円の値上げに相当します。

Paul: きみは何年にもわたって重要なパートナーだから、この件については一緒に考えたいと思っているよ。

Lily: ありがとうございます、ポール。では、これについてはご理解が得られたと期待していいですか?

Paul: そうだな、部長と話し合う時間が必要だろう。

Lily: 気を持たせるためだけにおっしゃっているのでないといいのですが。

Paul: いや、そんなことはないよ。ただ、すぐにこの変更を承認するのは難しいかもしれないんだ。

Lily: わかりました。この変更は4月1日からに遅らせるのではどうでしょうか?

Paul: それは助かるね。

Lily: それで、いつお返事がいただけますか?

Paul: 来週には最終的な回答を出して連絡するよ。

ネイティブ思考の英会話 × 日本人思考の英会話　27

(3) I appreciate it, Paul. So, can I count on your understanding on this? Rule4

このcount on...は「…を頼る；期待する」という意味で、Can I count on...?は頼みごとをするときによく使われる。相手に承認や賛成を求めるときに使えるポジティブな表現だ。

(4) So, when can I expect to hear from you? Rule3

p. 170のダイアローグの最後にリリーはI hope to hear from you soon.とだけ言っていたが、ここでは相手からの返事がもらえる具体的な期日も尋ねている。曖昧な言葉で会話を終わらせず、相手にプレッシャーを与えることも重要だ。

会話をさらに広げる +1の表現

提案する表現

交渉やビジネス上のやり取りでは、相手との妥協点を探りながら提案していくことが不可欠だ。こうしたシチュエーションで使える提案表現のバリエーションを見ていこう。

> **Paul:** No, no. It just may be difficult to get this change approved right away.
>
> **Lily:** I see. **What if** I pushed this change back to April 1?
>
> **Paul:** That would be helpful.
>
> > Paul: いや、そんなことはないよ。ただ、すぐにこの変更を承認するのは難しいかもしれないんだ。
> >
> > Lily: わかりました。この変更は4月1日からに遅らせるのではどうでしょうか?
> >
> > Paul: それは助かるね。

▶ How about if...?

日常会話でもビジネス会話でも、相手に何か提案するときに最も多く使われる表現のひとつが How about...? だ。このあとに if... を続ければ、「…としたらどうですか?」という提案や打診の表現になる。

A: Your rates are too expensive.

B: **How about if** we give you a 10% discount?

> A: 御社の料金は高すぎますね。
> B: 10%値引きするとしたらどうでしょうか?

A: I'm happy with your rates and your quality, but your lead times are too long.

B: **How about if** I shorten the lead time from five weeks to four?

> A: 御社の料金と品質には満足しているのですが、リードタイム(発注から納品までの期間)が長すぎるんですよね。
> B: リードタイムを5週間から4週間に短縮するとしたらどうでしょうか?

▶ What would you say if...?

仮定法を使った、「…としたらどう言うでしょうか?→どう思いますか?」という意味の表現。

A: **What would you say if** I offered you an exclusive contract?

B: I'd be willing to consider that if the pay and work volume were sufficient.

> A: 独占契約をオファーするとしたらどうでしょうか?
> B: 支払いと仕事の量が十分ならぜひ検討したいと思います。

A: **I'm calling to** inquire about your pricing and the services you provide.

B: Sure. I can help you with that. What would you like to know?

> **A:** 御社の料金とサービスについて問い合わせるためお電話しています。
> **B:** はい。おうかがいします。どんなことがお知りになりたいのですか？

I'm calling to... は「…するためにお電話しています」という意味。ask「尋ねる」、report「報告する」、notify「通知する」などの語と組み合わせて使うことが多い。

A: Our profits are up 23% over this time last year.

B: What does that mean monetarily?

A: **That equates to** roughly 1.5 billion yen.

> **A:** わが社の収益は昨年の同期を23％上回っています。
> **B:** 金額で言うとどのくらいですか？
> **A:** 約15億円に相当します。

「それは…に相当する」にはThat amounts to... も使える。roughlyは「約」。

A: **Can I count on** your cooperation?

B: Absolutely. I will help in any way I can.

> **A:** あなたが協力してくれるとあてにしてもいい？
> **B:** もちろんだよ。できることならなんでも手伝うよ。

「…を期待していいですか？」という表現。Can I depend on...? も同様の意味で使われる。

A: I really need your estimate soon. We have to make a decision.

B: I will review your order information and get back to you with an estimate.

A: **When can I expect to hear from you?**

B: I'll send it to you by the end of business day.

> **A:** どうしても御社の見積もりがすぐに必要なんです。決定しなければならないので。
> **B:** ご注文の情報を見直してお見積もり差し上げます。
> **A:** いつお返事いただけますか？
> **B:** 営業時間中にお送りしますよ。

expectは「（当然起きるものと）期待する；求める」という意味の動詞。

Case

日本人思考の社員と顧客

Scene
28 〉**Requesting a Discount**

John meets with the homebuilder Zoe to discuss the estimate for his new home construction.

Zoe: Did you have a chance to review the estimate for your home construction?

John: Yes, thank you. (1) **At first glance, it's probably a bit more expensive than I expected.**

Zoe: Well, the estimate reflects all the specifications you requested in our planning sessions.

John: I understand. (2) **I really do like the specifications we've worked out for this project but I have to admit I'm a little worried about the budget.**

Zoe: Well, if you have concerns, we can always make some downgrades. How about rethinking the flooring? I know you like that wood but it is a rather high-grade material.

John: (3) **True, but I had my heart set on that flooring material so I'd like to avoiding changes.**

Zoe: Well then, how about choosing different fixtures? We can probably shave off a considerable amount by going with cheaper appliances.

John: (4) **I don't know, my wife and I really like the fixtures and appliances we've chosen.**

Zoe: I'm not sure what we can do with the price if you're not willing to make some changes.

John: (5) **I guess I was just hoping maybe we could work something out.**

Zoe: How about I go over the estimate to see what design changes we can make without touching the floors or the appliances? How much would you say we need to bring the price down.

John: Well, (6) **I don't have an exact figure, but bringing it down by around $50,000 would be a good starting point.**

Zoe: Wow, that's quite a large number. I must say, bringing the price down that much will require a whole new estimate. This is surprising considering we discussed budget during the planning meetings.

解説

(1) At first glance, it's probably a bit more expensive than I expected. `Rule3`

a bit moreという表現では、ほんのちょっとの値引きで済むといった印象を与えてしまう。相手に誤った期待を抱かせるとスムーズなコミュニケーションができなくなるので要注意。

(2) I really do like the specifications we've worked out for this project but I have to admit I'm a little worried about the budget. `Rule2,3`

ジョンは自分の懸念を受け身な表現で伝えている。また上記同様、a littleと言うとちょっとした値引きで解決できると相手に思われかねない。

(3) True, but I had my heart set on that flooring material so I'd like to avoiding changes. `Rule3,4`

価格を下げるためには仕様を変えるか値引き交渉するしかないわけだが、ジョンは「この仕様で行くと決めている」と伝えることで、遠回しに値引きを引き出そうとしている。

176

シーン28 値引きを要求する

ジョンは、住宅建設業者のゾーイと自宅新築の見積もりについて話すために面会する。

Zoe: ご自宅の建設のお見積もりを見ていただけましたか?

John: ええ、ありがとう。さっと見たところ、おそらく想像よりもちょっと高いようです。

Zoe: 見積もりはプラン・ミーティングでご希望の仕様をすべて反映しています。

John: わかります。この計画で私たちが考えたあの仕様が私は本当に気に入っているんですが、予算については少々心配せざるを得ないところです。

Zoe: そうですか、もしご心配ならいつでも多少グレードを下げることもできますよ。フローリングを考え直してみてはいかがです? あの木材がお好きなのはわかりますが、結構ハイグレードな素材です。

John: 確かに、でもあのフローリング材に心は決まっていて、変更は避けたいんです。

Zoe: なるほど、では、作りつけの備品で別のものを選んではどうでしょう? より安価な電化製品にすればかなりの金額を削れますよ。

John: どうだろう、私も妻も自分たちが選んだ作りつけの備品や電化製品がすごく気に入っているんですよね。

Zoe: 変更されたくないのであれば、金額はどうにもできなさそうですね。

John: どうにか解決できるかなあと思っていたんですけどね。

Zoe: フローリングや電化製品をいじらずにどんな設計変更ができるか、見積もりを見直してみましょうか? どのくらい金額を下げる必要がありますか?

John: そうだなあ、はっきりした数字はわからないけど、5万ドルくらい下げられると第一歩としてはいいんですけど。

Zoe: えっ、それはかなりの金額です。それほど金額を下げるには完全に新しい見積もりが必要です。プラン・ミーティングで予算について話し合ったことを考えると、これは驚きです。

---

(4) I don't know, my wife and I really like...we've chosen. Rule3,4

　直接値引きを求めずに希望の仕様を譲りたくないと示唆したり、その場にいない妻の希望であると言ったりするのは、消極的なようでいて実は攻撃的な交渉術だ。

(5) I guess I was just hoping maybe we could work something out. Rule3,4

　work something out「どうにか解決策を見出す」というのは一見消極的だが、要求を直接言わずに相手に解決策を出させるアグレッシブな手法で、誤解を招く可能性がある。

(6) I don't have an exact figure, but bringing it down by around $50,000 would be a good starting point. Rule1,2,3,4

　契約交渉の場で顧客の多少の受け身の姿勢は想定内ではあるものの、ジョンは具体的金額も言わず値下げさせようとしている。これは相手をいらだたせる失礼な態度とみなされかねない。また、「5万ドル程度の値引き」という重要な希望をあとから出すのもルール違反だ。

ネイティブ思考の社員と顧客

Zoe: Did you have a chance to review the estimate for your home construction?

John: Yes, thank you. (1) **We need to discuss the price because right now this is beyond my budget.**

Zoe: Well, the estimate reflects all the specifications you requested in our planning sessions.

John: (2) **The reality is, we're around $50,000 above budget.**

Zoe: Wow, that's quite a large number. Bringing the price down that much will require making some downgrades.

John: Is there a way we can bring the price down without changing the current design plans?

Zoe: How about rethinking the flooring? I know you like that wood but it is an expensive material.

John: (3) **Unfortunately, the flooring is a deal-breaker.**

Zoe: I understand you don't want to change anything but something has to give. How about choosing different fixtures? We can reduce the price considerably by choosing cheaper appliances.

John: (4) **The thing is, I like the specifications as they stand.**

Zoe: Then I'm not really sure what we can do with the price if you're not willing to make some changes.

John: I want to know how we can bring the price down on your end. (5) **What kind of discount can we expect?**

Zoe: Well, I'm sure we can work something out. I don't know the exact numbers now so how about I take this back to my supervisor and see what we can come up with?

John: That would be great.

解説

　コミュニケーションの取り方により状況は大きく変わりうる。ジョンは上記のダイアログでは、受け身な態度で値下げを待つのでなくストレートな意思伝達を通して会話をコントロールし、予算オーバーの苦しい立場を、値下げ交渉を優位に進められるものへと変えている。

(1) We need to discuss the price because right now this is beyond my budget. Rule2,4

　ここで重要なのはWe need...とright nowという表現。weという主語は相互の協力関係を示すので効果的だ。また、ここでのright nowは差し迫った状況であるということを伝えているので、この2つを組み合わせた上記の文は交渉にふさわしい力強い切り出し方だ。

(2) The reality is, we're around $50,000 above budget. Rule2,3

　交渉開始後すぐに、ジョンは金額という重要な情報を伝え、コミュニケーションに誤解が生じる可能性を防いでいる。

Zoe: ご自宅の建設のお見積もりを見ていただけましたか？

John: ええ、ありがとう。今のところ予算を超えているので、金額について話し合わなくてはならないですね。

Zoe: 見積もりはプラン・ミーティングでご希望の仕様をすべて反映しています。

John: 実は、予算を5万ドルほど超えているんです。

Zoe: ああ、それはかなりの金額ですね。そんなに金額を下げるとなるといくつかグレードを下げる必要が出てきますね。

John: 現在の設計プランを変えずに金額を変える方法はありませんか？

Zoe: フローリングを考え直してみてはいかがです？ あの木材がお好きなのはわかりますが、お値段の張る素材です。

John: 残念ながらフローリングは譲れないんですよね。

Zoe: 変更されたくないのはわかりますが、何か犠牲にしないといけませんよ。作りつけ備品で別のものを選んでは？ 安い電化製品にすればかなりの金額を削れますよ。

John: それが、今のままの仕様が気に入っているんですよね。

Zoe: では、変更をされないなら金額はどうにもしようがないかもしれませんね。

John: そちらではどのように金額が下げられるか知りたいんです。どういった値下げが考えられますか？

Zoe: そうですね、何かできるとは思うのですが。今は正確な数字がわかりませんので上の者に相談して何ができるか考えてみるということでいかがですか？

John: それはありがたいですね。

(3) Unfortunately, the flooring is a deal-breaker. Rule2,3

　これも無意味なやり取りを避けるための重要な情報伝達だ。deal-breaker「（交渉において）譲れないこと」という語は相手に即座に決断を迫る最後通告となるため、それ相応の場合にのみ使うべき表現だ。

(4) The thing is, I like the specifications as they stand. Rule2,3

　ここでのポイントはas they stand「現状の」。前項のdeal-breakerほどではないが、「現状の仕様が気に入っている」と意志を強く伝えるフレーズだ。

(5) What kind of discount can we expect? Rule3

　ジョンは自分の予算や仕様については譲れないことを伝え、業者が値下げしなければならないことをはっきりさせた。What...can we expect?は、相手が自分の要求に合わせてくることを前提とした態度を示す強力な表現となっている。

会話をさらに広げる
+1の表現

歩み寄る表現

交渉で相手との関係を損ねずに合意に近づけるよう、歩み寄るための表現を覚えておこう。

> **Zoe:** Well, I'm sure we can work something out. I don't know the exact numbers now so how about I take this back to my supervisor and see what we can come up with?
>
> **John:** That would be great. **I want to work with you** so that we create a win-win situation here.
>
> **Zoe:** I appreciate that.
>
> **John:** I imagine this would be a high-profile project for your company. We would be willing to offer interviews, surveys and home tours as part of marketing activities after construction is complete.
>
> **Zoe:** That would make the idea of a big discount more acceptable.
>
> > **Zoe:** そうですね、何かできるとは思うのですが。正確な数字がわかりませんので上の者に相談して何ができるか考えてみるということでいかがですか？
> >
> > **John:** それはありがたい。私も一緒に取り組んで双方にプラスの状況を作りたいと思います。
> >
> > **Zoe:** ありがとうございます。
> >
> > **John:** 御社にとってこれはかなり注目を集めるプロジェクトだと思います。私どもは完成後にマーケティング活動の一部としてインタビューや調査、ホームツアーなど喜んでお受けしますよ。
> >
> > **Zoe:** ええ、それなら大きな値引きもより通りやすくなるでしょう。

▶ I want to work with you.

これは「一緒に取り組みたいと思います」という意味だが、上の会話では値引きをしてもらうために自分も協力するということを表している。相手に敗北感を与えず交渉したいときに有効な表現だ。以下の使用例も見てみよう。

A: This payment is overdue by 6 months. I understand the company was hit hard by the earthquake. **We want to work with you** to arrange a feasible payment schedule.

B: We appreciate your understanding and patience.

> **A:** この支払いは期限を6か月過ぎています。御社が地震で打撃を受けたことはわかります。実行可能な支払い計画の設定に一緒に取り組みたいと思います。
>
> **B:** ご理解とご辛抱をいただきありがとうございます。

A: We need to discuss the project deadline, because right now you are running behind schedule.

B: I apologize. I realize we need to speed things up, and we will.

> **A:** 御社は現在スケジュールから遅れていますので、プロジェクトの締め切りについて話し合う必要があります。
>
> **B:** 申し訳ありません、スピードアップの必要は認識しており、そうするつもりです。

丁寧かつ圧迫感のある表現。We need to do something about...なら緊急性がより高まる。

A: I looked over your proposal. We would need you to lower your rates by at least 20% before we could accept it.

B: 20%! I can't come down that much!

A: The reality is, your rates are about 25% higher than most of your competitors.

> **A:** 御社のご提案を検討しました。これを受け入れるには、少なくとも20% 料金を下げていただかなくてはなりません。
>
> **B:** 20％も！ そんなには下げられませんよ！
>
> **A:** 実のところ、御社の料金は競合他社のほとんどよりも25％高いんですよ。

「実のところ」を表すのにThe truth of the matter is, .../In point of fact, ...もよく使う。

A: We can save money by shooting the commercial in Japan instead of overseas.

B: No, the client has indicated that changing the location **is a deal-breaker.** If we can't shoot there, they'll pull out of the project altogether.

> **A:** CMを海外でなく日本で撮影することでお金を節約できますよ。
>
> **B:** いや、クライアントはロケーションの変更は無理だと言っています。そこで撮影できないなら、企画から完全に撤退するでしょう。

... is a no-go.「…は不可能だ」や... is not an option.「…という選択肢はない」も使える。

A: I found a great deal on a hotel room!

B: That's great but, **what kind of** amenities **can we expect?** I want a place with a nice bed, clean room and delicious breakfast!

> **A:** すごくお得なホテルの部屋を見つけたんだ！
>
> **B:** それはよかったけど、どんなアメニティが期待できるの？ 私はいいベッドときれいな部屋に、おいしい朝食のついたところがいいのよ！

What kind of amenities do they offer?とも言える。

日本人思考 の 社員 と 顧客

Receiving a Request for a Price Reduction

A customer wants a discount for a large-volume translation project.

Client: Thank you for the estimate. The proposed deadline is fine but we need to discuss pricing.

Charles: Sure. Do you have questions about the estimate details?

Client: No, the breakdown was self-explanatory. I need to know what we can do about the price.

Charles: The estimate reflects our standard pricing for the project parameters.

Client: Yes, normally, that would be fine. However, for this project, we have received offers from numerous companies and there is some pressure on my end to go with a different provider.

Charles: (1) **I can tell you we went all in on this project. I can't imagine you'll find a better deal for the proposed work.**

Client: Honestly, we have an estimate from one provider with a unit rate nearly 30% lower.

Charles: That is a pretty significant difference. (2) **I seriously doubt you are getting a quote for the same work.**

Client: No, I promise you, the quote parameters are all the same.

Charles: I am sorry, but I just find that hard to believe. (3) **We're already bleeding here. I'm not sure how I can go back to my company and tell them we need to reduce the estimate by 30%.**

Client: Listen, it's not my intention to strong-arm you. Why don't I give your company a week to come up with a revised proposal?

Charles: (4) **Well, I appreciate you at least giving us a chance to make a counteroffer.**

解説

(1) I can tell you we went all in on this project. I can't imagine you'll find a better deal for the proposed work. Rule4,5

　顧客との交渉時にwe went all in「わが社がすべてを注ぎ込んだ」といった表現は避けるべき。こうした口語表現で力を抜きつつなんとかその場をしのぎたいと思いがちだが、ビジネス交渉では不適切。allとはいったいなんなのか相手には不明瞭なのも問題だ。また、I can't imagine...「…とは考えられない」という言い方には自分のほうがよくわかっているといった図々しい響きがあり、無礼と受け取られかねない。

(2) I seriously doubt you are getting a quote for the same work. Rule1,4

　知識や経験などがコミュニケーションにマイナスに影響することがある。業界のベテランであるチャールズはプロジェクトの予算を理解していて顧客に教えさとそうとしているのだが、推測でものを言ってはいけない。これも上から目線な失礼な表現になりうる。

シーン 29 値引きの要求を受ける

ある顧客が大量の翻訳プロジェクトの値引きを要求している。

Client: お見積もりありがとうございます。提示された期限で問題ありませんが、価格についてご相談させていただかなくてはなりません。

Charles: いいですよ、見積もりの詳細についてご質問ですか？

Client: いえ、明細は一目瞭然でした。価格をどうできるかが知りたいんです。

Charles: お見積もりはプロジェクトの要件に応じた標準的な料金を反映しています。

Client: ええ、通常それでいいでしょう。しかしこのプロジェクトではわが社は多数の企業からのオファーがあり、別の業者を選ぶようにというプレッシャーもありまして。

Charles: わが社がこのプロジェクトにすべてを注ぎ込んだのは確かです。御社の提示された仕事に関してうちよりいい条件が見つかるとは思えません。

Client: 正直申しまして、わが社は別の業者から1単位あたり30％安いレートの見積もりをもらっています。

Charles: それは随分な差ですね。同じ業務内容での見積もりか実に怪しいと思います。

Client: いいえ、誓って見積もりの要件はまったく同じです。

Charles: すみませんが、それは信じがたいです。わが社はすでに値下げしています。社に戻ってさらに見積もりを30％下げなくてはならないなどと言えるかどうか。

Client: いいですか、私は無理やり言うことを聞いてもらおうとしているわけじゃありませんよ。提示額を見直すのにあと1週間ほど差し上げましょうか？

Charles: ええ、少なくともカウンターオファーを出させていただくチャンスを与えていただき感謝します。

(3) We're already bleeding here. I'm not sure how I can go back to my company and tell them we need to reduce the estimate by 30%. Rule5

　このbleed「苦しむ；支出する」は口語表現。(1)でも説明した通り、ビジネス上の交渉がうまくいかないときスラングや口語表現をつい口にして切り抜けようとしがちだが、これはプロらしくない態度。相手からの敬意や信頼を失いかねない。

(4) Well, I appreciate you at least giving us a chance to make a counteroffer. Rule1,3

　I appreciate...と感謝を述べてはいるが、英語でのコミュニケーションでは無難で当たり障りのない言葉は相手の気分を害するものとなりうるので、要注意。また、at least「少なくとも」という表現は嫌みと受け取られる可能性がある。

ネイティブ思考の社員と顧客

Client: Thank you for the estimate. The proposed deadline is fine but we need to discuss pricing.

Charles: Sure. Do you have questions about the estimate details?

Client: No, the breakdown was self-explanatory. I need to know what we can do about the price.

Charles: The estimate reflects our standard pricing for the project parameters.

Client: Yes, normally, I might agree. However, for this project, we have received offers from numerous companies and there is some pressure on my end to go with a different provider.

Charles: (1) **I do believe we have provided a very competitive estimate considering the requested parameters.**

Client: Honestly, we have an estimate from one provider with a unit rate nearly 30% lower.

Charles: That is a pretty significant difference. (2) **May I ask, are those quotes based on the same requirements and standards?**

Client: Yes, the quote parameters are all the same.

Charles: (3) **I have to admit, we already are working with very tight margins so I hope you can understand that it will be difficult for us to match such a significant discount.**

Client: Listen, it's not my intention to strong-arm you. Why don't I give your company a week to come up with a revised proposal?

Charles: (4) **I do appreciate the opportunity. Would it be acceptable to submit a counteroffer by the end of Friday?**

Client: That would be fine.

解説

(1) I do believe we have provided a very competitive estimate considering the requested parameters. Rule2,3,4

ここでのキーワードはvery competitive「非常に競争力がある」と considering the parameters「要件を考慮して」。こうした表現から、相手の要求に対する不快感や驚きがないことが伝わる。感情的だと思われない言葉選びを心がけたい。

(2) May I ask, are those quotes based on the same requirements and standards? Rule1,3,4

p. 182のダイアローグではI seriously doubt...と推測する言い方となっていたが、ここでは質問という形。このほうが、見積もりの要件が同じかどうか疑いがあることも伝えつつ正しい情報を得られる有効な方法だ。ストレートな表現ということと礼儀正しい言い方であること、またプロらしさのバランスを取ることが重要。

Client: お見積もりありがとうございます。提示された期限で問題ありませんが、価格についてご相談させていただかなくてはなりません。

Charles: いいですよ、見積もりの詳細についてご質問ですか?

Client: いえ、明細は一目瞭然でした。価格をどうできるかが知りたいんです。

Charles: お見積もりはプロジェクトの要件に応じた標準的な料金を反映しています。

Client: ええ、通常ならそれに同意するかもしれません。しかしこのプロジェクトではわが社は多数の企業からのオファーがあり、別の業者を選ぶようにというプレッシャーもありまして。

Charles: わが社は、ご依頼の要件を考慮し非常に競争力のあるお見積もりをお出しできたと考えております。

Client: 正直申しまして、わが社は別の業者から1単位あたり30%近く安いレートの見積もりをもらっています。

Charles: それは随分な差ですね。お尋ねしますが、同じ要件と基準に基づいたお見積もりでしょうか?

Client: そうです、見積もりの要件はまったく同じです。

Charles: 率直に申しまして、わが社はすでにかなり厳しいマージンでお仕事させていただいていますので、そのような大幅な値下げに対抗するのは難しいだろうということをご理解いただきたいと思います。

Client: いいですか、私は無理やり言うことを聞いてもらおうとしているわけじゃありませんよ。提示額を見直すのにあと1週間ほど差し上げましょうか?

Charles: チャンスを与えていただきありがとうございます。金曜日までにカウンターオファーをお出しするということでよろしいでしょうか?

Client: それで構いません。

(3) I have to admit, we already are working with very tight margins so I hope you can understand that it will be difficult for us to match such a significant discount. Rule2,3

この時点で会話が自分の期待通りに進まないことは明らかだ。感情的になったり無理に粘ったりするよりも自分の状況や立場を率直に認めるのがプロらしい対処法だろう。

(4) I do appreciate the opportunity. Would it be acceptable to submit a counteroffer by the end of Friday? Rule1,4

積極的に見積もりを出し直すという意志を伝えることで、たとえこのプロジェクトが成功しなくとも将来のプロジェクトのために好印象を残すことができる。また、はっきり自ら期限を提示することもポジティブに受け取られるだろう。

会話をさらに広げる
＋1の表現

質問を丁寧に切り出す表現

交渉では聞きづらい質問をしなければならないこともある。そんな質問を切り出す際の丁寧な表現を覚えておこう。

Charles: That is a pretty significant difference. **May I ask,** are those quotes based on the same requirements and standards?

Client: Yes, the quote parameters are all the same.

> Charles: それは随分な差ですね。お尋ねしますが、同じ要件と基準に基づいたお見積もりでしょうか？
>
> Client: そうです、見積もりの要件はまったく同じです。

▶ May I ask, ...?

疑問があるとき、特に疑念や聞きづらい点がある場合に、その質問を無礼にならないよう丁寧に切り出せるのがこの表現。「お尋ねしますが、…(質問)？」といった感じになる。この表現のポイントは、質問するための許可を相手から得ようとしているわけではないことだ。May I ask, ...?自体は、質問に丁寧さをプラスする役割を果たしている。

あとに続く質問は、上のようにYes/Noで答える疑問文だけでなく、5W1Hの疑問詞を使った疑問文であることも多い。また、May I askで区切らずに、下の2つ目の会話例のように疑問詞節を続けてもOK。

A: I want to know why you are selling products to me at a much higher rate than other customers! Look at this invoice for my competitor!

B: **May I ask,** how did you come in possession of that document?!

> A: あなたがなぜ私にほかの顧客よりもかなり高い値段で製品を売っているのか知りたいんです！ この競合他社への請求書を見てくださいよ！
>
> B: お尋ねしますが、その文書はどうやって入手されたのですか?!

A: I would like to speak with the office manager. I want to formally lodge a complaint.

B: **May I ask** what the nature of your complaint is?

> A: オフィス・マネージャーと話をしたいのですが。正式に苦情の申し立てがしたいんです。
>
> B: どういった苦情かお尋ねしてよろしいですか？

A: There is no way we can get that contract if the competition is bidding that low!

B: I do believe there is a chance, but we are going to have to give up a large part of our profit margin.

> **A:** 競争相手があんなに低い金額で入札しているなら、わが社が契約を取れるはずがないですよ！
> **B:** 私は可能性はあると信じていますが、利益の大半はあきらめないといけませんね。

I do believe... は、周囲が不信や絶望を抱いているような状況で、自分はそれでも信じていると伝える表現だ。

A: Your competitors are offering to do the same work for almost half of the price!

B: I hope you can understand that we are a small, family-owned company so we can't match the prices of huge corporations.

> **A:** 競合他社さんは同じ仕事をほぼ半額でやるとオファーしていますよ！
> **B:** ご理解いただきたいのですが、わが社は小さい家族経営ですので大企業の価格には対抗できません。

これは「ご理解いただきたいのですが＋断る理由」という形で、非常に丁寧な断り方。

A: Thank you for coming here and providing us with your estimate.

B: I appreciate the opportunity.

> **A:** お見積もりにお越しいただきありがとうございます。
> **B:** 機会をいただきましてありがとうございます。

I appreciate the chance. とも言う。これらの表現は仕事の依頼を受けていない段階での別れの挨拶としてよく使われる。

A: Your work comes highly recommended, but your prices are a little high.

B: Would it be acceptable to use materials sourced from China? That would lower the cost.

> **A:** 御社の仕事を高く推薦されたのですが、料金が少々高いですね。
> **B:** 中国から調達した素材を使うことは許容されますでしょうか？　それならコストを下げられます。

acceptable の代わりに agreeable/permissible も使える。

日本人思考の社員と顧客

⟩ Soliciting a New Client

Maki is enjoying a meal at a local restaurant, when she sees a business opportunity and tries to make a sale.

Maki: Thank you for the wonderful meal. I really enjoyed it.

Shop Owner: That's always good to hear. We're glad you enjoyed your dining experience with us.

Maki: (1) **The meal was excellent, but your menus are old and need updating.** I work for a printing company. We do a lot of menu printing for restaurants. (2) **Our rates are very competitive.**

Shop Owner: We don't have a budget for anything fancy.

Maki: (3) **We can give you a new customer discount if you order a certain quantity of menus.** We also provide website design and other marketing services as well.

Shop Owner: That's a lot to digest. Do you have a business card? Let me think about it.

Maki: Here is my card. When you have time take a look at our website, where you can see various examples of our product and the services we provide.

Shop Owner: I'll keep that in mind. If we decide to make some changes and I like what I see I will be in touch.

Maki: (4) **I appreciate your consideration and look forward to hearing from you.** Have a good night and thank you again for the excellent meal.

Shop Owner: Thank you.

解説

(1) The meal was excellent, but your menus are old and need updating. Rule1,4

　マキはこの発言で出だしからつまずいている。ストレートに伝えるのがルールだとはいえ、your menus are old「メニューが古い」という言い方はあまりにもストレートすぎて店主は屈辱と捉えるかもしれない。ここではソフトに伝わる表現が適切だ。

(2) Our rates are very competitive. Rule1,4

　マキの会社の料金がcompetitive「他社に負けない（安い）」というのは大切な情報ではあるのだが、あまりにも早い段階でいきなり料金のことを口にするのは不愉快と感じられることも少なくないので要注意。自分にとって重要な情報を先に伝えることだけを考えず、相手の受け取り方も考える必要がある。

(3) We can give you a new customer discount if you order a certain quantity of menus. Rule1,3,4

　料金について触れたあと、マキはすぐに割引のことも話している。しかしこの割引の内容や割引が適用される注文数には言及されていない。曖昧な話にもかかわらず、「たくさん注文す

シーン 30 〉 新しい顧客を引き込む

マキは地元のレストランでの食事を楽しんでいたところ、ビジネスチャンスを見つけて営業してみようとする。

Maki: すばらしいお食事をありがとうございます。とてもおいしかったです。

Shop Owner: それはいつ聞いてもうれしい言葉ですね。当店でお食事を楽しんでいただけて光栄です。

Maki: 食事はすばらしかったのですが、メニューが古いので新しくする必要がありますね。私は印刷会社で働いています。レストランのメニューの印刷も多数手がけています。料金は他社に負けないですよ。

Shop Owner: 私どもに贅沢なことをする予算はありませんよ。

Maki: 一定の量のメニューを注文していただければ新規のお客様向けの割引をいたしますよ。ウェブサイトのデザインやマーケティングサービスも行っています。

Shop Owner: それは考えるのに時間がかかりますね。名刺はお持ちですか? 考えさせてください。

Maki: こちらが私の名刺です。お手すきの際に弊社のウェブサイトを見てください、そこで弊社の提供する製品やサービスのさまざまな例を見ていただけます。

Shop Owner: 心に留めておきますね。何か変更することになってサイトのものが気に入ったらご連絡します。

Maki: ご検討ありがとうございます、ご連絡お待ちしております。おやすみなさい、すばらしい食事をありがとうございます。

Shop Owner: ありがとうございました。

れば割引があるのだから」と店主にプレッシャーをかけるような展開となっている。営業トークとしてこれはいただけない。

(4) I appreciate your consideration and look forward to hearing from you. `Rule1`

　look forward to hearing from you「ご連絡お待ちしています」と言うことは、顧客になってくれそうな相手に連絡させるということ。これは営業手法としては誤りだ。マキは店主が忙しそうだから自分から連絡しないのが礼儀だろうと考えたのかもしれないが、相手が連絡してこなければすべてが無駄に終わってしまう。

ネイティブ思考の社員と顧客

Maki:	Thank you for the wonderful meal. I really enjoyed it.
Shop Owner:	That's always good to hear. We're glad you enjoyed your dining experience with us.
Maki:	(1) **I couldn't help but notice that your menus seem to be a little outdated.** (2) **If I may, I have a recommendation for you.**
Shop Owner:	What might that be?
Maki:	It just so happens that I work for a small printing company. We offer a variety of services in restaurant menu design. (3) **Like you, we are local and family-owned.**
Shop Owner:	We don't have a budget for anything fancy.
Maki:	I think you have a wonderful restaurant and I want to help you promote it. Why don't we start small? I can bring our photographer in and take some pictures of your signature dishes.
Shop Owner:	What is that going to cost me?
Maki:	(4) **We can make you an A-4 size laminated poster as a free sample. You can hang it on the wall or place it on the tables.** (5) **If you like it, then we can discuss revamping your menu in a similar fashion.**
Shop Owner:	That sounds too good to be true. What's the catch?
Maki:	There's no catch. We just ask that you allow us to place our company logo at the bottom of the poster.
Shop Owner:	Really?! I can certainly live with that. When can we do this?
Maki:	I will call you tomorrow to make an appointment at a time of your convenience.

解説

(1) I couldn't help but notice that your menus seem to be a little outdated.
　Rule1,4

　outdated「時代遅れの；旧式の」は単にoldというよりはずっと礼儀正しくポジティブな言葉だ。また、I couldn't help but...は批判的なことを伝える際によく使われる前置きで、丁寧な印象になる。

(2) If I may, I have a recommendation for you.　Rule1,4

　英語の会話では年々「丁寧さ」がなくなってきているが、ビジネスの世界、とりわけ営業の世界では丁寧さが結果を左右することが多々ある。相手に何か提案したり意見したりする際にIf I may, ...と前置きすれば、礼儀正しさが伝わる。

(3) Like you, we are local and family-owned.　Rule1,4

　マキはここで自分の会社とその店の共通点を強調して親密な関係を築こうとしている。共通点があると知ることで、店主もマキの会社にポジティブな感情を抱くことになるだろう。

Maki:	すばらしいお食事をありがとうございます。とてもおいしかったです。
Shop Owner:	それはいつ聞いてもうれしい言葉ですね。当店でお食事を楽しんでいただけて光栄です。
Maki:	どうしても目が行ってしまったのですが、こちらのメニューが少々古くなっているようですね。よろしければ、ご提案があります。
Shop Owner:	どんなことでしょう？
Maki:	実は私はたまたま小さな印刷会社で働いているんです。私どもはレストランのメニューデザインのさまざまなサービスを提供しています。こちらのお店同様、私どもも地元の家族経営なんですよ。
Shop Owner:	私どもに贅沢なことをする予算はありませんよ。
Maki:	すばらしいレストランですので、プロモーションのお手伝いがしたいんです。小規模で始めてみませんか？ 弊社のカメラスタッフを連れてきて、代表的な料理の写真を何枚かお取りしますよ。
Shop Owner:	それはどのくらい費用がかかるんですか？
Maki:	A4サイズのラミネート加工のポスター1枚を無料サンプルとしてお作りします。壁に掛けたりテーブルに置いたりしていただけます。それが気に入っていただけましたら、同様のやり方でメニューを改訂するか検討しましょう。
Shop Owner:	それは話がうますぎますね。何か裏があるんじゃないですか？
Maki:	裏なんてありませんよ。ただ、ポスターの下に弊社のロゴを入れさせていただくようにお願いします。
Shop Owner:	本当ですか？！ それなら受け入れるしかなさそうですね。いつできるんですか？
Maki:	明日お電話しますので、ご都合のいいときに予定を決めましょう。

(4) We can make you an A-4 size laminated poster as a free sample. You can hang it on the wall or place it on the tables. Rule1,4

マキのcanを繰り返し使用したこの発言は、説得力のあるポジティブな提案となっている。

(5) If you like it, then we can discuss revamping your menu in a similar fashion. Rule1,4

If you like it, then...というパターンを使って、マキは店主が決断しなければならないというプレッシャーを取り除こうとしている。

会話をさらに広げる +1の表現

上手に売り込む表現

相手に偶然の幸運が訪れたと思わせ興味を引き寄せる、営業トークに使える表現を見てみよう。

Maki:	**It just so happens that** I work for a small printing company. We offer a variety of services in restaurant menu design. Like you, we are local and family-owned.
Shop Owner:	We don't have a budget for anything fancy.
Maki:	実は私はたまたま小さな印刷会社で働いているんです。私どもはレストランのメニューデザインのさまざまなサービスを提供しています。こちらのお店同様、私どもも地元の家族経営なんですよ。
Shop Owner:	私どもに贅沢なことをする予算はありませんよ。

▶ It just so happens (that)...

happen は「起こる」という動詞だが、この決まり文句は「たまたま…；実は…」という意味。何かを売り込んだり、説得したりするときによく使われるフレーズだ。偶然にもラッキーなチャンスが訪れて、それをつかんでおかないともったいないと相手に思わせようとする手法で、営業トークの導入となる。

A: I can't believe my car broke down on my first day at work!

B: **It just so happens** that I am a car mechanic. I can get your car fixed up in no time!

A: Really! That sounds great!

> A: 仕事の初日に車が故障するなんて信じられない！
> B: 実はぼくは車の修理工なんです。すぐあなたの車を修理できますよ！
> A: 本当！ それはすばらしいわ！

▶ As it happens, ...

As it happens, ... も「たまたま…；実は…」と同じ意味で使える。

A: Welcome to UniGlow. Are you looking for something in particular?

B: Not really. I was thinking about maybe buying some new shoes.

A: **As it happens,** we are having a huge sale on shoes this week!

> A: UniGlowにようこそ。何か特にお探しですか？
> B: いえ、別に。新しい靴でも買おうかなと思ってたんだけど。
> A: 偶然にも、今週は靴の大セールをやっているんですよ！

1

A: **I couldn't help but** overhear that you are looking to buy a house.

B: That's right. We have been looking for weeks.

A: I just happen to work for a local real estate company. Here is my card.

> **A:** 家を買おうとしているとつい聞こえてしまったのですが。
> **B:** そうなんです。何週間も探しているのよ。
> **A:** 実は私は地元の不動産会社で働いているんです。私の名刺です。

couldn't help... は「つい…してしまった」という意味。

A: I can't decide on which brand of watch to buy.

B: **If I may,** I'd like to show you these watches over here.

> **A:** どこのブランドの腕時計を買うべきか決められないんです。
> **B:** よろしければ、こちらにある腕時計をお見せします。

丁寧度は若干下がるが、If you don't mind, ... も同様の意味で使える。

A: I study hard, but my English doesn't seem to improve!

B: **Like you,** I once struggled with English. Then I bought this conversation app!

> **A:** 私は一生懸命勉強していますが、英語が上達してないみたいなんです！
> **B:** あなたのように、私も英語ではかつて苦労しましたよ。そこでこの会話アプリを買ったんです！

..., like you. と文末に置いてもOK。like の前に just を加えるとさらに共感する気持ちを強調できる。

A: I really like this BMW. Is it new or used?

B: It is brand-new. **If** you are interested, **then** we can take it for a test-drive.

> **A:** このBMWが本当に気に入ったわ。これは新車、それとも中古ですか？
> **B:** 新品ですよ。ご興味がおありなら、試乗していただけますよ。

If..., then... は「もし…なら、そのときは…」という定番表現。

日本人思考の社員と顧客

〉 Confirming Meeting Plans with a Client

John calls his long-time client Mika to confirm plans to meet next week.

John: Hi Mika, this is John. How are you?

Mika: Oh, hello, John. Nice to hear from you! What can I do for you??

John: (1) **Hey, so, I just wanted to make sure we're still on for next week.**

Mika: Yes, of course. Next week Tuesday.

John: (2) **Okay, cool. So, where do you want to hook up?**

Mika: Would you prefer to meet at the office or meet over lunch?

John: (3) **I'm always down for mixing business and pleasure.**

Mika: Haha, don't be silly.

John: Just kidding. How about we go for Mexican and discuss details over tacos?

Mika: You know I love tacos! What time do you want to meet?

John: (4) **Any time is good for me so whatever works for you.**

Mika: How about 1 pm. We can meet at the Mexican restaurant.

John: Awesome. Looking forward to seeing you, as always.

Mika: Great. See you on Tuesday.

John: By the way, Mika.

Mika: Yes?

John: (5) **It looks like we might have to make changes to the product design.**

Mika: Are you serious?

John: (6) **Yeah, I know it sucks but that's probably the only way to stay on budget.**

Mika: Is this going to cause production delays?

John: (7) **Probably. I will try to have more details for you on Tuesday.**

Mika: I see. I'd appreciate it if you could provide an update before we meet.

解説

(1) Hey, so, I just wanted to make sure we're still on for next week? Rule1,5

still on「予定通りの」は、ビジネスでのコミュニケーションには少々カジュアルすぎる。

(2) Okay, cool. So, where do you want to hook up? Rule1,5

Okay, cool.という返事は友人同士ならいいが、プロらしさに欠ける。また、hook up「会う」という口語表現もビジネスの場では避けるべき。

(3) I'm always down for mixing business and pleasure. Rule1,5

be down for...「…に賛成だ」というスラングも、上記同様カジュアルすぎる。また、mixing business and pleasure「仕事と娯楽を兼ねる」という表現もビジネスには不適切。

(4) Any time is good for me so whatever works for you. Rule1,3,5

31 〉取引先との打ち合わせ予定を確認する

ジョンは長期にわたるクライアントのミカに来週会う約束を確認するため電話する。

John: やあ、ミカ、ジョンだよ。元気?

Mika: あらジョン。電話ありがとう! どうしたの?

John: その、来週の約束が予定通りか確認したかったんだ。

Mika: ええ、もちろんそうよ。来週火曜日でしょ。

John: それはよかった。で、どこで会いたい?

Mika: オフィスで会うほうがいいか、ランチで会うほうがいいかどちらかしら?

John: ぼくはいつも仕事と娯楽を兼ねる派だな。

Mika: ハハ、ふざけないでよ。

John: 冗談だよ。メキシコ料理店に行ってタコスを食べながら詳細を話し合うのはどう?

Mika: 私がタコス大好きって知ってるのね! 何時に会いたい?

John: いつでも大丈夫だから、きみの都合のいい時間でいいよ。

Mika: 午後1時はどう? メキシコ料理店で会いましょう。

John: いいね。いつも通り、会うのを楽しみにしてるよ。

Mika: ええ。火曜日会いましょう。

John: ところで、ミカ。

Mika: はい?

John: 商品デザインを変更しないといけないかもしれないみたいなんだ。

Mika: それ本当?

John: ああ、よくないってわかってるけど、予算内に収めるにはそれしかなさそうなんだよ。

Mika: そうすると生産に遅れが生じない?

John: おそらくね。火曜日に詳細を伝えられるようにするよ。

Mika: わかったわ。会う前に新しい情報を伝えてくれると助かるわ。

「きみの都合がよければなんでもいい」というのはカジュアルなだけでなく、決定を相手に委ねることで負荷をかけることになるので好ましくない。

(5) It looks like we might have to make changes to the product design. Rule2

これは会話のはじめに伝えるべき情報だ。よくない知らせを途中で言い出すと、会話がネガティブなムードで終わってしまう可能性が高い。

(6) Yeah, I know it sucks but that's the only way to stay on budget. Rule5

It sucks.「最悪だ;ムカつく」はよく使われるスラングだがビジネスの場面には不適切。

(7) Probably. I will try to have more details for you on Tuesday. Rule3

probably「おそらく」などと言わず、ネガティブな情報については明確に伝えるべき。

ネイティブ思考の社員と顧客

John: Hi Mika, this is John. How are you?

Mika: Oh, hello, John. Nice to hear from you! How can I help you?

John: (1) I wanted to confirm our meeting scheduled for next week as well as provide some new information.

Mika: Yes, of course. Next week Tuesday, right? What new information?

John: (2) Unfortunately, there is a possibility we will have to make changes to the product design.

Mika: Really?

John: (3) Yes, at this point, that appears to be the only way to stay on budget.

Mika: Is this going to cause production delays?

John: That is a possibility. (4) I am preparing to provide more details for you on Tuesday.

Mika: I see. I am looking forward to receiving an update during our meeting.

John: (5) Of course. So, where would you like to meet?

Mika: Would you prefer to meet at the office or meet over lunch?

John: A lunch meeting sounds like a wonderful idea. Do you have a specific place in mind?

Mika: You know I love tacos! How about Mexican?

John: Sounds good to me.

Mika: What time do you want to meet?

John: (6) Any time works for me but how about 1 pm?

Mika: That's perfect. So, I will see you on Tuesday.

John: Looking forward to seeing you, as always.

解説

(1) I wanted to confirm our meeting scheduled for next week as well as provide some new information. Rule2,5

同じ内容を伝えるにもp. 194のダイアローグよりもカジュアルさが減っている。また仕事に関する新規の報告ための連絡であると冒頭で明らかにしているのも望ましい。

(2) Unfortunately, there is a possibility we will have to make changes to the product design. Rule3

確実なことが言えないからといってp. 194の (5) のようにmightを使うと準備不足という印象になるため、there is a possibility...「…という可能性がある」という表現を使うといい。また、この時点で断定的に言いたくないときには、we will probably have to...という言い方もおすすめだ。

John: やあ、ミカ、ジョンだよ。元気?

Mika: あらジョン。電話ありがとう! どうしたの?

John: 来週の約束が予定通りかどうかの確認がしたいのと、あとちょっと伝えたい新しい情報があるんだ。

Mika: ええ、もちろんそうよ。来週火曜日よね? 新しい情報って何?

John: 残念なんだけど、商品デザインを変えないといけない可能性があるんだ。

Mika: 本当?

John: ああ、この時点では予算内に収めるにはそれしかなさそうなんだ。

Mika: そうすると生産に遅れが生じない?

John: その可能性はある。火曜日に詳細を伝えられるように準備しているよ。

Mika: わかったわ。ミーティングで新たな情報をもらえるのを待っているわね。

John: もちろん。で、どこで会いたい?

Mika: オフィスで会うほうがいいか、ランチで会うほうがいいかどちらかしら?

John: ランチミーティングがよさそうだな。どこか特に行きたいところはある?

Mika: 私がタコス大好きなのを知ってるでしょ! メキシコ料理はどう?

John: いいね。

Mika: 何時がいい?

John: 何時でもいいけど、午後1時はどう?

Mika: いいね。じゃあ、火曜日に会いましょう。

John: いつも通り、会うのを楽しみにしてるよ。

(3) Yes, at this point, that appears to be the only way to stay on budget. Rule3,4

at this point「この時点では」という表現で、詳細は不明だが問題を緊急事項と認識していて調査中といったニュアンスが伝わる。

(4) I am preparing to provide more details for you on Tuesday. Rule1,4

I am preparing...という現在進行形とprovideというアクションを示すキーワードを使うことで、ジョンが緊急事態に対処するために行動を起こしていることが伝わる。

(5) Of course. So, where would you like to meet? Rule4

Of courseは相手への同意を示す際のポジティブな表現だ。

(6) Any time works for me but how about 1 pm? Rule1

「何時でもいい」と相手の都合に合わせつつも、「1時ではどう?」と自分から提案して、相手の負担をなくすように気遣っている。

会話をさらに広げる
＋1の表現

現状の状況について話すときの表現

「現時点では…」という意味になる表現を確認しておこう。

> **John: At this point,** that appears to be the only way to stay on budget.
>
> **Mika:** Is this going to cause production delays?
>
> **John:** That is a possibility.
>
> > John: この時点では予算内に収めるにはそれしかなさそうなんだ。
> > Mika: そうすると生産に遅れが生じない？
> > John: その可能性はある。

▶ At this point, ...

「現時点では…」という表現。元々はAt this point in time, ...という形だが、in timeは省略されるパターンが多い。「状況は変わるかもしれないが、現時点では…」というニュアンスだ。

A: Do you have some free time today? We need to get together to discuss the market conditions.

B: I can meet you around six. I haven't seen the market reports today.

A: At this point, I think we are going to have to alter our portfolio drastically.

> A: 今日は空いている時間はありますか？ 市況について話し合うためお会いしなくてはならないんです。
> B: 6時ごろにお会いできますよ。今日はまだマーケット・リポートを見ていないんですが。
> A: 現段階では、ポートフォリオを抜本的に変更しなければならなそうだと思っています。

▶ As things stand, ...

As things stand, ...「現状では…」や The way things stand, ...「現状からすると…；この状態が続けば…」、At this stage, ...「今の段階では…」なども同じような文脈でよく使われる。

A: We have got to do something about our quarterly earnings!

B: As things stand, all we can do is try to wait for the economy to improve.

> A: わが社は四半期ごとの収益をどうにかしなければならない！
> B: 現状では、がんばって景気が改善するのを待つことしかできませんよ。

キーフレーズ＆バリエーション表現

A: I asked for this meeting so I could tell you all face-to-face. **There is a possibility that** we will have to file for bankruptcy.

B: What?! I knew sales were down, but I didn't think things were that bad!

> **A:** みなさんに直接お伝えできるようこのミーティングを招集しました。わが社は破産申請しなければならない可能性があります。
> **B:** なんですって？！ セールスが下がっているのは知っていましたが、そんなに状況が悪いとは思いませんでしたよ！

There is a chance that... とも言える。

A: You're sure we have to fire the CEO?! He's done a lot for this company.

B: **That appears to be the only way to** avert a scandal.

> **A:** あなたは本当にCEOを解任しなきゃならないと思うんですか！ 彼はこの会社に大いに貢献してきましたよ。
> **B:** スキャンダルを避けるためにはそれが唯一の方法のように思われます。

自分の意見やアドバイスを丁寧に伝える方法。「…するしかないように見える」が直訳。

A: **Where would you like to** hold the meeting?

B: There will be at least ten people attending. Let's book one of the meeting rooms at the hotel.

> **A:** どこでミーティングを開催したいですか？
> **B:** 少なくとも10人参加します。そのホテルの会議室のひとつを予約しましょう。

Where do you want to...? や Where should we...? なども使える。

A: We need to meet to go over the details of our new TV commercial. What day is good for you?

B: Any afternoon this week **works for me.** How about Wednesday after lunch?

> **A:** わが社の新しいテレビCMの詳細について検討するため、お会いしなくてはなりません。何曜日のご都合がいいですか？
> **B:** 今週の午後ならいつでもいいですよ。水曜日の昼食のあとはいかがですか？

...suits me fine./...is fine with me. という答え方もよく使われる。

日本人思考の社員と顧客

⟩ Inviting a Client to Dinner

Account representative Akihiro wants to take his client Julie out for dinner to show his appreciation for a new contract.

Akihiro: Hello Julie, this is Akihiro from ACME Consulting. (1) **I just wanted to call and thank you again for approving the new contract and let you know how excited I am about having the opportunity to work with you.** (2) **I'm really looking forward to this new partnership.** (3) **Do you have a moment to talk?**

Julie: Oh, hello Akihiro. Actually, I'm heading into a meeting in a few minute.

Akihiro: (4) **I won't take up too much of your time.**

Julie: Oh, okay.

Akihiro: (5) **So, I was thinking, since we are going to be working closely together, it would be great if we could make some time to get to know each other.**

Julie: Yes, there's actually few things I was planning to share with you as well. However…

Akihiro: Oh really? That's great. (6) **Well, what do you think about getting together sometime soon, perhaps after work, to bounce ideas off each other?**

Julie: Sure, that sounds like a good idea. How about we e-mail each other to arrange a date and time?

Akihiro: (7) **Okie-dokie.** So, tell me, do you like sushi? There's a great place near my office that is cheap and delicious. I highly recommend it!

Julie: Sure, I love sushi. Sorry Akihiro, but I really have to head off to my meeting.

Akihiro: Oh, sorry about that. (8) **I'm always babbling…** Okay then, I will let you get to it.

Julie: Thank you, bye.

解説

(1) I just wanted to call and thank you again for approving the new contract and let you know how excited I am about having the opportunity to work with you. Rule1

ここでアキヒロは自分の言いたいことだけを言っている。相手にも話す余地を与えるよう思いやって会話を始めることが大切だ。

(2) I'm really looking forward to this new partnership. Rule1

ジュリーの立場からすれば、新しい契約は「パートナーシップ（＝対等な協力関係）」とは呼ばないものかもしれない。関係性を考えたうえでの言葉選びに注意しよう。

(3) Do you have a moment to talk? Rule2

長々話したあとに「今話せるかどうか」を尋ねているが、これははじめにすべき質問。

(4) I won't take up too much of your time. Rule1

これも相手の状況を理解していない勝手な発言だ。ジュリーがこれから出かけると言っている以上、「手間は取らせないから」などと言うのは思慮に欠ける。

シーン 32 〉 クライアントを夕食に誘う

経理担当のアキヒロは、新たな契約への感謝の気持ちを示すために、クライアントのジュリーを夕食に招待したいと思っている。

Akihiro: もしもしジュリー、ACME コンサルティングのアキヒロです。もう一度新たな契約承認への感謝を伝えたくて、そして一緒に仕事できることにどんなにワクワクしているかを伝えたくて電話したんです。この新しいパートナーシップがとても楽しみです。お話しするお時間はありますか？

Julie: どうも、アキヒロ。数分後にミーティングに出かけなきゃいけないんです。

Akihiro: それほど時間はかかりませんよ。

Julie: じゃあいいですよ。

Akihiro: ぼくたちはともに緊密に仕事することになるので、お互いをよく知るために会う時間が取れたらいいなと思っていたんです。

Julie: ええ、私も実はあなたといくつか共有しておきたいことがあるんです。でも…。

Akihiro: 本当ですか？ それはよかった。近いうちに、仕事のあとにでも会ってアイディアを出し合うのはどうですか？

Julie: もちろん、いい考えだわ。日程や時間はメールで決めましょうか？

Akihiro: オッケーです。じゃあ、すしは好きですか？ 安くておいしいところがぼくの事務所の近くにあるんです。すごくおすすめですよ！

Julie: ええ、すしは大好きです。ごめんなさい、ミーティングに行かなくちゃ。

Akihiro: ああ、それはすみません。いつもペラペラしゃべってしまうんですよね…。では、ミーティングに出かけてください。

Julie: ありがとう、じゃあね。

---

(5) So, I was thinking, since we are going to be working closely together, it would be great if we could make some time to get to know each other. Rule1

work closely together「ともに緊密に働く」、get to know each other「互いをよく知る」といった表現は、親しくなりたい下心とも解釈されかねないので避けるべきだ。

(6) Well, what do you think about getting together sometime soon, perhaps after work, to bounce ideas off each other? Rule1,3

get together sometime soon「近いうちに会う」というのもなれなれしく感じられる可能性がある。また、具体的な日程も決まらぬまま会話が終了となっているのも問題だ。

(7) Okie-dokie. Rule1,5

これは Okay. を意味するごくカジュアルな表現だが、ビジネスでは場違いに聞こえる。

(8) I'm always babbling... Rule1,5

babble「ぺちゃくちゃしゃべる」というカジュアルな表現を使うのもここでは不適切。

ネイティブ思考の社員と顧客

Akihiro: Hello Julie, this is Akihiro from ACME Consulting. (1) **I hope I'm not catching you at an inconvenient time. Are you free to talk now?**

Julie: Hello Akihiro. Actually, I'm heading into a meeting in a few minutes…

Akihiro: I see. (2) **When would be a good time to call you back, today or tomorrow?**

Julie: How about today around 5 pm? Things will be calmed down by then.

Akihiro: Sure, no problem. I will call you again this evening at 5 pm. Sorry to disturb you!

Julie: Not at all. Thank you for your call. Talk to you later. (end call)

Akihiro: (calls back at 5 pm) Hello Julie, it's Akihiro again. Is now a good time for you?

Julie: Yes and sorry about this morning. I was rushing into a meeting when you called.

Akihiro: I just wanted to call and thank you again for the new contract. (3) **I am looking forward to the opportunity to work with you on this project.**

Julie: No, thank you. This is a great opportunity for us as well.

Akihiro: That is good to hear. (4) **Also, there are a few concepts I would like to share with you in the near future.**

Julie: You know, I was thinking the same thing.

Akihiro: Really? That's great. (5) **I know you're very busy so how do you feel about a dinner meeting? Do you like sushi?**

Julie: Sure, that sounds like a good idea and, yes, I love sushi.

Akihiro: Excellent. (6) **How about I look into someplace near your office where we can discuss the project over dinner?**

Julie: I'd appreciate that. Thank you for being so considerate.

Akihiro: Please, don't mention it. (7) **Do you mind if I get back to you by Friday morning via e-mail with a recommendation and some potential dates for us to meet?**

Julie: That would be perfect.

解説

(1) I hope I'm not catching you at an inconvenient time. Are you free to talk now? Rule1,3

このように、会話のはじめに相手に今話す時間があるかどうか尋ねる配慮が大切だ。

(2) When would be a good time to call you back, today or tomorrow? Rule3

ただ I'll call you back later.「かけ直します」と言うより具体的な時間を決めるべきだ。

(3) I am looking forward to the opportunity to work with you on this project. Rule1,4

この発言はなれなれしくなく、仕事上の程よい距離感を保ったものとなっている。

(4) Also, there are a few concepts I would like to share with you in the near future. Rule3

near future「近いうち」を使い、早く会いたいことをマイルドかつ直接的に伝えている。

Akihiro: もしもしジュリー、ACMEコンサルティングのアキヒロです。今ご都合が悪くなければいいのですが。今お話しするお時間はありますか?

Julie: どうも、アキヒロ。実は数分後にミーティングに出かけなきゃいけないんです…。

Akihiro: そうですか。今日か明日で折り返し電話するのにいつがいいでしょう?

Julie: 今日の午後5時ごろはどうですか? そのころまでには落ち着いていると思うので。

Akihiro: わかりました、大丈夫です。夕方5時にまた電話します。お邪魔してすみませんでした。

Julie: とんでもないです。お電話ありがとう。ではのちほど。(電話を切る)

Akihiro: (午後5時に再び電話する)もしもしジュリー、アキヒロです。今大丈夫ですか?

Julie: ええ、今朝はごめんなさい。お電話いただいたときミーティングで急いでいて。

Akihiro: 新たに契約いただいたことへの感謝を再度お伝えしたかったんです。このプロジェクトでご一緒させていただく機会を楽しみにしています。

Julie: いえ、ありがとう。こちらにとってもすばらしい機会です。

Akihiro: よかったです。また、近いうちにいくつか共有しておきたい考えがあるんです。

Julie: あら。私も同じことを考えていたんですよ。

Akihiro: 本当ですか? それはよかった。非常にお忙しいと存じていますので、ディナーミーティングはいかがですか? すしはどうですか?

Julie: ええ、それはいい考えね、それにすしは大好きですよ。

Akihiro: よかったです。夕食を取りながらプロジェクトについて話せるような場所をあなたのオフィスの近くで調べておきましょうか?

Julie: 助かります。いろいろご配慮ありがとう。

Akihiro: どういたしまして。金曜の朝までにおすすめの場所と候補日をメールしてもいいでしょうか?

Julie: もちろんです。

---

(5) I know you're very busy so how do you feel about dinner meeting? Do you like sushi? Rule1,3

アキヒロはジュリーの多忙さを配慮し、食事を兼ねたミーティングという提案をしている。相手に詳細を決定する負担を与えないようこちらから提案するのがベストだ。

(6) How about I look into someplace near your office where we can discuss the project over dinner? Rule1

ここでアキヒロは、相手のオフィスに近い場所を選ぶ配慮をしている。

(7) Do you mind if I get back to you by Friday morning via e-mail with a recommendation and some potential dates for us to meet? Rule3

このあとの予定もきちんと伝え、不確定材料を残さず会話を締めくくっている。

会話をさらに広げる+1の表現

許可を求める丁寧な表現

相手に許可を求めるときの丁寧な表現を確認しておこう。

Julie: I'd appreciate that. Thank you for being so considerate.

Akihiro: Please, don't mention it. **Do you mind if** I get back to you by Friday morning via e-mail with a recommendation and some potential dates for us to meet?

Julie: That's would be perfect.

> Julie: 助かります。いろいろご配慮ありがとう。
>
> Akihiro: どういたしまして。金曜の朝までにおすすめの場所と候補日をメールしてもいいでしょうか?
>
> Julie: もちろんです。

▶ Do you mind if...?

Do you mind if I...?は「…してもよろしいでしょうか?」と許可を求めるときの最も丁寧な表現。この質問を許可する答えるとしては、I don't mind. や Of course! などがある。許可できない場合は下記のダイアローグのようにその事情を説明するのが基本。

A: Do you mind if we change our dinner meeting to Friday instead of Thursday? Something came up.

B: I already have something planned on Friday. How about Monday or Tuesday of next week?

> A: ディナーミーティングを木曜の代わりに金曜に変更してもいいでしょうか? ちょっとした事情が持ち上がりまして。
>
> B: 金曜日は予定がすでにあるんです。来週の月曜か火曜ではどうですか?

▶ Is it okay if...?/Is it alright if...?

許可を求める表現としては、Is it okay if...?/Is it alright if...?もよく使われる。丁寧度は上の表現より若干下がると考える人もいるが、現代アメリカでは通常同じレベルとされる。許可の答えとしてはThat's fine./Sure./Yes./Of course. などを使う。That's okay./That's alright. は「結構です」と断る表現で、許可の答えとしては合わないので要注意。

A: Is it okay if I work from home today? My son is sick.

B: That's fine.

> A: 今日は在宅勤務にしてもいいでしょうか? 息子の具合が悪いんです。
>
> B: いいですよ。

A: I am a little busy at the moment.

B: When would be a good time to call back?

A: 今少し忙しいんです。
B: お電話し直すならいつがいいですか？

When would be a good time to...?は「…するならいつがいいですか？」と尋ねるときの決まり文句。

A: I have some new information **I would like to share with you**.

B: Excellent. I am eager to hear what you have. When would you like to meet?

A: あなたと共有したい新しい情報があるんです。
B: いいですね。ぜひその情報をお聞きしたいです。いつ会いたいですか？

share...with you「あなたと…を共有する」という表現なら、tellやgiveを使うよりも親切な感じをアピールできる。

A: Where do you think we should hold our job fair this year?

B: How do you feel about the Park Hyatt Hotel?

A: 今年のわが社の求人フェアはどこで開催したらいいと思いますか？
B: パークハイアットホテルはどうですか？

How do you feel about...?は「…についてどう思いますか？；…はどうですか？」と相手の意見を尋ねる表現だ。

A: We are outgrowing our office space fast.

B: You're right. We need to **look into** moving our office into a bigger building.

A: わが社のオフィスのスペースは急速に手狭になってきていますね。
B: 確かに。広いビルへの引っ越しを検討する必要があるね。

look into...は「検討する；調べる」。check into...と言うこともできる。

日本人思考の社員と顧客

Lodging a Complaint with a Supplier

Keita is visiting a supplier to chastise them about mislabeled shipments.

Julia: Keita! Good to see you again!

Keita: You too Julia. Thank you for making time to meet with me.

Julia: No problem. You are one of our biggest and most important customers, so I always have time for you. What's on your mind?

Keita: (1) **We have a bit of a problem on our hands.** (2) **Recently, a number of your shipments to us have had labeling issues.**

Julia: Really?! This is the first I am hearing of this. Did you file a claim with our shipping or quality control department?

Keita: (3) **Initially, we let the first few incidents slide.** Our warehouse staff caught the mistake and relabeled the products on our end. (4) **Your track record for quality has been great in the past.** However, the problem has been a recurring one. Most recently, our production line went down for an hour because we thought we were out of parts.

Julia: Do you have any copies of the labels, or specifics as to what the issue was?

Keita: Yes, here is detailed timeline listing each shipment and what was wrong with the label.

Julia: I will pass this on to our Logistics Manager, and we will definitely get to the bottom of this issue.

Keita: (5) **I'd appreciate that. We need a corrective action report on this as soon as possible.**

解説

(1) We have a bit of a problem on our hands. `Rule1,2,3`

「ちょっと対処すべき問題がありまして」といった言い方は悪い知らせを伝えるときの衝撃を和らげるために使われることもあるのだが、やはり曖昧で遠まわしな印象。そもそも、これは互いの問題ではなく相手側の問題だ。儀礼的なやり取り (Thank you for...など) は会話の冒頭で済ませているので、ここではストレートに問題を切り出すほうがいい。

(2) Recently, a number of your shipments to us have had labeling issues. `Rule3`

これは一般的な会話では問題ないのだが、ビジネスにおける会話ではrecently「最近」やa number of ...「たくさんの…」という表現は避けるべき。もっと具体的な情報を伝え、即座に調査し対応してもらえるようにしなければならない。

(3) Initially, we let the first few incidents slide. `Rule1,5`

let...slideは「…をそのままにする；見逃す (許す)」という意味で、本来ポジティブな使い方をする口語的な表現だ。しかし、断固たる態度で相手の品質管理を注意すべき場面では、ふさわしくない。

33 〉納入業者に苦情を伝える

ケイタは、納入された製品の荷札の誤りを注意するため業者を訪れる。

Julia: ケイタ！また会えてうれしいです！

Keita: 私もです、ジュリア。私とのミーティングにお時間をいただきありがとうございます。

Julia: どういたしまして。御社はわが社の最大かつ最も重要な顧客のひとつですので、御社のためならいつでも時間を割きますよ。どうしたんですか？

Keita: ちょっと対処が必要な問題があるんです。最近、御社からわが社へ発送される製品の多くに荷札の問題があるんです。

Julia: 本当ですか？！それは初耳です。弊社の出荷部か品質管理部に苦情をお申し立ていただきましたか？

Keita: 当初、最初の数件は黙認していたんです。わが社の倉庫のスタッフが間違いを見つけて私どもで荷札を貼り直していました。御社の品質に対する実績はこれまでずっとすばらしかったです。でも、この問題はたびたび起きているんです。ごく最近では、部品が欠品していると思ったせいでわが社の生産ラインが1時間ダウンしてしまったんです。

Julia: ラベルのコピー、またはこの問題に関する詳細はありますか？

Keita: ええ、これが納入された個々の製品と荷札の誤りを記載した詳細なタイムラインです。

Julia: 物流部長に渡して、必ず問題の原因を追究しますね。

Keita: ありがとうございます。なるべく早く是正処置報告書をいただきたいです。

(4) Your track record for quality has been great in the past. Rule5

　p. 170でも説明した通りtrack record「実績」は競馬に由来するスラングだが、すでに使い古されたビジネス用語なので避けたほうがいい。

(5) I'd appreciate that. We need a corrective action report on this as soon as possible. Rule1,3,4

　この2つの文自体には問題ない。しかし、ケイタはこの会話の中でずっと受け身の立場になっている。この問題を提起して早急に是正処置を取ってもらうことがケイタの責任なのだから、このような相手に任せるような態度では目的を達成することはできない。もっと具体的かつストレートに問題解決を求める発言をするべきだ。ちなみにcorrective action reportは問題や瑕疵があった際の是正処置や改善活動の報告書のことで、しばしばCARと略される。

ネイティブ思考の社員と顧客

Julia: Keita! Good to see you again!

Keita: You too Julia. Thank you for making time to meet with me.

Julia: No problem. You are one of our biggest and most important customers, so I always have time for you. What's on your mind?

Keita: The truth is, we have been having some problems with your shipments lately. (1) **There have been at least six shipments in the last two months that have been labeled with incorrect part numbers and bar codes. (2) Here is a detailed list with photographs of each problem shipment and barcode label.**

Julia: Really?! This is the first I am hearing of this. Did you file a claim with our shipping or quality control department?

Keita: Initially, our warehouse staff caught the mistake and relabeled the products on our end. Given that we haven't had any problems before, we were willing to overlook it. However, the problem has gotten worse. Most recently, our production line went down for an hour because we thought we were out of parts. (3) **As you know, production stops can cost a lot of money.**

Julia: I will pass this on to our Logistics Manager, and we will definitely get to the bottom of this issue.

Keita: (4) **Actually, I'd prefer it if they could join us in this meeting so we can go over these issues and come up with a solution for this problem today.**

解説

(1) There have been at least six shipments in the last two months that have been labeled with incorrect part numbers and bar codes. Rule3

　ケイタは「誤った部品番号とバーコードが貼られている」という問題の内容と、「2か月に少なくとも6つの荷物」と問題の起こった頻度を伝えている。自分から具体的な情報を伝えることが重要だ。

(2) Here is a detailed list with photographs of each problem shipment and barcode label. Rule2

　p. 206のダイアローグでは、ケイタはこの問題の詳細を示すものがあるかとジュリアに尋ねられていた。しかし、問題を具体的に伝えたあとでこのように自分から詳細のわかるものを提示しておけば、無駄なやり取りをなくし、問題解決に向けて会話をコントロールできる。

Julia: ケイタ！また会えてうれしいです！

Keita: 私もです、ジュリア。私とのミーティングにお時間をいただきありがとうございます。

Julia: どういたしまして。御社はわが社の最大かつ最も重要な顧客のひとつですので、御社のためならいつでも時間を割きますよ。どうしたんですか？

Keita: 実は、最近御社から発送される荷物に問題があるんです。ここ2か月の間に少なくとも6つの荷物に誤った部品番号とバーコードが貼られていました。これが、問題となっている個々の荷物とバーコードラベルの写真を添えた詳細なリストです。

Julia: 本当ですか?!それは初耳です。出荷部か品質管理部に苦情をお申し立ていただきましたか？

Keita: はじめは、わが社の倉庫のスタッフが間違いを見つけて、私どもで荷札を貼り直していました。御社とはこれまで何も問題がなかったので、見逃してかまわないと思ったんです。でも、この問題はさらにひどくなってきています。ごく最近では、部品が欠品していると思ったせいでわが社の生産ラインが1時間ダウンしてしまったんです。ご存じの通り生産ラインが止まると大変な損害になりかねません。

Julia: これを物流部長に渡して、必ず問題の原因を追究しますね。

Keita: 実のところ、それよりも部長にもこのミーティングに参加していただき、今日この問題について話し合い解決策を考えたいのですが。

(3) As you know, production stops can cost a lot of money. Rule4

「ご存じの通り生産ラインが止まると大変な損害になりかねません」という発言はポジティブとは思えないかもしれない。しかし、この状況ではこれは「遠まわしな脅し」であると同時に「好意的な言葉」ともなりうる。つまり、相手の業者はラインが止まっていた間の損害を請求された可能性もあったが、請求されなかったということ、また問題が解決されれば請求されることはないということを意味するので、ポジティブに作用するのだ。

(4) Actually, I'd prefer it if they could join us in this meeting so we can go over these issues and come up with a solution for this problem today. Rule1,3

ここでケイタは、ジュリアに問題を提起するだけではなく、丁寧ではあるが断固たる態度で問題を解決しようとしている。ケイタ自身も問題解決のプロセスに参加することで、迅速かつ適切な対応が得られるだろう。

ちなみにこのセンテンスのtheyは、性別の不明な人物を表すときの代名詞。

会話をさらに広げる +1の表現

希望や要求を丁寧に伝える表現

いくつか選択肢がある状況で自分の希望や要求を丁寧に伝える表現を見てみよう。

Julia: I will pass this on to our Logistics Manager, and we will definitely get to the bottom of this issue.

Keita: Actually, **I'd prefer it if** they could join us in this meeting so we can go over these issues and come up with a solution for this problem today.

Julia: これを物流部長に渡して、必ず問題の原因を追究しますね。

Keita: 実のところ、それよりも部長にもこのミーティングに参加していただき、今日この問題について話し合い解決策を考えたいのですが。

▶ I'd prefer (it) if...

「(それよりも)…を望む」という表現。上記の会話のように相手の提案と違ったことを求める場合や、いくつかの選択肢があるなかでどれがいいか選ぶ場合に使う丁寧な言い方だ。この表現は、本音としては強く希望している、もしくはほとんど命令に近い気持ちで要求しているが、それを丁寧に柔らかく伝えるニュアンス。

A: I want to return these pants I purchased yesterday.

B: We'd be happy to replace them for you.

A: Actually, **I'd prefer it if** you would just refund my money.

A: 昨日買ったこのパンツを返品したいのですが。

B: 喜んで交換いたしますよ。

A: 実は、それよりも返金していただきたいんです。

▶ I'd prefer to.../I would rather...

これらも「むしろ…したい」といった意味で、上の表現と同様に使える。

A: Just click on this button to agree to the terms and conditions of the contract.

B: Honestly, **I'd prefer to** have a printout of the contract so that I can review it carefully before signing it.

A: ご契約の条件に同意するには、このボタンをクリックしていただくだけです。

B: 正直言いますと、慎重に検討できるようにサインする前に契約書のプリントアウトをいただくほうがいいのですが。

キーフレーズ＆ バリエーション表現

DL-66

A: **There have been at least** five incidents of quality control problems with your product in the last month alone.

B: Do you have a record of the lot numbers involved?

A: 御社の製品に、先月だけで少なくとも品質管理上の問題が5件ありました。

B: 問題のあったロット番号の記録はありますか？

数字が大きな場合は、There have been a number of...「多くの…があった」としてもいいだろう。

A: Here are some proposals to satisfy these customer complaints.

B: Implementing these ideas is going to **cost a lot of money.** We need to find another way.

A: これらが、こうした顧客の苦情を解決するための提案です。

B: これらのアイディアを実行するのはお金がたくさんかかるな。別の方法を探す必要があるね。

cost a ton of money「大金がかかる」やcost way too much「お金があまりにもかかりすぎる」もこの文脈でよく使う表現。

A: We have received several complaints from one of our customers about defective products.

B: Let's **go over** the complaints carefully and formulate a response for them.

A: 私たちは顧客のひとつから欠陥品に関する苦情をいくつか受けています。

B: その苦情を精査して、対応を考えよう。

go over...は「…を（詳細に）調べる；熟考する」という意味。

A: Several customers have posted complaints on social media about not being able to contact us by phone.

B: We need to **come up with** a solution and respond before these complaints gain traction.

A: 複数の顧客がわが社と電話で連絡が取れないとSNSに苦情を投稿しています。

B: そうした苦情が広まる前に解決策を見つけて対応する必要がありますね。

come up with...は「…を思いつく」、gain tractionは「（噂などが）広まる」。

日本人思考の社員と顧客

Contacting a Client About Late Payment

Hiro is calling a customer to follow up on late payment of an invoice.

Operator: Thank you for calling ABC Inc, how may I direct your call?

Hiro: This is Hiro Ishii with Metro Supply. I'd like to speak with your Accounts Payable Department.

Operator: Just a moment please, I'll put you through.

Mary: Accounts Payable. This is Mary Smith speaking.

Hiro: (1) **I'm calling because we have not received payment for an invoice that is now past due.**

Mary: You are with Metro Supply, right? What is the invoice number?

Hiro: (2) **DAB-1234.** It was mailed 6 weeks ago on December 1st.

Mary: Hmmm. I don't see any record of that invoice in our system. (3) **Is it possible that you sent it to the wrong address?**

Hiro: (4) **I don't know what to tell you.** It was sent to the same address we have always used. Our invoices ship with our products.

Mary: (5) **How about this? Go ahead and e-mail me a copy of the invoice and I will see that it gets processed immediately.**

Hiro: Thanks. I'd appreciate that. (6) **What is your e-mail address?**

Mary: mary_smith@abc.com.

解説

(1) I'm calling because we have not received payment for an invoice that is now past due. `Rule4`

ストレートに言うのはいいのだが、ヒロのこの言い方は唐突で失礼と受け取られかねない。相手の気分を害さないような表現に言い換えるべきだ。

(2) DAB-1234. `Rule1,3`

電話でアルファベットの文字を伝える場合、混乱や聞き間違いが起こりやすい。たとえば、ここではBとDは韻を踏んでいるので間違えられやすい。間違いを避けるため具体的に例示しながら伝えるのが一般的だ。

(3) Is it possible that you sent it to the wrong address? `Rule4`

「あなたが誤った住所に送った可能性があるのでは」という言い方では、メアリーがヒロを責めているような印象になってしまう。相手の間違いについて言及するときは、間接的な表現を使うほうがポジティブな印象になる。こういった状況での会話をスムーズに進めるために、youという言葉は避けるようにしよう。

34 〉支払いの遅れについてクライアントに連絡する

ヒロは請求書の支払いの遅れについて調査するため顧客に電話している。

Operator: ABC Inc にお電話ありがとうございます、どちらにおつなぎしましょうか？

Hiro: メトロサプライのヒロ・イシイと申します。経理支払（買掛金）部の方とお話ししたいのですが。

Operator: お待ちください、おつなぎします。

Mary: 経理支払部です。メアリー・スミスと申します。

Hiro: 期日を過ぎている請求書に対する支払いをまだ受け取っていないのでお電話しています。

Mary: メトロサプライの方ですね？請求書番号はなんですか？

Hiro: DAB-1234 です。6週間前の12月1日に発送されています。

Mary: うーん。当社のシステムにはその請求書の記録が見当たりません。誤った住所に送った可能性はありませんか？

Hiro: どう言えばいいんでしょう。いつも使っているのと同じ住所に送られています。請求書は製品と一緒に送られるんです。

Mary: こうしてはどうでしょうか？どうぞ請求書のコピーをメールでお送りください、そうすればすぐ処理されるよう取り計らいます。

Hiro: ありがとう。助かります。あなたのメールアドレスはなんですか？

Mary: mary_smith@abc.com. です。

(4) I don't know what to tell you. Rule2,5

これは憤慨を表す一般的なフレーズだ。メアリーの「あなたが間違ったのでは」という発言に対する憤りをこのように伝えるのは効果的ではない。ヒロは感情的な言葉は省いてすぐに本題に入るべき。また、ここはヒロにとってなぜその問題が起こったのかをはっきりさせるチャンスだったはずなのだが、相手に主導権を奪われている。

(5) How about this? Go ahead and e-mail me a copy of the invoice and I will see that it gets processed immediately. Rule1,4,5

How about this?「こうしてはどうでしょうか？」は新しい考えやプランを提案する際のくだけた言い方だが、修辞的な質問でしかないので、電話の会話では必要ない。また、Go ahead and...「さあ…してください」という表現は失礼なわけでないが、メアリーがヒロの頼みを聞いてやっているといったニュアンスになり、この場合には不適切だ。

(6) What is your e-mail address? Rule2

相手のメールアドレスという重要な情報は最初にメアリーから伝えられるべきだった。そうすればヒロのこの質問は必要なくなる。

213

ネイティブ思考の社員と顧客

Operator: Thank you for calling ABC Inc, how may I direct your call?

Hiro: This is Hiro Ishii with Metro Supply. I'd like to speak with your Accounts Payable Department.

Operator: Just a moment please, I'll put you through.

Mary: Accounts Payable. This is Mary Smith speaking.

Hiro: (1) **I'm calling to check with you about an outstanding invoice. It's not like your company to miss a payment, so I thought I would follow up.**

Mary: You are with Metro Supply, right? What is the invoice number?

Hiro: (2) **D as in Dog. A as in Apple. B as in Baby-1234.** It was mailed 6 weeks ago on December 1st.

Mary: Hmmm. I don't see any record of that invoice in our system. (3) **Is it possible that it was accidentally sent to the wrong address?**

Hiro: It was sent to the same address we have always used. Our invoices ship with our products. (4) **Have you made any changes to your mailing address?**

Mary: Actually, our corporate office moved to a location separate from our manufacturing plant last fall. (5) **I am really sorry if that was not conveyed properly.** Just e-mail me a copy of the invoice to mary_smith@abc.com and I will see that it gets processed immediately.

Hiro: We'd appreciate that. While I have you on the phone, can you give me your new address for invoicing? I'd like to make a note in our system.

Mary: Certainly.

解説

(1) I'm calling to check with you about an outstanding invoice. It's not like your company to miss a payment, so I thought I would follow up. Rule1,4

ここでは、ヒロは電話の目的を攻撃的でない控えめな言い方で伝えている。また、It's not like your company to...「…するのは御社らしくない」と相手側をフォローするポジティブなフレーズも加え、非難するようなトーンを排除している。

(2) D as in Dog. A as in Apple. B as in Baby-1234. Rule1,3

アルファベットの文字を伝える際、上記のようにシンプルな語を例示しながら伝えれば格段にわかりやすく、誤解を避けることができる。

(3) Is it possible that it was accidentally sent to the wrong address? Rule4

p. 212のダイアローグでは、メアリーはIs it possible that you sent it to the wrong address?とyouを主語にしていたが、こちらではitを使った受動態で事実上の主語をぼかした言い方にしている。これによって、相手に対する非難のトーンが薄まった。

Operator: ABC Incにお電話ありがとうございます、どちらにおつなぎしましょうか？

Hiro: メトロサプライのヒロ・イシイと申します。経理支払部の方とお話ししたいのですが。

Operator: お待ちください、おつなぎします。

Mary: 経理支払担当です。メアリー・スミスと申します。

Hiro: 未払いの請求書について確認させていただきたくお電話しています。支払いがないというのは御社らしくありませんので、問い合わせしようと思いまして。

Mary: メトロサプライの方ですね？請求書番号はなんですか？

Hiro: DogのD。AppleのA。BabyのB-1234です。6週間前の12月1日に発送されています。

Mary: うーん。当社のシステムにはその請求書の記録が見当たりません。たまたま違う住所に送られてしまった可能性はありませんか？

Hiro: いつも使っているのと同じ住所に送られています。請求書は製品と一緒に送られるんです。そちらの郵送先に変更はありませんでしたか？

Mary: 実は、わが社のオフィスは昨秋、製造工場と離れた場所に移転したんです。きちんと伝わっていませんでしたら大変申し訳ありません。請求書のコピーをmary_smith@abc.comまでメールでお送りください、そうすればすぐ処理されるよう取り計らいます。

Hiro: 助かります。いまちょうど電話口にいらっしゃるので、請求書の送付先の新しい住所を教えていただけますか？わが社のシステムに記録したいと思いますので。

Mary: かしこまりました。

(4) Have you made any changes to your mailing address? Rule2

この会話で重要なのは、問題の本当の原因がどこにあったのかを特定すること。このシンプルな質問で、ヒロはその目的を果たそうとしている。

(5) I am really sorry if that was not conveyed properly. Rule1,4

ここまでの会話でふたりが明確でポジティブなコミュニケーションを取ったため、問題の原因と解決方法がお互いに明らかとなった。請求書を受け取っていなかったのがメアリー側の責任ではないとしても、上記のようにお詫びを伝えれば、両者の関係をより強固なものにすることができるだろう。

会話をさらに広げる +1の表現

可能性を尋ねる表現

可能性を尋ねるときの表現のバリエーションを見ていこう。

> **Hiro:** D as in Dog. A as in Apple. B as in Baby-1234. It was mailed 6 weeks ago on December 1st.
>
> **Mary:** Hmmm. I don't see any record of that invoice in our system. **Is it possible that** it was accidentally sent to the wrong address?
>
> Hiro: DogのD。AppleのA。BabyのB-1234です。6週間前の12月1日に発送されています。
>
> Mary: うーん。当社のシステムにはその請求書の記録が見当たりません。たまたま違う住所に送られてしまった可能性はありませんか？

▶ Is there any[a] chance that...?

上の会話では、possible「可能性がある」を使っているが、こちらのchance「確率；可能性」を使った表現も同様の意味。「その可能性が高いのでは」と思っても、ビジネスの場ならこのような質問で尋ねるのが丁寧だ。また、What are the chances that...?でもOK。

A: I still have not received your wire transfer. **Is there any chance that** you remitted payment to the wrong account?

B: I am sure I sent the money, so that is a possibility. Let me check with the bank and get back to you.

A: まだ御社からの送金を受け取っていないのですが。違う口座に送金した可能性はありませんか？
B: 確かに送金はしましたので、その可能性はありますね。銀行に確認してからまたご連絡させてください。

▶ Is there any[a] possibility that...?

こちらも「…という可能性はありませんか？」という意味の表現。上のIs there any chance that...?とともに、単に可能性を尋ねるだけでなく、that以下にyou could[would]...を入れて「…していただくことはできますか？」と丁寧に依頼する表現としても使える。

A: We have not received payment for Invoice #123, issued last month.

B: Hmm. I don't have any record of receiving that invoice. **Is there a possibility that** you could resend it?

A: 先月発行された請求書番号123の支払いをまだ受け取っていないのですが。
B: うーん。その請求書を受け取った記録がありません。再送していただけないでしょうか？

A: The meeting is supposed to start in less than five minutes and Tom is still not here yet!

B: It's not like him to be late. I hope everything is okay.

> **A:** ミーティングがあと5分以内に始まる予定なのにトムがまだ来ていないんだよ！
> **B:** 遅れるなんて彼らしくないね。万事問題なければいいんだけど。

「遅れるなんて彼らしくない」と伝えるにはHe is not normally late. でもOK。

A: This is Joe Maxwell with RIVER Inc. I'd like to speak with Mr. Nakano.

B: I'm sorry, how do you spell your company name?

A: R as in Robert, I as in ID, V as in Victory, E as in Egg, R as in Robert.

> **A:** こちらはRIVER Incのジョー・マクスウェルです。ナカノさんとお話ししたいのですが。
> **B:** すみません、会社名はどのようにつづりますか？。
> **A:** RobertのR、IDのI、VictoryのV、EggのE、RobertのRです。

例にする言葉は決まっていないが、誤解する可能性の少ないものを使うのがポイント。

A: Have you made any changes to the convention schedule?

B: Yes. I changed the start date to the 21st because of the national holiday.

> **A:** コンベンションのスケジュールに変更はありますか？
> **B:** はい。国民の休日のため開始日を21日に変更しました。

make changes to... は「…を変更する」。人を主語にしないなら、Have there been any changes to...?のような表現もある。

A: I am really sorry if my e-mail offended you. I assure you that was not my intent.

B: That's okay. I understand.

> **A:** 私のメールで気を悪くしたなら本当にすみません。そんなつもりじゃなかったのは間違いありません。
> **B:** 大丈夫ですよ。わかりました。

謝罪の気持ちを強めるには、reallyの代わりにveryを使ってもいい。

日本人思考の社員と顧客

Making a Customer Service Claim

Akiko is at the customer service counter to get a refund for a defective product.

Clerk: Can I help who's next?

Akiko: (1) **I was hoping to get a refund for this blouse.**

Clerk: What's wrong with it?

Akiko: (2) **There is a hole in the sleeve.**

Clerk: Well, as you can see from the sign posted here, we don't offer cash refunds.

Akiko: (3) **Instead of a refund, would it be possible for me to exchange this blouse for a different one?**

Clerk: I'm sorry, but all sales are final. We do not offer refunds or exchanges on any of our products. That has always been a policy of this store.

Akiko: That's hardly fair. I paid good money for this blouse. I shouldn't have to pay more to have a new blouse repaired! (4) **Perhaps I should speak to your manager.**

Clerk: He is just going to tell you the same thing, dear. You should have checked the item more carefully at the time of purchase.

Akiko: Well, you can be sure that with customer service like this, I won't be shopping here anymore! I'm going to take my business somewhere where it is appreciated!

Clerk: Can I help who's next?

解説

(1) I was hoping to get a refund for this blouse.　Rule1,3

I was hoping to... は、「…したいと思っていた」という意味ではなく、「…させていただきたいのですが」と丁寧に許可を求めたり依頼したりするときの一般的な表現だ。たとえば、I was hoping to borrow some money.「お金を貸していただきたいのですが」のように使う。しかしこのケースでは、アキコは不良品を買わされた立場であるため、もっと断固とした調子で伝える表現を選ぶほうがいい。

(2) There is a hole in the sleeve.　Rule2,3

店員のWhat's wrong with it?「そのブラウスにどんな問題があるのですか?」という質問に対する答えとしては、ただ「袖に穴がある」というだけでは不十分だ。アキコが自分の立場を優位にしてうまく交渉を進めるためには、なぜ袖に穴があるのか、それがいつ、どのように起こったのか、といった具体的な情報を店員に伝えなければならない。

35 〉 カスタマーサポートを要求する

<small>シーン</small>

アキコは不良品の払い戻しを受けるためにサービスカウンターに来ている。

Clerk: 次の方どうぞ。

Akiko: このブラウスの払い戻しをしていただきたいのですが。

Clerk: どんな問題でしょうか?

Akiko: 袖に穴が開いているんです。

Clerk: あの、こちらの掲示でおわかりいただける通り、現金での払い戻しはしておりません。

Akiko: 払い戻しの代わりに、このブラウスを別のものに交換していただくことはできますか?

Clerk: 申し訳ありませんが、すべての販売品が売り切れです。どの製品に関しても払い戻しも交換もいたしません。それがずっと当店のポリシーなんです。

Akiko: それはあまりフェアじゃないですね。このブラウスには結構なお金を払ったんですよ。新しいブラウスを直してもらうのにさらにお金を払わなきゃならないなんてことありえないですよ! そちらのマネージャーとお話ししたほうがよさそうですね。

Clerk: マネージャーも同じことを申し上げるでしょう。お買い上げの際にもっと注意して商品をチェックするべきでしたね。

Akiko: こんなカスタマーサービスなら、ここではもう買い物しないと思ってくださいよ! もっと顧客を大事にするところで買い物します。

Clerk: 次の方どうぞ。

---

(3) Instead of a refund, would it be possible for me to exchange this blouse for a different one? <small>Rule1,3</small>

　(1)と同様に、Would it be possible (for me) to...?「…させていただくことはできませんか?」というのも許可を求めるときの丁寧な表現だが、アキコが正当な主張をしている立場であると考えれば、やはりこの言い方もあまりに下手に出すぎと言えるだろう。自分が正しいと思うことを主張するときには相応の伝え方が必要だ。

(4) Perhaps I should speak to your manager. <small>Rule1,4</small>

　カスタマーサービスに苦情を伝えても満足な対応が得られないときには「そちらのマネージャーにお話ししたほうがよさそうですね」といった発言が最終手段として有効なこともなくはないだろうが、相手はこれを非常にネガティブに受け取り、脅迫されているように感じる。このような発言をしてしまうと、相手からそれ以上の協力を得ることはできなくなるだろうし、交渉も決裂となってしまうかもしれない。

ネイティブ思考の社員と顧客

Clerk: Can I help who's next?

Akiko: (1) **Yes. I bought this blouse here last week. I didn't notice it at the time, but the stitching is defective and there is a hole in the sleeve.**

Clerk: That's a shame, but, as you can see from the sign posted here, we don't offer cash refunds.

Akiko: (2) **I can understand that.** (3) **Instead of a refund, I'd like to simply exchange this blouse for a different one.**

Clerk: I'm sorry but all sales are final. We do not offer refunds or exchanges on any of our products. That has always been a policy of this store.

Akiko: Certainly, there must be something you can do for me. (4) **I shop here all the time. I've never had any problems before.** I really like this place!

Clerk: I see. In that case, perhaps we can make an exception here. Let me check with my manager and see if I can get him to approve an exchange. Do you have your receipt?

Akiko: Yes. I have it right here. (5) **Thank you so much for your help!**

Clerk: I can't make any promises, but I'll see what I can do. Keep in mind that if we allow an exchange, it will have to be for an equal or lower-priced item.

Akiko: That's fine!

解説

(1) Yes. I bought this blouse here last week. I didn't notice it at the time, but the stitching is defective and there is a hole in the sleeve. Rule2,3

ここでは、アキコははじめから何が問題なのかを正確かつ具体的に伝えている。また、stitching is defective「縫製がよくない」といった製品自体に欠陥があるということを暗に示す情報もつけ加えている。このアキコの発言は、直接的ではあるが無礼にはまったく当たらない。

(2) I can understand that. Rule4

普段の会話でも交渉の会話でも、I understand.「わかります」や I understand that, but ...「わかりますが…」といった表現は相手へのポジティブな態度を示すものとして重要だ。こうした表現はそのあとに続く内容、この場合では「交換の依頼」を切り出す際の衝撃を和らげる役割がある。

(3) Instead of a refund, I'd like to simply exchange this blouse for a different one. Rule1,4

p. 218のダイアローグでのInstead of a refund, would it be possible for me to exchange this blouse for a different one?という発言と比べてみよう。ここには2つの重要な変化がある。ひとつは、アキコの発言は許可を求めるような疑問文の形を取っていない点。もうひとつは、simply「ただ」という言葉をつけ加えた点だ。この言葉により、自分の

Clerk: 次の方どうぞ。

Akiko: はい。このブラウスを先週買ったんです。そのときは気づかなかったのですが、縫製がよくなくて袖に穴が開いているんです。

Clerk: それは残念ですが、こちらの掲示でおわかりいただける通り、現金での払い戻しはしておりません。

Akiko: それは理解できます。払い戻しの代わりに、ただこのブラウスを別のものと交換していただきたいんです。

Clerk: 申し訳ありませんが、すべての販売品は売り切りなんです。どの製品に関しても払い戻しも交換もいたしません。それがずっと当店のポリシーなんです。

Akiko: きっと、何かできることがあるはずです。こちらのお店でいつも買い物しています。これまで問題があったことはありません。このお店が本当に好きなんですよ！

Clerk: わかりました。そうしましたら、例外的なお取り扱いができるかもしれません。マネージャーに確認して交換を承認してもらえるか調べてきます。レシートはお持ちですか？

Akiko: はい。ここにあります。お取り計らいありがとうございます！

Clerk: 約束はできませんが、何ができるか調べてきますね。交換が可能な場合には、同額かそれより安いものとなりますのでご了承くださいね。

Akiko: 問題ありません！

依頼していることは簡単に対応してもらえるちょっとしたお願いだといった印象を与えることができる。onlyという語も同様に使うことができる。例）I simply need some more time./I only need some more time.「ただもう少し時間が必要なんです」。

(4) I shop here all the time. I've never had any problems before. Rule1,4

「マネージャーと話す」といった脅迫めいた発言ではなく、アキコは店員のプライドに訴えるような発言で交渉している。また、「いつもここで買い物している」と言うことで自分が大切に扱うべき顧客であることを示している。脅迫するような言い方は相手のプライドを傷つけネガティブな感情を引き起こすだけで、決して望ましい結果にはならないことを心に留めておこう。

(5) Thank you so much for your help! Rule1,4

感謝の言葉を述べること、そしてそれを言うタイミングが重要だ。望んでいる結果がまだ得られてはいないとしても、店員が対応してくれていることに対してここで感謝の意を示してポジティブな印象を与えたい。

会話をさらに広げる +1の表現

相手に対処するよう迫る表現

相手が自分の要求に応じてくれないときに、強く対処を迫る表現を覚えておこう。

> **Clerk:** I'm sorry but all sales are final. We do not offer refunds or exchanges on any of our products. That has always been a policy of this store.
>
> **Akiko:** Certainly, **there must be something you can do for me.** I shop here all the time.
>
> Clerk：申し訳ありませんが、すべての販売品は売り切れなんです。どの製品に関しても払い戻しも交換もいたしません。それがずっと当店のポリシーなんです。
>
> Akiko：きっと、何かできることがあるはずです。こちらのお店でいつも買い物しています。

▶ There must be something you can do for me.

上のダイアローグのように、相手に依頼を断られてそれでも「なんとかして」と強く対処を迫りたい場面で使えるフレーズ。ここでの must は「(絶対に)…に違いない」という意味。must の代わりに has to を使っても同様の意味になる。

A: I missed my connection because my plane was late getting here.

B: I'm sorry about that, sir. I see you have been rescheduled out on the first flight tomorrow morning.

A: This is a business trip. I have to get to Chicago this evening! It's not my fault your plane was late! **There must be something you can do for me!**

> A：飛行機が遅れて到着したので乗継便に乗り遅れてしまいました。
>
> B：それは残念でした。明日朝の第一便での出発に予定が変更されています。
>
> A：これは出張なんです。今晩シカゴに到着しなきゃならないんですよ！ おたくの飛行機が遅れたのは私のせいじゃありません！ 何かできることがあるはずでしょう！

▶ There must be something we can do for him[her/them]!

一方、第三者が困っているときなどには、There must be something we can do for him[her/them]! と言えば、協力したいという強い気持ちが伝わる。

A: Sally from marketing was in a car wreck. She broke her leg.

B: That's terrible. **There must be something we can do for her!**

> A：マーケティング部のサリーが自動車事故にあったんだ。脚を骨折したんだ。
>
> B：それは大変ね。私たち、彼女のために何かできることがあるはずだわ！

A: **I didn't notice it at the time, but** I am sure this crack in the windshield was here when I purchased the car.

B: Well, it is still under warranty, so we will get it fixed for you right away.

> **A:** そのときは気づきませんでしたが、私が車を買ったときから間違いなくフロントガラスのこのひびがありました。
>
> **B:** わかりました、まだ保証期間中ですので、すぐに修理させます。

あとになってから問題や欠陥に気づいたときに使える表現。

A: I'm not trying to make a big scene here. I just want my steak to be cooked right.

B: **I can understand that.** But as it says on the menu, we are not allowed to serve steaks that are not cooked to at least medium-rare.

> **A:** ここでひと悶着起こそうというつもりはありません。ただ私のステーキを言った通りに焼いてほしいだけなんです。
>
> **B:** わかります。しかしメニューにあります通り、少なくともミディアムレアにまで加熱調理していないステーキをお出しすることは許されていないんです。

make a big scene は「ひと悶着起こす；見せ場を作る」という意味。

A: I'm sorry your hotel room did not meet your expectations. I will be happy to give you a coupon for a free night's stay good for 90 days.

B: **Instead of** a coupon for later, why don't you just make this stay complimentary?

> **A:** お部屋がご期待に沿わなくて申し訳ありません。90日間有効の1泊無料クーポンをぜひ差し上げたいと思います。
>
> **B:** あとで使えるクーポンでなく、この宿泊を無料にしてもらえませんか？

Instead of... は「…の代わりに」。make...complimentary は「…を無料にする」。

A: I don't know why but my cellphone suddenly stopped working. **I've never had any** issues until now.

B: Unfortunately it looks like it got wet. There's no choice but to buy a new one.

> **A:** なぜかわからないのですが、私の携帯電話が突然作動しなくなってしまいました。今までまったく問題なかったのですが。
>
> **B:** 残念ながら濡れてしまったようですね。新しいものを買う以外ありませんね。

I have never... は「今まで一度も…はない」という意味。I have not... としてもOK。

2

避けたい
ビジネス
業界用語と

1 ———

代替表現
60

→ 60

01 ——————

😞 bring to the table = 提供する

> **A:** I'm thinking of putting Mariko in charge of the marketing group.
>
> **B:** Does she have something special to **bring to the table**?
>
> A: マリコをマーケティンググループに入れたいと思っているんだが。
>
> B: 彼女は特別に貢献できるものを持っているの?

　直訳すると、「テーブルに (何かを) 持ってくる」となるこの表現は、もともと交渉や会議などのためにテーブルの周りに集まるイメージからできている。現在は、ビジネスのさまざまな場面に役立つスキルや知識などを持ち、それらを「提供する」という意味で使われる。人を評価する場面でよく使われるビジネスジャーゴンだ。よりシンプルなおすすめの表現法は、contribute「貢献する」という動詞を使うことだ。

😊 contribute

> **B:** Does she have something special to **contribute**?
>
> B: 彼女は特別に貢献できるものを持っているの?

その他の比較例

😞 Dan is a good choice for vice president. He **brings** a lot of experience **to the table**.
ダンを副社長にするのはいい選択だよ。彼は多くの経験を提供してくれる。

😊 Dan is a good choice for vice president. He has a lot of experience to **contribute**.
ダンを副社長にするのはいい選択だよ。彼には貢献できる多くの経験がある。

02 ——————

😞 drop-dead date = 最終期限

> **A:** The **drop-dead date** for the project is May 1st.
>
> **B:** That is not a lot of time!
>
> A: プロジェクトの最終期限は3月1日だよ。
>
> B: あまり時間はないな!

　date は「日付」。drop dead は心臓発作や脳梗塞などで急に倒れて「急死する」という意味。ビジネスジャーゴンとしては「最終的な厳守すべき締め切り」という意味で昔から使われている。本書でおすすめしたいのは、さらにシンプルな deadline「締め切り」という表現だ。

😊 deadline

> **A:** The **deadline** for the project is May 1st.
>
> A: プロジェクトの締め切りは3月1日だよ。

その他の比較例

😞 What's the **drop-dead date** for finishing the translation?
翻訳の最終期限はいつ?

😊 When is the **deadline** for finishing the translation?
翻訳の締め切りはいつ?

※ 主語が the drop-dead date から the deadline に変わったため、what が when に変わっている。

actionable = すぐに使用できる

A: We need to obtain more **actionable** information.

B: Let's conduct another marketing survey.

A: もっとすぐ使える情報を得る必要があるね。

B: もう一度マーケティング調査を実施しましょう。

　actionable は「（プランなどが）実現できる；実施可能な」あるいは「（情報などが現実的で）すぐに使用できる」「（情報などが判断材料にできるほど正確で）すぐに利用できる」といった意味合いになる。昨今では、「法的な措置が取れる；違法な；クビにすることができる」という意味まで加わっていて、文脈によってかなり理解が難しい単語だ。意味の曖昧さをなくすためにはaccurate「正確な」という単語で置き換えるのがいい。

accurate

A: We need to obtain more **accurate** information.

A: もっと正確な情報を得る必要があるね。

その他の比較例

😞 There was not enough **actionable** data to make a decision.
判断するのに使えるデータが十分にありませんでした。

😊 There was not enough **accurate** data to make a decision.
判断するのに正確なデータが十分にありませんでした。

have an AHA moment = ひらめく

A: When did you know you wanted to open your own hotel?

B: I **had an AHA moment** when I first visited a Japanese ryokan.

A: いつご自身のホテルを開業したいと気づいたのですか？

B: 日本の旅館を最初に訪れたときにひらめいたんです。

　英語では、何かをひらめいたり、問題の解決方法などを思いついたりしたときにAHA! と口にすることが多い。このAHA!は「なるほど！」「そうか！」「ひらめいた！」といった意味だ。近年、この気づきやひらめきの瞬間のことをAHA moment「なるほどと思う瞬間」と呼ぶようになっている。ただしこのジャーゴンを知らない人には即座に意味が伝わらないため、be inspired や get the inspiration for... などのフレーズで置き換えることを推奨したい。

be inspired/get the inspiration for...

B: I **was inspired** when I first visited a Japanese ryokan.

B: 日本の旅館を訪れたときにインスピレーションを受けたんです。

その他の比較例

😞 Watching the children in the park, I **had an AHA moment** for a new type of toy.
公園で遊んでいる子どもを見ていたときに、新しいタイプの玩具がひらめいたんです。

😊 Watching the children in the park, I **got the inspiration for** a new type of toy.
公園で遊んでいる子どもを見ていたときに、新しいタイプの玩具の着想を得たんです。

😞 at the end of the day = 最終的には

A: Tom has some advice that may help you make up your mind.

B: I will listen to his advice, but **at the end of the day** it is my decision.

A: トムにはあなたの決断の助けになるアドバイスがあるよ。

B: アドバイスは聞くけど、最終的にはぼくの決断だよ。

at the end of the day は、直訳すると「1日の終わりに」となる。この意味から転じて「最終的に」という意味でも使われるようになったが、これもビジネスでは飽き飽きするほど耳にするジャーゴンだ。また、わざわざ時間を表すこともある表現を使って混乱を生じさせる必要はない。よりシンプルに「最終的には」を表す in the end や ultimately などを用いるほうがいい。

😊 in the end

B: I will listen to his advice, but **in the end** it is my decision.

B: アドバイスは聞くけど、最終的にはぼくの決断だよ。

その他の比較例

😞 I will show you how to use it, but **at the end of the day** you will need to do it yourself.
使い方は教えるけど、最終的にはきみが自分でやる必要があるよ。

😊 I will show you how to use it, but **in the end** you will need to do it yourself.
使い方は教えるけど、最終的にはきみが自分でやる必要があるよ。

😞 drink the Kool-Aid = うのみにする

A: I was really impressed by that sales presentation.

B: Don't **drink the Kool-Aid**.

A: あの会社の営業プレゼンは印象的だったな。

B: うのみにするなよ。

Kool-Aid は 1920 年代に誕生して以来大人気の子供向けジュースブランド。1978 年にアメリカのカルト宗教団体で毒入りの Kool-Aid を飲む集団自殺があった。それが歴史的大事件となり、drink the Kool-Aid は「うのみにする；妄信する」という悪い意味での慣用句として使用され続けている。若い人が知らない時代の事件に由来する表現でもあり、避けるべきのジャーゴンの代表だ。「うのみにする；妄信する」と言いたいときは get[be] brainwashed を使うといい。

😊 get[be] brainwashed

B: Don't **be brainwashed**.

B: 妄信するなよ。

その他の比較例

😞 My coworker was always anti-politics but then he **drank the Kool-Aid**.
私の同僚はいつも反政治的なのだが、そのとき彼はうのみにしてしまったんだ。

😊 My coworker was always anti-politics but then he **got brainwashed**.
私の同僚はいつも反政治的なのだが、そのとき彼は妄信してしまったんだ。

ASAP = できるだけ早く

A: When does this report need to be finished?

B: I need it **ASAP**.

A: このリポートはいつまでに終える必要がありますか?

B: できるだけ早く必要なんだ。

　ASAPは「できるだけ早く」を指すAs Soon As Possibleの頭字語。もともと病院などで一秒を争う緊急状態を指したが、ビジネスでは曖昧なまま使われすぎている。具体的な日にちや時刻を示して、明確な期限を伝えよう。

 by＋具体的な期限

B: I need it **by 5 pm today**.

B: 今日の午後5時までに必要なんだ。

その他の比較例

😞 Work overtime if you need to. This has to be finished **ASAP**.
必要なら残業して。これはできるだけ早く終えなければならないんだ。

😊 Work overtime if you need to. This has to be finished **by 9 am Monday morning**.
必要なら残業して。これは月曜の朝、午前9時までに終えなければならないんだ。

 bells and whistles = オプション機能

A: What is your opinion of the new model?

B: It is expensive, but it has all (of) the **bells and whistles**.

A: 新発売のモデルについてどう思う?

B: 高いけど、いろいろなオプション機能がついてるね。

　bells and whistlesは直訳すれば「ベルと笛」。汽車や車などが合図としてベルや笛の機能をつけたことから、技術の進化によるさまざまな付加的機能を意味するようになった。しかし、現代の若者にとってはピンとこない表現だろう。optional features「オプション機能」やlatest technology「最新のテクノロジー」といったわかりやすい表現が適切だ。

 optional features/latest technology

B: It's expensive, but it has all (of) the **latest technology**.

B: 高いけど、いろいろな最新技術が入ってるね。

その他の比較例

😞 This new phone has all the **bells and whistles**.
この新しい電話にはいろんなオプション機能がついてるね。

😊 This new phone has all the **latest technology**.
この新しい電話にはいろんな最新技術が入ってるね。

It isn't brain surgery! = そんなに難しくないよ！

A: Could you show me how to use this software again?

B: It isn't brain surgery!

A: このソフトの使い方、もう一度教えてもらいますか？
B: そんなに難しくないよ！

brain surgeryとは「脳外科手術」。脳外科手術は高度なスキルが要求されることから、この表現は「難しいこと」を表す。上の会話例のように上司が覚えの悪い部下に対して使う決まり文句だが、かなりきつい印象になってしまう。difficultやcomplicatedなどシンプルな言葉で優しく励ますほうがいい。

It isn't that difficult[complicated].

B: It isn't that complicated!

B: そんなに複雑じゃないよ！

その他の比較例

Being a stock-trader isn't easy, but **it's not brain surgery**.
株のトレーダーになるのは簡単じゃないが、それほど難しいことじゃない。

Being a stock-trader isn't easy, but **it's not that complicated**.
株のトレーダーになるのは簡単じゃないが、そんなに複雑じゃない。

have[get] one's ducks in a row = 徹底的に準備する

A: The annual department audit is next week.

B: We need to **get our ducks in a row**.

A: 年に一度の部内監査は来週です。
B: きっちり準備する必要がありますね。

この表現は子ガモが一列になって親ガモのあとをついて歩いているイメージに由来したもので、「（徹底的に）準備する；準備を整える」という意味で使われる。特に、面接やスピーチなど特別なイベントに向けて資料や情報を準備しているような状態を指す。しかしこの表現は曖昧な印象を与えるうえ、使い古されていると感じているネイティブが少なくない。get[be] prepared/get[be] organizedのようなわかりやすい表現を使うべきだ。

get[be] prepared/get[be] organized

B: We need to **get prepared**.

B: 準備する必要がありますね。

その他の比較例

Your meeting with the client is in less than a week. Do you **have your ducks in a row**?
クライアントとのミーティングまであと1週間を切りましたね。きっちり準備はできていますか？

Your meeting with the client is in less than a week. **Are** you **prepared**?
クライアントとのミーティングまであと1週間を切りましたね。準備はできていますか？

push the envelope = 既成の枠を超える

A: Why is your company so successful?

B: We are always trying to **push the envelope**.

A: 御社はどうしてそんなに成功しているんですか？

B: わが社はいつも既成の枠を超えようとしているんです。

　envelopeには数学の「包絡線」の意味があるが、そこからpush the envelope「（リスクなどを背負って）既成の枠を超える」という慣用句が生まれた。しかし、ここはやはりtry new things「新しいことを試す」やtake risks「リスクを冒す」のように誰にでも理解できる表現を使うほうがいい。

try new things/take risks

B: We are always trying new things.

B: わが社はいつも新しいことにトライしているんです。

`その他の比較例`

 As a professional chef, he is always **pushing the envelope** and creating more unique dishes.
プロのシェフとして、彼はいつも既成の枠を超えてよりユニークな料理を作り出そうとしています。

 As a professional chef, he is always **trying new things** and creating more unique dishes.
プロのシェフとして、彼はいつも新たなことにトライしてよりユニークな料理を作り出そうとしています。

---

going forward = 今後；ゆくゆくは

A: How do you recommend we resolve the problem of social media use at the office?

B: Going forward, we are going to ban the use of personal cell phones in the workplace.

A: オフィスでのSNSの使用の問題をどうやって解決するのがいいと思いますか？

B: ゆくゆくは、職場での携帯電話の個人的な使用を禁止するつもりです。

　going forwardは「今後」「ゆくゆくは」という意味で使われるジャーゴンだ。しかし、未来のことを表すgoing to...またはwill...とともに使うことになるので、この表現は不要に感じられてしまう。ストレートにfrom now on「これからは」やin the future「将来は」を使おう。

from now on/in the future

B: In the future, we are going to ban the use of personal cell phones.

B: 将来は、職場での携帯電話の個人的な使用を禁止するつもりです。

`その他の比較例`

Going forward, our company will not allow employees to work more than 10 hours of overtime per month.
今後わが社は1か月に10時間以上の残業を認めないことになるでしょう。

From now on, our company will not allow employees to work more than 10 hours of overtime per month.
これからは、わが社は1か月に10時間以上の残業を認めないことになるでしょう。

🙁 run the numbers = コストなどを計算する

A: How much is this new office furniture going to cost us?

B: Let me **run the numbers** and get back with you.

A: この新しいオフィス家具はおいくらになりますか？

B: 計算しまして、また連絡いたします。

run the numbers は「コストなどを計算する」という意味を表す。価値があるかどうか評価するために数字を出してみる、といった場面で使われるのが基本。同じ状況で crunch the numbers や do the math を使う人もいる。いずれにしても、calculate the cost「コストを計算する」や review the cost「コストを検討する」などとしたほうがわかりやすい。

🙂 calculate[review] the cost

B: Let me **calculate the cost** and get back with you.

B: 計算しまして、また連絡いたします。

その他の比較例

🙁 I **ran the numbers**, and I don't think this marketing strategy will be cost effective.
計算してみたところ、このマーケティング戦略は費用対効果がいいとは思えません。

🙂 I **reviewed the cost**, and I don't think this marketing strategy will be cost effective.
コストを検討したところ、このマーケティング戦略は費用対効果がいいとは思えません。

🙁 open the kimono = 情報公開する

A: Why was the IPO canceled?

B: Apparently someone in the company **opened the kimono** to competitors.

A: どうして新規株式公開は中止されたんですか？

B: 社内の誰かが機密を競合他社に明かしたようなんだ。

open the kimono は「情報公開する」という意味のジャーゴンだが、使い古された感があるうえ、性的な含意がありポリティカルコレクトネスに欠けるとみなされることもある。reveal[leak] company secrets「社内機密を明らかにする［漏らす］」や be transparent「透明性を保つ」などを使うべき。

🙂 reveal[leak] company secrets/be transparent

B: Apparently someone in the company **leaked company secrets** to competitors.

B: 社内の誰かが企業秘密を競合他社に漏らしたようなんだ。

その他の比較例

🙁 The company is under pressure to **open the kimono** and provide proof that they are not violating SEC regulations.
その会社は情報公開して証取委の規約に違反していない証拠を出すよう圧力をかけられています。

🙂 The company is under pressure to **be transparent** and provide proof that they are not violating SEC regulations.
その会社は透明性を確保して証取委の規約に違反していない証拠を出すよう圧力をかけられています。

😞 check (all) the boxes = 基準を満たす

A: Who do you think we should hire among the three candidates?

B: I like John Smith. He **checks all the boxes**.

A: 3人の候補者のなかで誰を採用すべきだと思う？

B: 私はジョン・スミスがいいと思います。彼はすべての基準を満たしています。

　　check (all) the boxesは、リストなどにあるcheckboxesにcheckmarkを書くことに由来し、「基準を満たす；要件を満たす」という意味を表す。しかし、あてはまるものをチェックするという作業も、コンピュータやスマホで行うことが多くなった現代にはもはや合わない表現だとも言える。ここは、meet all the criteria/satisfy all the requirementsを使ってストレートに伝えよう。

😊 meet all the criteria/satisfy all the requirements

B: I like John Smith. He **meets all the criteria**.

B: 私はジョン・スミスがいいと思います。彼はすべての基準を満たしています。

`その他の比較例`

😞 I think this space would be a perfect location for our restaurant. It **checks all the boxes**.

私はこのスペースは私たちのレストランに完璧な場所だと思います。すべての基準を満たしています。

😊 I think this space would be a perfect location for our restaurant. It **satisfies all the requirements**.

私はこのスペースは私たちのレストランに完璧な場所だと思います。すべての要件を満たしています。

😞 get[be] on board with... = …に賛成する

A: If we move our manufacturing overseas, we can increase our profits.

B: I can't **get on board with** that. I'm concerned about quality issues.

A: 製造を海外に移せば、わが社は利益を増やすことができます。

B: それには賛成できませんね。私は品質の問題が心配です。

　　on boardの直訳は「（船や列車などに）乗って」。これに由来し、get on board with.../be on board with... は「…（意見やプランなど）に賛成する」という意味で使われるようになった。しかしこの意味では、単にagree with... やgo along with... と言うほうがずっとシンプルでわかりやすい。

😊 agree with.../go along with...

B: I can't **agree with** that. I'm concerned about quality issues.

B: それには賛同できませんね。私は品質の問題が心配です。

`その他の比較例`

😞 Some board members think we should expand our operations. **I'm on board with** that.

取締役会では、わが社は事業を拡大すべきだと考えているメンバーもいる。私もそれに賛成だ。

😊 Some board members think we should expand our operations. I **agree with** that.

取締役会では、わが社は事業を拡大すべきだと考えているメンバーもいる。私も同意見だ。

😦 **key takeaways** = 重要なこと

> **A:** What were the **key takeaways** from the meeting?
> **B:** The domestic economy and the exchange rate are a big concern.
> **A:** ミーティングの重要な点はなんだった？
> **B:** 国内の経済と為替レートが大きな懸案事項だったよ。

　key は「重要な」という意味の形容詞として使われる。takeaway はもともと「持ち帰り」の意味だが、ここでは「（会議やセミナー、本などで出てきた）覚えておくべき重要なこと」を表す比喩的表現となっている。takeaways を points に置き換えて key points としてもいいが、よりシンプルに言うなら important points とすればいい。

😊 **important points**

> **A:** What were the **important points** from the meeting?
> **A:** ミーティングの重要な点はなんだった？

その他の比較例

😦 This book was really an inspiration. There were a lot of **key takeaways**.
この本はとても刺激になったよ。重要なことがたくさん書いてあったんだ。

😊 This book was really an inspiration. There were a lot of **important points**.
この本はとても刺激になったよ。重要なポイントがたくさん書いてあったんだ。

😦 **laser-focus** = 高い集中力

> **A:** What was the meeting like?
> **B:** Everybody there had **laser-focus**.
> **A:** ミーティングはどうだった？
> **B:** みんなすごく集中していたよ。

　laser-focus「高い集中力」という表現はここ10年ほど人気の表現だ。極小の点に焦点を当てるレーザービームのイメージに高い集中力を重ねているのだが、laser という部分は冗長な感じがする。これを省いて単に focus とするほうがいい。また、動詞なら concentrate を使おう。

😊 **focus/concentrate**

> **B:** Everybody there had **focus**.
> **B:** みんな集中していたよ。

その他の比較例

😦 Come on people, **laser-focus**!
さあみんな、超集中して！

😊 Come on people, **concentrate**!
さあみんな、集中して！

😞 low-hanging fruit = 格好の機会；簡単な目標

A: I don't feel like I am improving as fast as I should be.

B: You are overlooking the **low-hanging fruit** too often.

A: 私は思ったほど速く向上していない気がします。

B: きみは格好の機会を見逃すことが多すぎるんだよ。

low-hanging fruit は直訳すれば「低いところにぶら下がっている果実」。これは背が低かったり力がなかったりしても簡単に取りやすいことから、「格好の（簡単に手に入る）機会；簡単な目標」を表し、ここ10年ほどの間によく使われるビジネスジャーゴンになった。しかし fruit という語に性的含意が感じられることもあるため、easy opportunity や easily achieved goal といった表現を使いたい。

😊 easy opportunity/easily achieved goal

B: You are overlooking the **easy opportunities** too often.

B: きみは格好の機会を見逃すことが多すぎるんだよ。

その他の比較例

😞 She is our top salesperson because she is quick to spot **low-hanging fruit**.
彼女は素早く格好の機会を捉えるので、わが社のトップセールスパーソンなんです。

😊 She is our top salesperson because she is quick to spot **easy opportunities**.
彼女は素早く格好の機会を捉えるので、わが社のトップセールスパーソンなんです。

😞 mission-critical = 極めて重要な

A: Do the shareholders know about these plans?

B: Keeping this information secret is **mission-critical**.

A: 株主はこれらのプランを知っているんですか？

B: この情報を秘密にするのが極めて重要なんだ。

mission-critical「極めて重要な」は、もともと NASA や軍で使われていたのを上層部のビジネスパーソンが借用し、流行した表現。高額なコンピュータ機器や出張費などについて話す際に「これは企画や会社の成功のために非常に重要なことだ」といった文脈で使われることが多い。しかし、わざわざこういった表現を使う必要はなく、単に very important や vital と言えばいい。

😊 very important/vital

B: Keeping this information secret is **vital**.

B: この情報を秘密にするのが極めて重要なんだ。

その他の比較例

😞 This merger is **mission-critical** for our company.
この合併はわが社にとって極めて重要です。

😊 This merger is **very important** for our company.
この合併はわが社にとって非常に重要です。

21

😞 move the needle = 明らかな変化をもたらす

A: Our sales are down 15% compared to this time last year.

B: We need to figure out a way to **move the needle**.

A: わが社の売り上げは昨年のこの時期と比べて15％下がっています。

B: 明らかな変化をもたらす方法を考える必要がありますね。

この needle はアナログ式のメーターの針を指し、move the needle で「（メーターの針を動かすほどの）明らかな（いい）変化をもたらす」という意味になる。ここは、get[obtain] (more) favorable results「（より）よい結果を得る」と言うほうがわかりやすい。

😊 get[obtain] (more) favorable results

B: We need to figure out a way to **obtain more favorable results**.

B: よりよい結果を得るための方法を考える必要がありますね。

その他の比較例

😞 CEOs of major corporations are now famous for receiving exorbitant salaries, but a good CEO can really **move the needle**.

大企業のCEOは法外な給料で有名ですが、優れたCEOは本当に明らかな変化を生み出せます。

😊 CEOs of major corporations are famous for receiving exorbitant salaries, but a good CEO can really **obtain favorable results**.

大企業のCEOは法外な給料で有名ですが、優れたCEOは本当によい結果を出せるのです。

22

😞 ninja = 達人；特に優れたスキルのある人

A: I was worried about the negotiations, but Scott came through again.

B: Yeah, he's a **ninja** when it comes to contract negotiations.

A: 私は交渉について心配していましたが、またもやスコットがうまくやってくれました。

B: ああ、彼は契約交渉に関しては達人だからね。

80年代のショー・コスギの忍者映画の影響からか、ninjaという言葉がアメリカに浸透し、驚くようなことをやってのける人や優れた才能を指して使われるようになった。guru「グル」やwizard「魔法使い」も同様の意味で使い古された言葉だ。代わりに、master「達人」やexpert「熟練者；ベテラン；専門家」といった語を使おう。

😊 master/expert

B: Yeah, he's an **expert** when it comes to contract negotiations.

B: ああ、彼は契約交渉に関しては専門家だからね。

その他の比較例

😞 Our network was down but John used his **ninja** IT skills to get it back up.

ネットワークがダウンしたんだけど、ジョンが達人のITスキルで復旧させてくれたんだ。

😊 Our network was down but John used his **expert** IT skills to get it back up.

ネットワークがダウンしたんだけど、ジョンがITの専門スキルで復旧させてくれたんだ。

236

😞 think outside the box = 独創的に考える

A: There has to be a way to solve this problem.

B: We need to **think outside the box**.

A: この問題を解決する方法を見つけなくてはなりません。

B: 独創的に考える必要がありますね。

think outside the box は、「（既成概念にとらわれず）独創的に考える」という意味を表す。box「箱」が既成の平凡な思考プロセスの比喩となっている。もっとストレートに be creative「独創的・創造的になる」や think creatively「独創的・創造的に考える」と言いたい。

😊 be creative/think creatively

B: We need to **be creative**.

B: 独創的になる必要がありますね。

その他の比較例

😞 To take our company to the next level, I have put together a management team that can **think outside the box**.

わが社を次のレベルにまで引き上げるため、私は既成概念にとらわれず考えることのできるマネジメント・チームを作りました。

😊 To take our company to the next level, I have put together a management team that can **think creatively**.

わが社を次のレベルにまで引き上げるため、私は創造的に考えることのできるマネジメント・チームを作りました。

😞 paradigm shift = 劇的な変化

A: I can't believe the number of people purchasing goods online nowadays!

B: There has been a **paradigm shift** in the way consumers shop.

A: 最近は多くの人がネットで買い物をするのが信じられないよ！

B: 消費者の買い物の仕方は劇的に変わったんだよ。

paradigm shift は、60年代に科学者の Thomas Kuhn が指摘した「科学の発展において枠組み（paradigm）が革命的に変化する」という概念だが、これが科学分野だけでなくビジネスでも「劇的な変化」という意味で使われるようになった。しかし「劇的な変化」と言うなら、drastic change/big change を使うほうがシンプルでわかりやすい。

😊 big[drastic] change

B: There has been a **drastic change** in the way consumers shop.

B: 消費者の買い物の仕方は劇的に変わったんだよ。

その他の比較例

😞 The popularity of social media has caused a **paradigm shift** in how products are advertised.

SNS人気が製品広告のあり方にパラダイムシフトを起こしました。

😊 The popularity of social media has caused a **drastic change** in how products are advertised.

SNS人気が製品広告のあり方を劇的に変えました。

🙁 pencil...in for〜 = …との予定を〜に入れておく

A: What time do you want to meet?

B: Pencil me **in for** 10 am on the 21st.

A: 何時に会いたい？

B: 21日の午前10時にとりあえず予定しておいて。

　pencil は動詞では「鉛筆で書く」だが、鉛筆書きは簡単に消せることから「（仮に）予定しておく」といった意味のジャーゴンとしても使われるようになった。pencil...in for〜と言うと、「…（人）との予定を〜（日にちや時刻）にとりあえず入れておく」という意味になるのだが、この表現はもはや使うべきではない。変更の可能性もある仮の予定を言うことは相手にとって迷惑だし、ビジネスで鉛筆を使う人ももうほとんど誰もいない。plan on...「…（日にちや時刻）に予定する」を使おう。

🙂 plan on...

B: Let's **plan on** 10 am on the 21st.

B: 21日の午前10時に予定しましょう。

その他の比較例

🙁 We need to meet to discuss your performance review. I've **penciled** you **in for** Monday at 3 pm.

あなたの人事考課について話し合うために会う必要があります。月曜の午後3時に予定しました。

🙂 We need to meet to discuss your performance review. **Let's plan on** Monday at 3 pm.

あなたの人事考課について話し合うために会う必要があります。月曜の午後3時に予定しましょう。

🙁 raise the bar = 基準を引き上げる

A: Did you see the new sales goals management have set?!

B: Yeah, they really **raised the bar**.

A: 経営陣が決めた新しい売り上げ目標は見た？！

B: ああ、すごく基準を引き上げたね。

　この表現の bar は棒高跳びなどの bar を指す。raise the bar は「バーを上げる」だが、ビジネスジャーゴンでは「基準を上げる；目標を高くする」という意味で使われる。この場合、ジャーゴンを使わずに set a new standard「新たな基準を設定する」という表現を使いたい。

🙂 set a new standard

A: Yeah, they really **set a new standard**.

A: ああ、実に新たな基準を設定したね。

その他の比較例

🙁 Japanese automakers have **raised the bar** for providing quality vehicles at affordable prices.

日本の自動車メーカーは、手頃な価格で品質の高い自動車の供給に向け、基準を引き上げました。

🙂 Japanese automakers have **set a new standard** for providing quality vehicles at affordable prices.

日本の自動車メーカーは、手頃な価格で品質の高い自動車の供給に向け、新たな基準を設定しました。

😞 roadmap = ロードマップ；具体的な計画表

A: What is the topic of your presentation?

B: I developed a **roadmap** for how we can enter the South American markets.

A: きみのプレゼンのテーマは何？

B: 南アメリカの市場に参入する方法に関するロードマップを作ったんだ。

roadmap は文字通り「道路地図」を意味するが、ここ10年ほどの間に、困難な目標を達成するための「具体的な計画表；工程表」という意味で幅広く使われるようになった。日本でもカタカナ語の「ロードマップ」が使われるようになっている。高齢者はroadmapを「道路地図」の意味と捉えることも考えられ混乱する可能性もあるので、detailed action plan/detailed plan of action「具体的行動計画」などの誤解のない表現を使おう。

😊 detailed action plan/detailed plan of action

A: I developed a **detailed action plan** for how we can enter the South American markets.

A: 南アメリカの市場に参入する方法に関する具体的行動計画を作ったんだ。

その他の比較例

😞 The government has yet to reveal a **roadmap** for energizing the economy.
政府は経済を活性化させるためのロードマップをまだ公開していない。

😊 The government has yet to reveal a **detailed action plan** for energizing the economy.
政府は経済を活性化させるための具体的行動計画をまだ公開していない。

😞 secret sauce = （成功のための）秘密；秘訣

A: Why has your company been able to grow so quickly?

B: The **secret sauce** our company has is our automated manufacturing process.

A: 御社はどうしてそんなに速く成長することができたんですか？

B: わが社成功の秘訣はオートメーション化した製造工程です。

secret sauce は直訳すれば「秘密のソース」。ビジネス界では、これを「成功の秘密；秘訣」の比喩的表現として使うようになった。しかし、この種の表現はビジネスの重要な側面を矮小化した幼稚なものと感じるネイティブも多い。シンプルでストレートな表現、unique advantage「独自の強み；利点」を使うほうがいいだろう。

😊 unique advantage

B: The **unique advantage** our company has is our automated manufacturing process.

B: わが社独自の強みはオートメーション化した製造工程です。

その他の比較例

😞 The **secret sauce** of the NFL is product merchandising, like jerseys and hats, etc.
NFL成功の秘訣は、ジャージや帽子などの企画商品販売です。

😊 The **unique advantage** of the NFL is product merchandising, like jerseys and hats, etc.
NFL独自の強みは、ジャージや帽子などの企画商品販売です。

😞 from soup to nuts = すべて；完全に

A: Why do you think the board made Jim president?

B: He understands the business, **from soup to nuts**.

A: 取締役会はなぜジムを社長にしたと思う？

B: 彼が完全にビジネスを理解しているからだよ。

from soup to nutsは直訳すれば「スープからナッツまで」だが、ビジネスでは「すべて；完全に；一部始終」という意味を表すジャーゴンだ。このような凝ったジャーゴンよりも、もっとシンプルなcompletelyやcomprehensivelyを使うべき。ちなみにfrom A to Zも同様の意味で使われるが、こちらは普通に使って問題ない慣用句だ。

😊 completely/comprehensively

B: He understands the business **completely**.

B: 彼が完全にビジネスを理解しているからだよ。

その他の比較例

😞 It took me ten years to learn Japanese, **from soup to nuts**.
日本語をすべて覚えるまでに10年かかりました。

😊 It took me ten years to learn Japanese **comprehensively**.
日本語を完全に覚えるまでに10年かかりました。

😞 go all in = 全財産を賭ける；大きなリスクを背負う

A: Why did that firm go bankrupt?

B: They **went all in** on a massive project, and it failed.

A: その会社はどうして破産したんですか？

B: 大きなプロジェクトにすべてを賭けて失敗したんですよ。

この表現はTexas Hold-em「テキサス・ホールデム」と呼ばれるトランプのゲームに由来する。制限なしのルールでは、いつでも手持ち全額を賭けることができ、このときプレーヤーはI'm all in.「オールイン（全額賭けます）」と言う。このことから、go all inは「全財産を賭ける；大きなリスクを背負う」という意味を表すビジネスジャーゴンになったのだが、すでに陳腐な言い方になっている。risk everything「すべてを賭ける」やinvest everything「すべて投資する」を使おう。

😊 risk[invest] everything

B: They **risked everything** on a massive project, and it failed.

B: 大きなプロジェクトにすべてを賭けて失敗したんですよ。

その他の比較例

😞 I think we should **go all in** and buy real estate.
私たちはすべてを賭して不動産を買うべきだと思います。

😊 I think we should **risk everything** and buy real estate.
私たちはすべてを賭けて不動産を買うべきだと思います。

☹ touch base with... = …に連絡する

A: When are you going to place your next order?

B: I'll **touch base with** you next Monday.

A: 次の注文はいつ出していただける予定ですか？

B: 今度の月曜日に連絡します。

　touch base with... は「…と連絡する」という意味。ここでの base は野球の「ベース」のイメージだ。野球選手がベースにタッチするところから、ビジネスや日常会話で「連絡する」という意味で使われるようになった。このようなぼんやりした表現よりも、単に contact「連絡する」という動詞1語で表現するほうがいい。またさまざまな連絡方法がある現代では、具体的な連絡方法がわかる call「電話する」や e-mail「E メールを送る」、text「携帯メールを送る」を使うのもいい考えだ。

☺ contact/call/text/e-mail

B: I'll **contact** you next Monday.

B: 今度の月曜日に連絡します。

その他の比較例

☹ The customer asked me to **touch base with** them in about a week or so.

その顧客は1週間後くらいに連絡するよう私に頼みました。

☺ The customer asked me to **call** them in about a week or so.

その顧客は1週間後くらいに電話するよう私に頼みました。

☹ white paper = 白書；文書

A: It looks like we are headed for a recession.

B: Government **white paper** projects that the economy will shrink 5% this quarter.

A: 景気が後退に向かっているようですね。

B: 政府の白書では経済がこの四半期で5％縮小すると見積もっています。

　white paper「白書（政府などの出す公的な文書）」は、白く分厚い紙束のイメージに由来する表現。しかしこの言葉は「（政府などの）白書」以外の文書やデータなども含む幅広い意味で使われるようになり、どういった種類の文書を指すのか曖昧になってしまった。したがって、単に report「報告書；レポート」や data「データ」という表現を使うほうがいい。

☺ report(s)/data

B: Government **data** projects that the economy will shrink 5% this quarter.

B: 政府のデータでは経済がこの四半期で5％縮小すると見積もっています。

その他の比較例

☹ There is no **white paper** to support the notion that our products are defective.

わが社の製品に欠陥があるという考えを裏づける文書はありません。

☺ There is no **data** to support the notion that our products are defective.

わが社の製品に欠陥があるという考えを裏づけるデータはありません。

😟 get bang for one's buck = 出費に見合う価値を得る

A: What was your opinion of the new software?

B: I like it. You **get** a lot of **bang for your buck**.

A: 新しいソフトについてどう思いましたか？
B: 気に入りました。購入の価値はありますよ。

　bangは「バーンという大きな音」、buckは「ドル；紙幣」を意味するスラング。get bang for one's buckで「出費に見合うだけの価値を得る」という意味で、製品をすすめたり評価したりする際に繰り返し使われているジャーゴンだ。代わりに、get good value for one's[the] moneyを使おう。

😊 get good value for one's[the] money

B: You **get good value for your money**.

B: 金額に見合う価値はありますよ。

その他の比較例

😟 Our products last up to four times longer than those of our competitors, so you **get** a lot of **bang for your buck**.
わが社の製品は競合他社の製品よりも4倍長持ちするので、購入の価値はありますよ。

😊 Our products last up to four times longer than those of our competitors, so you **get good value for the money**.
わが社の製品は競合他社の製品よりも4倍長持ちするので、金額に見合う価値は十分ありますよ。

😟 tiger team = 専門家チーム

A: Did you find the cause of the problem with our network security?

B: I have a **tiger team** working on it right now.

A: ネットワークセキュリティの問題の原因は見つかりましたか？
B: 今それに関しては専門家チームに当たってもらっています。

　もともとは、サイバーセキュリティに潜入するコンピュータオタクのグループを指す言葉だったが、特定分野の特殊任務につく「専門家チーム」を表すようになった。誰にでも通じる「作業部会」を表すworking groupやtask force「対策本部」、また「委員会」を表すpanelという表現を使うほうがいい。

😊 working group/panel/task force

B: I have a **task force** working on it right now.

B: 今それに関しては対策本部に当たってもらっています。

その他の比較例

😟 The head office is putting together a **tiger team** to solve our counterfeiting problems abroad.
本社は海外での偽造問題の解決のための専門家チーム作っています。

😊 The head office is putting together a **working group** to solve our counterfeiting problems abroad.
本社は海外での偽造問題の解決のための作業部会を作っています。

😞 idea shower = アイディア会議

> **A:** Some of us are meeting for an **idea shower** this afternoon. I'd like you to join us.
>
> **B:** I'll be there.
>
> A: 私たち何人かで今日の午後集まってアイディア会議をします。あなたに参加してもらいたいんです。
> B: 行きますよ。

　brainstorm「ブレインストーミングする」という言葉は「脳の障害」を想起させポリティカルコレクトネスに欠けるため、その代替表現として出てきたのがidea showerだという説がある。しかしこの表現は動詞として使えないので扱いづらい。brainstormという動詞やbrainstorming session「ブレインストーミング（会議）」という名詞句を使って問題ない。

😊 brainstorming session

> **A:** Some of us are meeting for a **brainstorming session** this afternoon. I'd like you to join us.
>
> A: 私たち何人かで今日の午後集まってブレインストーミングします。あなたに参加してもらいたいんです。

その他の比較例

😞 The solution came to me during an **idea shower**.
アイディア会議中に解決策が思い浮かびました。

😊 The solution came to me during a **brainstorming session**.
ブレインストーミング中に解決策が思い浮かびました。

😞 move the goalposts = 規則や条件を変える

> **A:** Did the customer place that order?
>
> **B:** They **moved the goalposts** on us. Now they want a 15% discount in pricing.
>
> A: 顧客はあの注文を出したんですか？
> B: 彼らは条件を変更したんですよ。今や15％の値引きを要求しています。

　アメフトやラグビーのゴールポストを想起させるmove the goalpostsという表現は、「（秘密裏に）規則や条件を変える；難しくする」という意味で使われる。ゴールポストをこっそり動かして、ゴールを決めることをより難しくするというイメージだ。これはごくシンプルにchange the rules「ルールを変える」と言えば済む。

😊 change the rules

> **B:** They **changed the rules** on us. Now they want a 15% discount in pricing.
>
> B: 彼らはルールを変えたんですよ。今や15％の値引きを要求しています。

その他の比較例

😞 I was set to receive a nice bonus until the company **moved the goalposts** on me.
会社が条件を変更するまでは、私は結構な額のボーナスを受け取ることになっていました。

😊 I was set to receive a nice bonus until the company **changed the rules** on me.
会社がルールを変えるまでは、私は結構な額のボーナスを受け取ることになっていました。

😞 punt = あきらめる

A: Is the corporate office really going to open an office in L.A.?

B: After investigating the costs, they **punted**.

A: 本社は本当にロサンゼルスにオフィスを開く予定なんですか？

B: 費用を調査したあと、あきらめたよ。

puntはアメフトで手に持っていたボールを落として空中でキックすることを表す動詞。アメフトでは攻撃権を放棄してパントを選択できるというルールがあることから、puntは「あきらめる」という意味で使われるようになった。アメフトを見るアメリカ人にしかわからないこの表現は、グローバルなビジネスにはふさわしくない。シンプルにgive upを使おう。

😊 give up (on the idea[plan])

B: After investigating the costs, they **gave up** (on the idea).

B: 費用を調査したあと、（そのアイディアを）断念したよ。

その他の比較例

😞 Upper management was planning to hire several foreign workers, but they **punted** because of the visa hassles.
上層部が何人か外国人労働者を採用する計画をしていたが、ビザの面倒な問題のためあきらめたんだ。

😊 Upper management was planning to hire several foreign workers, but they **gave up** because of the visa hassles.
上層部が何人か外国人労働者を採用する計画をしていたが、ビザの面倒な問題のため断念したんだ。

😞 give 110% = 最大限の力を尽くす

A: These negotiations are extremely important for our company. I need everyone to **give 110%**.

B: We will!

A: これらの交渉はわが社にとって非常に重要だ。全員に最大限の力を尽くしてもらう必要がある。

B: がんばります！

give 110%は「最大限の力を尽くす」という強いモチベーションを表した慣用句。しかし繰り返し使われてきたうえ、100%以上という不可能なことを言っていることもあり、この表現を荒唐無稽に感じいらだつネイティブも少なくない。do one's very best「全力を尽くす」やwork very hard「一生懸命働く」といった定番表現を使うべきだ。

😊 do one's best/work very hard

A: I need everyone to **do their best**.

A: 全員に全力を尽くしてもらう必要がある。

その他の比較例

😞 Everyone in the sales department **gave 110%** but still couldn't meet the sales goals.
営業部の全員が最大限の力を尽くしましたが、それでも売り上げ目標は達成できませんでした。

😊 Everyone in the sales department **did their best** but still couldn't meet the sales goals.
営業部の全員が全力を尽くしましたが、それでも売り上げ目標は達成できませんでした。

39

😞 **It is what it is.** = しかたない。

A: I can't believe they didn't give you the promotion!

B: It is what it is.

A: きみを昇進させなかったなんて信じられないよ！

B: しかたないよ。

　It is what it is. は日本語で言うと「しかたない」に近い。ビジネスの場でこのような発言をすることは、目標に向かって頑張るべきという気合いが感じられず、いい態度とは認められない。この種の発言が必要な場合は、It's out of my hands.「私にはどうにもできません」や There is nothing I can do.「私にできることは何もありません」といった表現を使おう。

😊 **It's out of my hands.**

B: It's out of my hands.

B: ぼくにはどうにもできないよ。

その他の比較例

😞 The company is laying off everyone in my department. **It is what it is.**
会社は私の部署の全員を解雇するつもりだ。それもしかたない。

😊 The company is laying off everyone in my department. **It's out of my hands.**
会社は私の部署の全員を解雇するつもりだ。私にはどうにもできないことです。

😞 **boil the ocean** = 時間や労力を無駄遣いする

A: I've been trying to figure out a way to improve this design.

B: Don't **boil the ocean**.

A: このデザインを改善する方法を考えようとしているんだ。

B: 時間や労力を無駄遣いしないで。

　boil the ocean「海を沸騰させる」という明らかに不可能なことを「時間や労力の無駄遣いをする」ことのたとえとした表現だ。Don't boil the ocean.「時間や労力を無駄遣いしないで」や That's like trying to boil the ocean.「それは時間や労力を無駄遣いしているようなものだよ」などのように使う。代わりに waste time[effort] (on...)「(…に) 時間／労力を無駄遣いする」を使えば、誰にでもわかりやすくなる。

😊 **waste time[effort]**

B: Don't **waste time**.

B: 時間を無駄遣いしないで。

その他の比較例

😞 He's a talented software engineer, but he is known for **boiling the ocean**.
彼は才能のあるソフトウェアの開発者ですが、時間や労力の無駄遣いをすることで知られています。

😊 He's a talented software engineer, but he is known for **wasting time** on futile goals.
彼は才能のあるソフトウェアの開発者ですが、無益な目標に時間を無駄遣いすることで知られています。

41

☹ **bleeding-edge** =（技術などが）最先端の

A: I have never seen an application that can do this!
B: Yeah, that's **bleeding-edge** stuff.

A: これができるアプリは今まで見たことがないよ！
B: ああ、最先端のやつだね。

　cutting-edge は「最先端の；最新鋭の」という意味で特にテクノロジーの分野でよく使われてきたが、これではおとなしすぎると思ったからか、cutting の代わりに bleeding を使う人たちが出てきた。この bleeding-edge という表現は流行してはいるが、切腹のイメージを連想するネイティブも少なくない。従来の cutting-edge「最先端の」や the newest technology「最新技術」を使おう。

☺ **cutting-edge/the newest technology**

B: Yeah, that's **cutting-edge** stuff.

B: ああ、最新鋭のやつだね。

その他の比較例

☹ Our company uses **bleeding-edge** graphics in all of our video games.
わが社はすべてのビデオゲームに最先端のグラフィックを使っています。

☺ Our company uses **cutting-edge** graphics in all of our video games.
わが社はすべてのビデオゲームに最新鋭のグラフィックを使っています。

42

☹ **circle back to...** = …についてあとで話す

A: What is the status on the job fair for this year?
B: We'll **circle back to** that later.

A: 今年の求人フェアの状況はどうですか？
B: その話はあとにしましょう。

　この circle は動詞で「（…の周りを）回る」。circle back to... は、「…（会話の中で持ち上がった話題）についてあとで話す」という表現だ。しかしこの意味を表すなら、get back to... や come back to... というごくシンプルな表現がある。さらにシンプルな discuss...later を使うのもいいだろう。

☺ **discuss...later/get back to...**

A: We'll **discuss** that **later**.

A: それについてはあとで話し合いましょう。

その他の比較例

☹ I want to go over the most recent sales figures, but we'll **circle back to** that.
最近の営業の数字を精査したいと思いますが、その話はあとにしましょう。

☺ I want to go over the most recent sales figures, but we'll **discuss** that **later**.
最近の営業の数字を精査したいと思いますが、それについてはあとで話し合いましょう。

pick someone's brain = …の知恵を借りる

A: How did you come up with a solution so quickly?

B: I went and **picked Tom's brain**. He has the most experience of anyone in the department.

A: どうしてそんなに早く解決策を思いついたの？

B: トムに知恵を拝借しに行ったんだ。彼は部署でいちばん経験があるからね。

pick someone's brainは「…の知恵を借りる」。相手に直接アドバイスを求める場合だけでなく、会話などの情報から知恵を拝借するという場合にも使える。しかしビジネスの会話では、誰もが知っているask...for advice/ask for someone's advice「…にアドバイスを求める」を使うほうがいい。

 ask...for advice/ask for someone's advice

B: I went and **asked Tom for advice**. He has the most experience of anyone in the department.

B: トムにアドバイスをもらいに行ったんだ。彼は部署でいちばん経験があるからね。

その他の比較例

 Can I **pick your brain** for a minute?
ちょっと知恵を拝借できませんか？

Can I **ask you for advice**?
アドバイスをいただけませんか？

 pivot = （戦略などを）変える

A: The dollar-yen exchange rate is in free fall!

B: We need to **pivot** fast because we are losing a lot of money!

A: ドルと円の為替レートが急降下してるね！

B: 大金を失いそうだから速く戦略を変えないと！

pivotは「旋回軸で回転する」という意味で、主にバスケットボールやテニスなどで軸足を置いて回転する動きを言う。それがビジネスでは「（戦略などを）変える；転換する」という意味で使われるようになった。しかしスポーツで使う場合を除いては曖昧な意味になりかねない表現なので、move「動く」やadjust「調整する；対応する」を使いたい。

move/adjust

B: We need to **move** fast because we are losing a lot of money!

B: 大金を失いそうだから速く動かないと！

その他の比較例

That company went bankrupt because they didn't **pivot** fast enough.
その会社は戦略を変えるのが十分速くなかったので倒産しました。

That company went bankrupt because they didn't **adjust** fast enough.
その会社は対応するのが十分速くなかったので倒産しました。

247

all hands on deck = 緊急招集；緊急事態

A: Why is everybody being called in to the office on a Saturday?!

B: Our biggest client is threatening to cancel their account. It's **all hands on deck**!

A: どうして土曜日に全員オフィスに呼ばれるんだろう？

B: うちの最大のクライアントが口座を解約すると脅してきているのよ。緊急招集だわ！

　all hands on deck は直訳すれば「（乗組員）全員が船の甲板に出ること」、つまり全乗組員が船の危機に対処している状態を指す。これが転じて、「全員が総力を挙げるべき緊急事態；緊急招集」を表す慣用句としてビジネスで使われるようになった。an emergency「緊急事態」や a big problem「大きな問題」また everyone to help out「全員に手伝ってもらう」などを使うほうがわかりやすい。

an emergency/a big problem/everyone to help out

B: Our biggest client is threatening to cancel their account. It's **an emergency**!

B: うちの最大のクライアントが口座を解約すると脅してきているのよ。緊急事態だわ！

その他の比較例

 The deadline is tomorrow so we need **all hands on deck**!
締め切りは明日だからみんなで総力を挙げないと！

 The deadline is tomorrow so we need **everyone to help out**!
締め切りは明日だからみんなに手伝ってもらわないと！

level playing field = 平等な環境

A: The government rejected the proposed merger between Sonni and Lime.

B: Good. For now, we still have a **level playing field**.

A: 政府はソニとライム間で提案されていた合併を拒絶しましたね。

B: よかった。今のところ、まだ平等な環境だね。

　level playing field は直訳すれば「平らな競技場」。傾斜のある場所では高いところにいるほうが有利になるが、平らであれば勝利のチャンスは平等ということになる。この表現はビジネスにおいて「（成功の機会が）平等な環境」という意味で使われるようになった。しかし、fair competition「公平な競争」や equal opportunity「平等な機会」というシンプルでわかりやすい表現にすべき。

fair competition/equal opportunity

A: Good. For now, we still have a **fair competition**.

A: よかった。今のところ、まだ公正な競争だね。

その他の比較例

Our company prides itself on giving all new-hire applicants **a level playing field**.
わが社はすべての新規採用の応募者に平等な環境を与えていると自負しています。

Our company prides itself on giving all new-hire applicants **equal opportunities**.
わが社はすべての新規採用の応募者に平等な機会を与えていると自負しています。

😟 make hay while the sun shines = 機を逃さない

A: You have been working a lot of overtime lately!

B: I gotta **make hay while the sun shines**.

A: 最近きみはたくさん残業してるね！
B: チャンスを逃しちゃいけないからね。

make hay while the sun shines は「日の照るうちに干し草を作る」、すなわち「機を逃さない」こと。特にビジネスでは「チャンスがあるときに稼ぐ」の意味で使われるが、take advantage of this opportunity「この機会を利用する」や make money when one can「稼げるときに稼ぐ」を使おう。

😊 take advantage of this opportunity/make money when one can

B: I gotta **make make money while I can**.

B: 稼げるときに稼がないとね。

その他の比較例

😟 Salespeople, get out there and **make hay while the sun shines**!
営業のみなさん、外に出てチャンスを逃さないでください！

😊 Salespeople, get out there and **take advantage of this opportunity**!
営業のみなさん、外に出てこの機会を利用してください！

😟 magic bullet = 簡単な解決策

A: We need to come up with a solution to this problem.

B: Well, I am sorry but there is no **magic bullet**.

A: この問題に対する解決策を考える必要があるね。
B: うーん、残念だけど特効薬はないよ。

もともと magic bullet は「（病気に対する）特効薬」を指す言葉だったが、「（さまざまな問題に対する）特効薬；簡単な解決策」を意味するようになった。silver bullet も同様の意味で使われる。日常会話ではこれからもずっと使われる表現だろうが、ビジネスの場ではふさわしくない。quick[easy] fix/quick[easy] solution「即座の［簡単な］解決策」がおすすめだ。

😊 quick[easy] fix[solution]

B: Well, I am sorry but there is no easy solution.

B: うーん、残念だけど簡単な解決方法はないよ。

その他の比較例

😟 There is no **magic bullet** for dealing with the coronavirus.
コロナウィルスに対する簡単な解決策はありません。

😊 There is no **easy fix** for dealing with the coronavirus.
コロナウィルスに対する簡単な解決方法はありません。

49

☹ killer = すごい

A: This is a **killer** app!

B: It already has over 100 million downloads!

A: これはすごいアプリだね！

B: すでに1億ダウンロードを超えているんだよ！

killerの本来の意味は「命を奪うもの」だが、若い世代の間であらゆるものを対象に「すごい」という意味で使われるスラングとなった。しかしビジネス会話では、このような若者言葉でなくamazingやexcellentといった定番の表現を使うべきだ。

☺ excellent/amazing

A: This is an **amazing** app!

A: これはすごくいいアプリだね！

その他の比較例

☹ That firm has a staff of **killer** lawyers.
あの会社にはすごい弁護士が揃っています。

☺ That firm has a staff of **excellent** lawyers.
あの会社には優秀な弁護士が揃っています。

50

☹ like herding cats = 非常に困難な；ほぼ不可能な

A: Were you able to convince the other managers to implement your plan?

B: Probably not. Convincing them is **like herding cats**!

A: きみの企画を実行するようほかの部長たちを説得できたの？

B: たぶんダメだったよ。彼らを説得するのはほとんど不可能なんだ！

ネコをしつけるのが非常に難しいことは誰でも知っているだろう。このことから、like herding catsは扱いの難しい人々について「非常に困難な；ほとんど不可能な」という意味を表す慣用句となった。しかしこれはスラング的表現で、ビジネスでは不適切。extremely difficult「非常に難しい」を使うほうがいい。

☺ extremely difficult

B: Probably not. Convincing them is **extremely difficult**!

B: たぶんダメだったよ。彼らを説得するのはひどく難しいんだ！

その他の比較例

☹ Trying to train these new hires is **like trying to herd cats**!
この新入社員たちをトレーニングするのはほとんど不可能ですよ！

☺ Trying to train these new hires is **extremely difficult**!
この新入社員たちをトレーニングするのはひどく難しいですよ！

😠 kick it upstairs = 上層部に尋ねる；決定を委ねる

A: Did you make a decision on the number of new employees we are hiring?

B: No. I **kicked it upstairs**. I am waiting for an answer.

A: 採用する新入社員数は決定しましたか？

B: いいえ。上層部に尋ねました。回答を待っているところです。

kick it upstairs は「上層部に尋ねる；決定を委ねる」という意味のジャーゴン。自ら決定する自信がなかったりその立場になかったりして、上司や上層部に尋ねたり決定を委ねたりするというニュアンスだ。この曖昧な表現を使うよりも、もっとわかりやすくシンプルな ask the boss(es)[management] for help「上司［上層部］に助けを求める」を使うほうがいい。

😊 ask the boss(es)[management] for help

B: No. I **asked the boss for help**. I am waiting for an answer.

B: いいえ。上司に助けを求めました。回答を待っているところです。

その他の比較例

😠 I couldn't figure out how to solve the problem, so I **kicked it upstairs**.
その問題をどう解決すればいいかわからなかったので、上層部に尋ねました。

😊 I couldn't figure out how to solve the problem, so I **asked management for help**.
その問題をどう解決すればいいかわからなかったので、上層部に助けを求めました。

😠 be[go] back to square one = 振り出しに戻る

A: What's the status on the new marketing strategy?

B: Our original idea didn't do well in the surveys. We **are back to square one**.

A: 新しいマーケティング戦略の状況はどうですか？

B: 調査によるとわが社オリジナルのアイディアはうまく行っていません。振り出しに戻りました。

be[go] back to square one「振り出しに戻る」という表現は、すごろくのようなボードゲームで特定のマス目に止まると最初の1マス目に戻らなければならないことに由来する。ボードゲーム自体を知らない若者もいるので、have to start over「また（一から）やり直さねばならない」という表現を使おう。

😊 have to start over

B: Our original idea didn't do well in the surveys. We **have to start over**.

B: 調査によるとわが社オリジナルのアイディアはうまく行っていません。またやり直さなければなりません。

その他の比較例

😠 None of the candidates we interviewed passed the test, so we **are back to square one**.
私たちが面接した候補者は誰も試験に合格しなかったので、振り出しに戻りました。

😊 None of the candidates we interviewed passed the test, so we **have to start over**.
私たちが面接した候補者は誰も試験に合格しなかったので、またやり直さなければなりません。

☹ have several balls in the air
= 同時にやるべきことがたくさんある；忙しい

A: Why does Kenji seem so stressed out lately?

B: Well, he **has a several balls in the air** right now.

A: ケンジは最近どうしてあんなにストレスが溜まっているのかしら？

B: うーん、彼は今たくさんの仕事を抱えているからね。

　have several balls in the air は直訳すると「宙にいくつかボールが浮いている」。このジャグリングのような状態が「同時にやるべきことがたくさんある；忙しい」ことを表す比喩的表現として使われるようになった。ほかにも、have a lot on one's plate や be wearing several hats など同様の意味を表す慣用句がある。しかし多忙なビジネスの場ではシンプルに very busy と言うほうが望ましい。

☺ be very busy

B: Well, he **is very busy** right now.

B: うーん、彼は今とても忙しいからね。

その他の比較例

 I **have several balls in the air** right now, so call me back tomorrow.
今やらなければならないことがたくさんあるから、明日かけ直して。

☺ I **am very busy** right now, so call me back tomorrow.
今忙しいから、明日かけ直して。

☹ do a deep dive = 深く掘り下げて調べる

A: Did you look over the data I sent you?

B: I looked at it, but I haven't **done a deep dive** yet.

A: 私がお送りしたデータに目を通していただけましたか？

B: 見ましたが、まだ深く掘り下げてはいません。

　do a deep dive は「深く掘り下げて調べる」という意味で、deep-dive だけで動詞としても使うが、ビジネスの会話にはふさわしくない。thoroughly study「徹底的に調べる」や thoroughly review「徹底的に検討する」、thoroughly analyze「徹底的に分析する」といった表現を使うべきだ。

☺ thoroughly study[review/analyze]

B: I looked at it, but I haven't **thoroughly analyzed** it yet.

B: 見ましたが、まだ徹底的に分析してはいません。

その他の比較例

 More than 70 applicants applied for one position. We will have to **deep-dive** to choose one.
ひとつのポジションに70人以上応募がありました。ひとりを選ぶのに深く掘り下げなければなりません。

☺ More than 70 applicants applied for one position. We will have to **thoroughly review** them to choose one.
ひとつのポジションに70人以上応募がありました。ひとりを選ぶのに彼らを徹底的に検討しなければなりません。

guesstimate = 推測で見積もる

A: How long do you think this project will take?

B: I **guesstimate** it will take about two months.

A: この企画にはどのくらい時間がかかると思いますか？

B: 推測ですが2か月くらいかかると見積もっています。

　guesstimate は guess「（具体的な根拠なく）推測する」と estimate「（経験や知識により）見積もる」を合わせた造語だが、どちらかの語を選ぶほうがいい。ある程度の情報に基づいてはいるが明言できない場合は、rough estimate「大体の見積もり」や estimate roughly...「大体…と見積もる」を使おう。

rough estimate/estimate roughly

B: About two months is my **rough estimate**.

B: 約2か月というのが大体の見積もりです。

> **その他の比較例**
>
> 🙁 I **guesstimated** that there would be 20 people at the company New Year's party. There were more than 60!
> 推測では会社の新年会には20人来るだろうと見積もってたんです。それが60人以上来たんですよ！
>
> 🙂 I **estimated roughly** that there would be 20 people at the company New Year's party. There were more than 60!
> 会社の新年会には20人来るだろうとざっと見積もってたんです。それが60人以上来たんですよ！

🙁 brick and mortar stores = 実店舗

A: The trend towards online shopping is undeniable.

B: We need to consider closing some of our **brick and mortar stores**.

A: オンラインショッピングの流行は否定しようがないですね。

B: わが社の実店舗のいくつかを閉店することを考える必要がありますね。

　brick は「レンガ」、mortar はレンガの間に塗る「モルタル；漆喰」。brick and mortar stores はオンラインストアに対して「実店舗」を表すジャーゴンだ。「実店舗」をわかりやすく言うなら、traditional stores「従来型の店」や physical stores「実店舗」となる。

🙂 traditional[physical] stores

B: We need to consider closing some of our **physical stores**.

B: わが社の店舗のいくつかを閉店することを考える必要がありますね。

> **その他の比較例**
>
> 🙁 The popularity of e-commerce is pushing **brick and mortar stores** to the brink of extinction.
> 電子商取引の人気が実店舗を絶滅の淵に追いやっています。
>
> 🙂 The popularity of e-commerce is pushing **traditional stores** to the brink of extinction.
> 電子商取引の人気が従来型の店舗を絶滅の淵に追いやっています。

😞 headwinds = 逆風；障害

A: Why have our profits declined this quarter?

B: We are facing some **headwinds** in our real estate division.

A: この四半期はどうしてわが社の利益が落ち込んだんでしょうか？

B: 不動産部門で逆風が吹いているんです。

headwindsは「向かい風；逆風」。もともとは航海で使われる言葉だったが、ビジネス上でも問題や障害を指してheadwindsと言うようになった。この表現よりも、difficulties「困難」やobstacles「障害」といった意味のはっきり伝わる表現を選ぼう。

😊 difficulties/obstacles

B: We are facing some **difficulties** in our real estate division.

B: 不動産部門で困難に直面しています。

その他の比較例

😞 We are behind schedule because we are encountering some **headwinds** in material procurement.

材料の調達で問題がありスケジュールから遅れています。

😊 We are behind schedule because we are encountering some **obstacles** in material procurement.

材料の調達で障害がありスケジュールから遅れています。

😞 reinvent the wheel = 無駄なことをする

A: What improvements have you come up with for our best-selling products?

B: I haven't thought of any. I can't **reinvent the wheel**!

A: わが社でいちばん売れている製品にどんな改良を思いつきましたか？

B: 何も思いつきません。そんなのやっても無駄ですよ！

reinvent the wheelの直訳は「車輪を再発明する」。車輪を一からまた発明することなど時間の無駄だ。したがって、reinvent the wheelは「（すでに達成されていることや改善の余地のないことなどに関して）やっても無駄なことをする」という意味。同様の意味を表すなら、fix something that isn't broken「壊れていないものを修理する」やimprove on perfection「完璧なものを改善する」がわかりやすい。

😊 fix something that isn't broken/improve on perfection

B: I haven't thought of any. I can't **improve on perfection**!

B: 何も思いつきません。これ以上完璧にはできませんよ！

その他の比較例

😞 There is no reason to try to **reinvent the wheel**! Why not leave it as it is?!

無駄な改善を試みる理由はありませんよ！ そのままにしておきませんか？！

😊 There is no reason to try to **fix something that isn't broken**! Why not leave it as it is?!

壊れてもいないものに修復を試みる理由はありませんよ！ そのままにしておきませんか？！

😞 pull the trigger = 決定する；行動に移す

A: Have you decided on whether to spin off our robotics division?

B: I'm not ready to **pull the trigger** yet. I need to think about it some more.

A: わが社のロボット部門を独立させるかどうか決めたんですか？

B: まだ決定する用意ができてはいないんだ。もう少し考える必要がある。

　pull the triggerの直訳は「（銃の）引き金を引く」だが、「決定する；行動に移す」という意味でも使われる。これには陸上競技でスタートの合図にピストルを使うことに由来するという説と、銃の発砲が後戻りできない最終的な決断となることに由来するという説がある。いずれにしても銃に関連するこの表現はポリティカルコレクトネスに欠け、ビジネス上では決していい印象を与えないため、decide「決定する」やact「行動する」、start「始める」などの語を使うほうがいい。

😊 decide/act/start

B: I'm not ready to **decide** yet. I need to think about it some more.

B: まだ決定する用意ができてはいないんだ。もう少し考える必要がある。

その他の比較例

😞 I **pulled the trigger** and demanded that the boss increase my salary.
私は心を決めて、給料を上げてもらうよう上司に求めたんです。

😊 I **decided** to demand that the boss increase my salary.
私は給料を上げてもらうよう上司に求めることにしたんです。

😞 drill down on... = …を掘り下げて検討する

A: Do you think this merger is a good idea?

B: I think we need to **drill down on** their financial data before we take any action.

A: この合併はいい考えだと思いますか？

B: 行動を起こす前に、先方の財務データを細かく分析する必要があると思います。

　drill down on...は「…を掘り下げて検討する；細かく分析する」という意味。しかしdrillは「練習する；訓練する」という意味でも長い間使われてきているので混乱が生じかねない。look closely at...「…を詳細に検討する」やfocus on...「…に焦点を合わせる；…を注視する」を使おう。

😊 look closely at.../focus on...

B: I think we need to **look closely at** their financial data before we take any action.

B: 行動を起こす前に、先方の財務データを詳細に検討する必要があると思います。

その他の比較例

😞 Let's **drill down on** our manufacturing process so we can find a more efficient way to do things.
わが社の製造工程を細かく分析しましょう。そうすればもっと効果的なやり方が見つかるでしょう。

😊 Let's **focus on** our manufacturing process so we can find a more efficient way to do things.
わが社の製造工程に焦点を絞りましょう。そうすればもっと効果的なやり方が見つかるでしょう。

音声をダウンロードできます

❶ PC・スマートフォンで音声ダウンロード用のサイトにアクセスします。
　QR コード読み取りアプリを起動し左の QR コードを読み取ってください。
　QR コードが読み取れない方はブラウザから
　「http://audiobook.jp/exchange/sanshusha」にアクセスしてください。
❷ 表示されたページから、audiobook.jp への会員登録ページに進みます（既にア
　カウントをお持ちの方はログインしてください）。　※ audiobook.jp への会員登録（無料）が必要です。
❸ 会員登録後❶のページに再度アクセスし、シリアルコードの入力欄に「05971」を入力して「送信」を
　クリックします。
❹ 「ライブラリに追加」のボタンをクリックします。
❺ スマートフォンの場合はアプリ「audiobook.jp」をインストールしてご利用ください。
　PC の場合は、「ライブラリ」から音声ファイルをダウンロードしてご利用ください。

編集協力	A+Café
カバー・本文デザイン	野坂匡樹（ツクヨミプランニング）
	本多真佑子
カバー・本文デザイン	上坊菜々子
カバーイラスト	どいせな
DTP	小林菜穂美

ネイティブ思考でしっかり伝わる
ビジネス英会話

2020 年 11 月 30 日　第 1 刷発行

監修者	長尾和夫
著　者	チャールズ・マッケニー
発行者	前田俊秀
発行所	株式会社 三修社
	〒 150-0001　東京都渋谷区神宮前 2-2-22
	TEL03-3405-4511　FAX03-3405-4522
	https://www.sanshusha.co.jp
	振替　00190-9-72758
	編集担当　竹内正明
印刷・製本	日経印刷株式会社